北京理工大学"双一流"建设精品出版工程
北京理工大学课程思政教学研究中心

"思想道德与法治"虚拟仿真课程设计与实践教程

Ideology, Morality and Rule of Law:
Virtual Simulation Course Design and Practice Handbook

吴倩 季雨 石谷岩 ◎ 著

北京理工大学出版社
BEIJING INSTITUTE OF TECHNOLOGY PRESS

版权专有　侵权必究

图书在版编目（CIP）数据

"思想道德与法治"虚拟仿真课程设计与实践教程 / 吴倩，季雨，石谷岩著. -- 北京：北京理工大学出版社，2024.12.
ISBN 978-7-5763-3336-7

Ⅰ. D64-39

中国国家版本馆 CIP 数据核字第 202595BH82 号

责任编辑：谢钰姝		**文案编辑**：谢钰姝	
责任校对：周瑞红		**责任印制**：李志强	

出版发行 / 北京理工大学出版社有限责任公司

社　　址 / 北京市丰台区四合庄路 6 号

邮　　编 / 100070

电　　话 / （010）68944439（学术售后服务热线）

网　　址 / http://www.bitpress.com.cn

版 印 次 / 2024 年 12 月第 1 版第 1 次印刷

印　　刷 / 廊坊市印艺阁数字科技有限公司

开　　本 / 787 mm×1092 mm　1/16

印　　张 / 12.25

字　　数 / 279 千字

定　　价 / 62.00 元

图书出现印装质量问题，请拨打售后服务热线，负责调换本书为国家社科基金高校思政课研究专项"现代信息技术在高校思政课教学中的应用困境与路径优化研究"（22VSZ034）；全国高校思政课建设项目"全国高校思政课虚拟仿真体验教学中心（北京理工大学）"（21SZJS11000781）；教育部高校示范马克思主义学院和优秀教学科研团队建设项目"交互主体性视域中的道德价值共识"（18JDSZK119）的阶段性研究成果。

总序

习近平总书记指出"随着信息化不断发展,知识获取方式和传授方式、教和学关系都发生了革命性变化。""教育数字化是我国开辟教育发展新赛道和塑造教育发展新优势的重要突破口。"思想政治理论课的数字化发展也成为课程创新发展的必然趋势和重要方向。

教育部部长怀进鹏强调,"以数字化为杠杆,撬动教育整体变革。推动数字教育资源共建共享、互联互通,赋能教师和学习者,探索教育数字治理方式,实现教育更加包容公平更高质量发展。"发展数字教育,根本在应用,潜力在共享,生命力在创新。北京理工大学自 2009 年起开始探索思政课数字化发展,经历了十几年的实践尝试与广泛的调研摸底,对思政课数字化建设实践积累了一定的经验,形成了具有可推广性的教学模式。本书在实践基础上进行深度思考,实现理论审思;对实践探索经验进行归纳、总结和反思,特别是针对目前思政课数字化发展的困境进行分析;对未来发展方向进行预测,提出思政课数字化发展,特别是虚拟仿真思政课发展的标准、原则和路径。

以"思想道德与法治"这门课为例,该课程是面向全体大一新生的公共必修课。基本内容包括马克思主义的人生观、价值观、道德观、法治观等,帮助学生筑牢理想信念之基,培育和践行社会主义核心价值观,传承中华传统美德,弘扬爱国精神,尊重和维护宪法法律权威,提升思想道德素质和法治素养。课程通过现代信息技术和项目制过程考核等形式的体验式学习,培育学生政治上的认同、道德上的向善、法律上的自律。课程注重教师精细设计课程内容与授课逻辑,学生有机会充分参与学习过程,通过课程定制与时俱进,实现教师主导性和学生主体性的统一,该课程获评首批国家级虚拟仿真实验教学一流课程。

本书共分为四编，十三章。第一编关注虚拟仿真思政课教学的相关理论和理念，在马克思主义理论指导下，结合古今中外先进的教育思想和理念进行系统深入的理论审思。第二编对目前虚拟仿真技术在思政课教学中的应用进行分析和展望，一方面了解目前的应用现状，特别是对目前应用中出现的问题和困境进行总结和分析；另一方面对未来发展方向进行展望，提出可行的发展路径。第三编，以"思想道德与法治"课为例，提出具体的虚拟仿真课程设计的原则、场景、方法和路径，具有较强的实操性和应用性。第四编，选取"思想道德与法治"虚拟仿真课程应用设计的典型案例和典型做法，包括教师端利用虚拟仿真课程资源进行的教学设计，以及学生端亲自参与虚拟仿真实验建模，在课程中嵌入有组织的虚拟仿真实验项目，学生通过自身实践领悟科学家精神等思想政治教育的重要内容，通过具体案例领悟虚拟仿真技术在思政课教学中深度融合的具体路径与实际效果。

在传统思政课教育教学模式正被现代信息技术重新定义的当下，分享最佳实践经验对于促进合作、激发创新和确保不分地域、年龄的学习者都能公平获得优质教育至关重要。通过传播这些典型案例，本书作者希望能够促进数字技术与思政课的深度融合，共建更具包容性、韧性和数字化赋能的思政课教育系统，让数字教育的红利公平惠及每个学生。

引言

习近平总书记指出,"随着信息化不断发展,知识获取方式和传授方式、教和学关系都发生了革命性变化"①"教育数字化是我国开辟教育发展新赛道和塑造教育发展新优势的重要突破口"②。思想政治理论课的数字化发展也成为课程创新发展的必然趋势和重要方向。

教育部部长怀进鹏强调,"以数字化为杠杆,撬动教育整体变革。推动数字教育资源共建共享、互联互通,赋能教师和学习者,探索教育数字治理方式,实现教育更加包容公平更高质量发展。"发展数字教育,根本在应用,潜力在共享,生命力在创新。北京理工大学自2009年起开始探索思政课数字化发展,经历了十几年的实践尝试与广泛的调研摸底,对思政课数字化建设积累了一定的经验,形成了具有可推广性的教学模式。本书在实践基础上进行深度思考,实现理论审思;对实践探索经验进行归纳、总结和反思,特别是针对目前思政课数字化发展的困境进行分析;对未来发展方向进行预测,提出思政课数字化发展,特别是虚拟仿真思政课发展的标准、原则和路径。

以"思想道德与法治"这门课为例,该课程是面向全体大一新生的公共必修课。基本内容包括马克思主义的人生观、价值观、道德观、法治观等,帮助学生筑牢理想信念之基,培育和践行社会主义核心价值观,传承中华传统美德,弘扬爱国精神,尊重和维护宪法法律权威,提升思想道德素质和法治素养。课程通过现代信息技术和项目制过程考核等形式的体验式学习,培育学生政治上的认同、道德上的向善、法律上的自律。课程

---

① 习近平. 在北京大学师生座谈会上的讲话. 北京:人民出版社,2018:8
② 李永智. 以数字化开辟教育发展新赛道 [N]. 人民观察,2023 – 10 – 13.

注重教师精心设计课程内容与授课逻辑，学生有机会充分参与学习过程，通过课程定制与时俱进，实现教师主导性和学生主体性的统一，该课程获评首批国家级虚拟仿真实验教学一流课程。

本书共分为四编，十三章。第一编关注虚拟仿真思政课教学的相关理论和理念，在马克思主义理论指导下，结合古今中外先进的教育思想和理念进行系统深入的理论审思。第二编对目前虚拟仿真技术在思政课教学中的应用进行分析和展望，一方面了解目前的应用现状，特别是对目前应用中出现的问题和困境进行总结和分析；另一方面对未来发展方向进行展望，提出可行的发展路径。第三编，以"思想道德与法治"课为例，提出具体的虚拟仿真课程设计的原则、场景、方法和路径，具有较强的实操性和应用性。第四编，选取"思想道德与法治"虚拟仿真课程应用设计的典型案例和典型做法，包括教师端利用虚拟仿真课程资源进行的教学设计，以及学生端亲自参与虚拟仿真实验建模，在课程中嵌入有组织的虚拟仿真实验项目，学生通过自身实践领悟科学家精神等思想政治教育的重要内容，通过具体案例领悟虚拟仿真技术在思政课教学中深度融合的具体路径与实际效果。

在传统思政课教育教学模式被现代信息技术重新定义的当下，分享最佳实践经验对于促进合作、激发创新和确保不分地域、年龄的学习者都能公平获得优质教育至关重要。通过传播这些典型案例，本书作者希望能够促进数字技术与思政课的深度融合，共建更具包容性、韧性和数字化赋能的思政课教育系统，让数字教育的红利公平惠及每个学生。

目 录 CONTENTS

第一编 "思想道德与法治"虚拟仿真课程设计理论基础

第一章 马克思主义基本原理中内含以技术提升育人效果的理论进路 ········· 003
第一节 科学技术推动经济结构与思维方式的转变 ················ 003
第二节 马克思主义实践观强调实践在认识中的重要性 ············· 004
第三节 马克思主义辩证法要求重视思维与存在的关系 ············· 006

第二章 中华优秀传统文化中的体验教育理念 ···················· 008
第一节 以身体之,以心验之 ························· 008
第二节 体验致知,知行合一 ························· 009
第三节 民惟邦本,本固邦宁 ························· 010

第三章 西方教育学、心理学相关理论 ······················· 012
第一节 接受机制理论 ···························· 012
第二节 具身理论 ······························ 013
第三节 变因论 ······························· 014

第四章 新兴技术与理念的相关理论 ························ 015
第一节 知识图谱等新兴技术逐渐得到广泛接纳与应用 ············· 015
第二节 生成式人工智能等新兴技术越发受到重视 ··············· 017
第三节 应用新型传播学理论深入理解虚拟仿真课程设计 ··········· 019

第二编 虚拟仿真思政课教学的应用、分析与展望

第五章 虚拟仿真技术在我国思政教育中的具体应用 ················ 023
第一节 现有国家平台和国家级一流本科课程建设情况概述 ·········· 025

第二节	北京理工大学虚仿中心建设项目概述	031
第三节	虚拟仿真思政课教学的主要类型分析	032

第六章　虚拟仿真技术融入思政课教学的优势 ……034

第一节	用具身沉浸感激发学习兴趣	034
第二节	内容精准化提升教学质量	037
第三节	增加实践度提升学生能力	039

第七章　虚拟仿真思政课面临的挑战与未来展望 ……041

第一节	虚拟仿真思政课面临的教学内容供给端挑战	041
第二节	虚拟仿真思政课面临的虚仿技术实现端挑战	043
第三节	虚拟仿真思政课面临的建设标准制定端挑战	044
第四节	虚拟仿真思政课的未来发展趋势	045

第三编　"思想道德与法治"虚拟仿真课程教学的教学设计

第八章　"思想道德与法治"虚拟仿真课程教学的一般原则 ……053

第一节	政治性与理论性相统一	053
第二节	虚拟性与现实性相统一	058
第三节	启发式与引导式相统一	059

第九章　"思想道德与法治"虚拟仿真课程教学的场景建构 ……062

第一节	物理空间的建构	062
第二节	虚拟空间的建构	063
第三节	信息空间的建构	065
第四节	社会空间的建构	066

第十章　"思想道德与法治"虚拟仿真课程教学的关键环节 ……068

第一节	具身体验	068
第二节	反思观察	069
第三节	抽象思维	070
第四节	创造转化	071

第十一章　"思想道德与法治"虚拟仿真课程教学的具体过程 ……073

第一节	精准化的学情分析	073
第二节	个性化的教学设计	074
第三节	组织开展自主体验	075
第四节	实现高效的课堂管理	076
第五节	实效性评估与迭代更新	077

第四编　"思想道德与法治"虚拟仿真课程设计与学生虚拟仿真实验

第十二章　虚拟仿真课程设计典型教案 ······ 081
专题一：新时代青年的责任与担当 ······ 081
专题二：中国共产党人精神谱系的内涵 ······ 097
专题三：自觉维护国家安全 ······ 116
专题四：推动构建人类命运共同体 ······ 129
专题五：从脱贫攻坚看中国特色社会主义道德 ······ 143

第十三章　学生虚拟仿真实验设计 ······ 160
作品一：探测雷达，使命必达 ······ 160
作品二：马兰千重浪，草纸永留香 ······ 163
作品三：78式三米焦距远程照相机 ······ 165
作品四：中国复眼 ······ 166
作品五：奔驰在时代东风中 ······ 168
作品六：从凤凰山到杨家岭 ······ 171
作品七：北理工天象仪 ······ 173
作品八：王家坪军委大礼堂 ······ 174
作品九：东方–1号 ······ 176
作品十：红色思政课中的军工绿 ······ 178

后记 ······ 181

—— 第一编 ——

"思想道德与法治"虚拟仿真课程设计理论基础

本章以习近平新时代中国特色社会主义思想为指导，深入贯彻习近平总书记关于建设网络强国、数字中国、智慧社会的战略部署和优先发展教育事业、加快教育现代化、建设教育强国的指示精神。践行"人人皆学、处处能学、时时可学"的学习型社会重要理念，在推进教育数字化转型背景下，以数字化转型作为推进高校思政课建设的重要引擎和关键特征。习近平总书记曾在多个讲话中强调推动教育数字化转型的内涵和意义，包括因应信息技术的发展，推动教育变革和创新，构建网络化、数字化、个性化、终身化的教育体系，建设"人人皆学、处处能学、时时可学"的学习型社会，同时坚持不懈地推进教育信息化，努力以信息化为手段扩大优质教育资源覆盖面，逐步缩小区域、城乡数字差距，大力促进教育公平。习近平总书记高度重视虚拟仿真课程建设，尤其强调高校搭建智慧思政平台的重要意义和价值。例如，要运用新媒体、新技术使工作活起来，推动思想政治工作传统优势同信息技术高度融合，增强时代感和吸引力。各个学校要发挥自身优势，建立智慧思政教室，打造同学们喜闻乐见的"金课"。在习近平总书记的指示与关怀下，中共中央、国务院、中宣部、教育部等部门出台多项文件支持高校思政课网络教学建设，不断推动教育数字化、现代化、智能化发展。

虚拟仿真技术是数字时代的前沿技术，高校思想政治理论课虚拟仿真课程设计就是利用信息技术融入思政课教学活动的一种新型育人方式[①]。虚拟仿真课程设计理论基础关键是虚拟仿真课程建设的方向。马克思主义理论是虚拟仿真课程建设的理论出发点。指导思想一经明确，就能够在虚拟仿真课程建设中起到重要的导航功能。中华传统文化中的理论特色、教育学与传播学领域中的相关理论能够为虚拟仿真课程建设提供指导依据。虚拟仿真思政课教学的相关理论包括如下内容。

---

① 刘新刚. 高校思想政治理论课虚拟仿真体验教学改革创新若干问题探讨[J]. 思想教育研究，2021（12）：101－105.

第一章

马克思主义基本原理中内含以技术提升育人效果的理论进路

本章以马克思主义基本原理为理论基础，从唯物史观的视角出发，探索科学技术在推动生产力、生产关系、思维方式转变上发挥的重要作用。同时，强调实践推动认识发展、环境和自我认知的改变统一于实践、认识过程经历了从感性具体到抽象规定，从抽象规定上升到思维具体的历程，以此表明马克思主义基本原理具有依靠技术提升育人效果的价值意涵。

第一节 科学技术推动经济结构与思维方式的转变

科学技术是第一生产力。首先，科技发展引起生产力系统发生改变。恩格斯说，"在马克思看来，科学是一种在历史上起推动作用的、革命的力量"[1]，科技的发展引起生产力的巨大变化，正如马克思在《政治经济学批判（1857—1858年手稿）》中通过分析资本形成和发展的原因指出科学技术是生产力系统中的重要因素，资本的整个生产过程表现为科学在工艺上的应用，资本的趋势是赋予生产以科学的性质，由此，马克思提出劳动的社会生产力"包括科学的力量"[2]，揭示了科学技术的生产力性质，阐明了社会生产力不仅表现为物质形态，也表现为知识形态。因此，科学技术的发展和影响渗透到社会生活的方方面面，处于第四次工业革命的当下，信息技术对教育，特别是对思想政治教育的影响是必然趋势，是客观存在的必然现象。

其次，科学技术的发展推动思维方式的转变。科学技术不仅实现了对生产力的变革，推进了物质文明的进步，也推进了上层建筑，特别是思维方式的发展。恩格斯指出："推动哲学家前进的，绝不像他们所想象的那样，只是纯粹思想的力量。恰恰相反，真正推动他们前进的，主要是自然科学和工业的强大而日益迅猛的进步。"[3] 唯物主义和辩证法的发展正是科学技术发展的结果。正如列宁指出"自然科学的最新发现，如镭、电子、元素转化，都出色地证实了马克思的辩证唯物主义"[4]。如今，现代信息技术的飞速发展，为人类认识世界、改造世界提供了许多新的维度和视角。

最后，信息技术的发展助推实现人的全面发展。马克思在《政治经济学批判》中指出，

---

[1] 中共中央文献研究室. 新时期科学技术工作重要文献选编[M]. 北京：中央文献出版社，1995：355.
[2] 中共中央马克思恩格斯列宁斯大林著作编译局. 马克思恩格斯文集：第8卷[M]. 北京：人民出版社，2009：206.
[3] 中共中央马克思恩格斯列宁斯大林著作编译局. 马克思恩格斯选集：第4卷[M]. 北京：人民出版社，1995：226.
[4] 中共中央马克思恩格斯列宁斯大林著作编译局. 列宁全集：第23卷[M]. 北京：人民出版社，1990：45.

"人的依赖关系（起初完全是自然发生的），是最初的社会形态，在这种形态下，人的生产能力只是在狭窄的范围内和孤立的地点上发展着。以物的依赖性为基础的人的独立性，是第二大形态，在这种形态下，才形成普遍的社会物质变换，全面的关系，多方面的需求以及全面的能力的体系。建立在个人全面发展和他们共同的社会生产能力成为他们的社会财富这一基础上的自由个性，是第三个阶段"①。人类社会从以"族群"为本位，中间经过"个体"本位阶段，进而实现以"类"为本位的自由人联合体。特别是随着现代信息技术的发展，海量数据的涌现，信息即时流通和充分共享，时间和空间被高度压缩，生产要素自由流动和配置，一切地域、国家、民族都紧密地联结在一起，这为实现人的全面发展提供了重要路径。

马克思主义认为，人是有着多样化的实践活动需求的现实的人，实现人的自由全面发展是人类社会发展的终极目标。虚拟仿真课程建设的推进能够更好地满足学生全面发展的需求，促进学生成为自由而全面发展的人。数字技术的发展，为学生的成长成才提供了更多的空间和条件。虚拟仿真课程建设用多样化的、数字化的理念、手段、方式，将学生的教学活动变成丰富的、可变的知识教学与实践教学整体，能够激发学生的学习兴趣，让学生的被动学习转变为全面、灵活、主动的学习。同时为学生自由支配时间，按照自己的兴趣爱好和禀赋特长，根据自己的意愿自主地选择学习内容和方式提供了可能。

第二节　马克思主义实践观强调实践在认识中的重要性

首先，马克思主义实践观强调个人体验是实践的基础属性。马克思在《关于费尔巴哈的提纲》开头写道："从前的一切唯物主义——包括费尔巴哈的唯物主义——的主要缺点是：对对象、现实、感性，只是从客体的或者直观的形式去理解，而不是把它们当作人的感性活动，当作实践去理解，不是从主体方面去理解。"② 马克思强调实践的基础是建立在人主体方面的理解基础之上。对于客体的把握要有主体的个人体验，不能割裂开来理解。马克思指出："费尔巴哈想要研究跟思想客体确实不同的感性客体，但是他没有把人的活动本身理解为对象性的活动。"③ 所以学生学习过程中也要关注学习活动本身，坐在教室听课、讨论跟参与实践、体验相比，实现的教学效果是有差别的。马克思说："人的思维是否具有客观的真理性，这并不是一个理论的问题，而是一个实践的问题。"④ 所以改造学习、训练思维需要亲身实践的过程。我们创设的虚拟仿真思政课体验教学中心（以下简称"虚仿中心"）实现的体验过程就为学生实践提供了重要基础。

其次，马克思主义实践观强调环境的改变和自我认知的改变统一于实践。马克思指出"环境也创造人。""环境的改变和人的活动或自我改变的一致，只能被看作是并合理地理解为革命的实践。"⑤ 马克思指出人与环境之间的互动关系，在这样一个互动过程中，知识认

---

① 孟庆仁. 现代唯物史纲大纲［M］. 北京：当代中国出版社，2002：196.
② 中共中央马克思恩格斯列宁斯大林著作编译局. 费尔巴哈——唯物主义观点和唯心主义观点的对立［M］//德意志意识形态：第1卷第一章. 北京：人民出版社，1988：87.
③ 恩格斯. 路德维希·费尔巴哈和德国古典哲学的终结［M］. 北京：人民出版社，1997：56.
④ 中共中央马克思恩格斯列宁斯大林著作编译局. 马克思恩格斯选集：第1卷［M］. 北京：人民出版社，1972：16.
⑤ 恩格斯. 路德维希·费尔巴哈和德国古典哲学的终结［M］. 北京：人民出版社，2014：60.

知与情感认知潜移默化地形成。在具体的虚仿中心教学活动中，数字化的环境是教师根据教学需要打造设计的，易于实现抽象内容的具象化表达，方便进行动态更新。虚仿中心首先是一个物理空间，有物理层面上的时空限制，同时也是一个虚拟空间，通过数字化场景的创设给人无限的联想，营造虚拟的场景。此外，它还是一个信息空间，海量数据的传输和整理，最大限度给学生们提供信息。最后，它还是一个社会空间，教师与学生，学生与学生之间进行社会交往，进行充分地互动与沟通。在这样一个全新环境中学生嵌入环境、深度学习、协同发展。

再次，马克思主义指出认识过程经历了感性具体到抽象规定，抽象规定上升到思维具体。马克思主义实践基础上的科学认识论指出感性认识有待于发展和深化为理性认识，理性认识依赖于感性认识，感性认识和理性认识相互渗透、相互包含。强调认识包括两个阶段，第一阶段是从感性具体到抽象规定；第二阶段则是从抽象规定上升到思维具体。特别是对于抽象思维的强调，马克思指出"抽象的规定在思维行程中导致具体的再现"①，并指出："从抽象上升到具体的方法，只是思维用来掌握具体、把它当作一个精神上的具体再现出来的方式。但绝不是具体本身的产生过程。"② 这是基于实践基础上的科学认识论，指出认识从感性具体到抽象规定，且抽象规定包含着主观意志。"具体总体作为思维总体、作为思维具体，事实上是思维的、理解的产物；但是，绝不是处于直观和表象之外或驾于其上而思维着的、自我产生着的概念的产物，而是把直观和表象加工成概念这一过程的产物。"③ 马克思直接指出"在理论方法上，主体，即社会，也一定要经常作为前提浮现在表象面前。"④ 这突出了主体的理性思维与客观环境的互动关系。

实践决定认识，不仅仅体现为人的认识在实践行动中得到发展，同时还体现为实践环节对人的重要影响。数字技术的不断发展，给思政课授课方式带来了革命性变化。传统授课方式以教师为主体，教师与学生分别担当知识传播中传者与受者的角色，主要是一种自上而下的单线传播方式。数字化授课方式则引起教学变革，以学生为主体，让学生的视觉、听觉、触觉，甚至嗅觉、味觉都可以被充分调动，使学生在思政课授课过程中主动学习能力得到增强，主体性受到充分尊重，主动性得到充分调动。同时，虚拟仿真课程建设还通过打造数字化虚拟教学基地等资源建设方式，使学生"足不出户"就能回到过去感悟历史事件，到无法轻易到达的场地进行社会实践，产生身临其境的学习体验，通过改变授课方式、促进师生主体关系转变等方式，更好地达到思政课教学目的。虚拟仿真课程建设以数字化为呈现形式，综合运用5G、大数据、云计算、物联网、区块链、人工智能等现代信息技术，贯穿资源建设、教育教学手段改变、教学评价等思政课教学全阶段，打造集交互性、沉浸性、时代性、趣味性于一体的思政课，从人来操纵机器的"信息化"时代，进化到人机共存的"数字化"时代，是思政课中实践技术范式创新的集中体现，也是思政课中物质生活方式改变的体现，使思政课教学更加精准化、与时俱进化。

---

① 张尚仁. 社会历史哲学引论 [M]. 北京：人民出版社，1992：68.
② 陶德麟，汪信砚. 马克思主义哲学原理 [M]. 北京：人民出版社，2010：147.
③ 中共中央马克思恩格斯列宁斯大林著作编译局. 马克思恩格斯全集：第12卷 [M]. 北京：人民出版社，1962：24.
④ 中共中央马克思恩格斯列宁斯大林著作编译局. 马克思恩格斯全集：第12卷 [M]. 北京：人民出版社，1962：752.

第三节 马克思主义辩证法要求重视思维与存在的关系

首先，马克思主义辩证法对黑格尔辩证法提出批判。他认为黑格尔的辩证法完全没有触及和改变这个世界，他认为黑格尔构造的概念及概念自我演绎的世界对现实世界没有任何的实践性作用："这种扬弃是对思想上的本质的扬弃，就是说，思想上的私有财产在道德的思想中进行自我扬弃。而且因为思维自以为直接就是和自身不同的另一个东西，即感性的现实，从而认为自己的活动也是感性的现实的活动，所以这种思想上的扬弃，在现实中没有触动自己的对象，却以为实际上克服了自己的对象；另一方面，因为对象对于思维来说现在已成了一个思维环节，所以对象在自己的现实中也被思维看作思维本身的即自我意识的、抽象的自我确证。"①

其次，马克思主义辩证法更强调"对象性"，即现实生活中的感性。马克思用较为生动的语言去刻画了一个主体生成对象性活动且二者共同存在的过程："当现实的、肉体的、站在坚实的呈圆形的地球上呼出和吸入一切自然力的人通过自己的外化把自己现实的、对象性的本质力量设定为异己的对象时，设定不是主体，它是对象性的本质的力量的主体性，因此这些本质力量的活动也必定是对象性的活动。……因此，并不是它（对象性的存在物）在设定这一行动中从自己的'纯粹的活动'转而创造对象，而是它的对象性的产物仅仅证实了它的对象性活动，证实了它的活动是对象性的自然存在物的活动。"② 依照马克思主义的观点，事物的主体性是在对象性的提法中得到阐释的。黑格尔认为对象化和对象可以是同一的，辩证法是一个完成和最终解决的结果。但是马克思认为这是一个错位性的关系，"非对象性的存在物是非存在物。"③ 他用对象性的活动着的人去改变现存世界。

最后，马克思主义辩证法强调存在决定认识。辩证法在马克思那里是无法划归到同一性的，马克思在乎的是辩证法的过程，是一个中间的否定性的环节。辩证法在马克思的文本里是运动的、矛盾的、否定的，在物化的时代里，更加包含着对抗和对立："我的辩证法方法，从根本上说，不仅和黑格尔的辩证方法不同，而且与它截然相反。在黑格尔看来，思维过程即他称之为观念而甚至把它变成独立主体的思维过程，是现实事物的造物主，而现实事物只是思维过程的外部表现。我的看法则相反，观念的东西不外是移入人的头脑中改造过的物质的东西而已。"④ 这是马克思对黑格尔在认识论视域中的第一层次的颠倒：思维与物质的颠倒。在第二层次中，马克思完成了存在论视域中的颠倒："辩证法，在其神秘形式上，成了德国的时髦东西，因为它似乎使现存事物显得光彩。辩证法，在其合理形态上，引起资产阶级及其空论主义的代言人的恼怒和恐怖，因为辩证法在对现存事物的肯定的理解中同时包含对现存事物的否定的理解，即现存事物的必然灭亡的理解；辩证法对每一种既成的形式都是从不断地运动中，因而也是从它的暂时性方面去理解；辩证法不崇拜任何东西，按其本质来说，它是批判的和革命的。"④

存在决定思维，表明与黑格尔辩证法不同的是，主体性来自主体对现实事物的实际感

---

① 马克思, 恩格斯. 马克思恩格斯全集: 第3卷 [M]. 北京: 人民出版社, 1956: 330.
② 马克思, 恩格斯. 马克思恩格斯全集: 第3卷 [M]. 北京: 人民出版社, 1956: 324.
③ 马克思, 恩格斯. 马克思恩格斯全集: 第3卷 [M]. 北京: 人民出版社, 1956: 325.
④ 马克思. 资本论: 第1卷 [M]. 北京: 人民出版社, 2004: 24.

知，而不是观念的东西的逻辑推演。同时，现实世界不是固定、静止、孤立的，而是处在不断地运动、变化之中。在实际教学过程中，单纯的知识传授只是在思维层面中驰骋，为使学生意识到存在的变化性、多样性、复杂性，应带领学生格物致知。但是受课程环境限制，大多数课程无法走出课堂，学生只能在思维中徜徉，不能切实地感受国家政策实施为社会环境改变带来的深刻影响。虚拟仿真课程建设则能够有效弥补这一短板，使学生能够沉浸在既定环境中，深刻理解思想政治理论课的真实性、国家政策方针的有效性。同时，马克思强调辩证法要从事物的暂时性、否定性中理解。虚拟仿真课程建设围绕环境变迁进行，使学生意识到随着时代发展变迁，国家如何变、社会如何变、个人如何变。这要求课程也要不断地改变，与时俱进地运用新兴的知识理论、技术手段展示社会样貌的真实变迁。

第二章
中华优秀传统文化中的体验教育理念

本章以中华优秀传统文化为理论基础，关注古代传统文化中身心体验与格物致知理念在教育领域中的重要性，表明从古至今体验教育理念根植于中华优秀传统文化土壤中，如今的虚拟仿真课程接续历史文化精髓，具有扎实、丰富的传统理念渊源。

第一节 以身体之，以心验之

身与心，是每个人自我的一对基本关系。它主要指自我感知与思维、身体与思想之间的关系。孟子曰"心之官则思"，先人把心当作了思想的器官，所以大部分与思想有关的汉字都是以"心"字为偏旁部首的。按照马克思主义认识论的观点，人类的认识路线是由感性认识到理性认识，由感觉、知觉、记忆到思维、想象，眼耳鼻舌身接触外界，产生感觉、知觉、记忆、表象，引发理性思维，产生对事物的判断与分析，使感性认识上升到理性认识，理性认识对人的行为实践又有着重要的指导作用。

体验须臾离不开身与心，"以身体之，以心验之"是体验教育的基础环节。只有经过身心的感与悟、省与思，认识才能够上升为知与智、美与善，才可以说一个认识阶段的基本完成。从体验主义方法论的角度看，体验应该同时具备生命性和精神性两个维度。所谓"以身体之，以心验之"，前者注重的是人的身体感官的生命感受，是体验的"物性"基础；后者强调的是人的主观世界的精神参与，是体验的"理性"提升。这告诉我们，在传统文化体验教育的过程中，真理或意义的获得是建立在生命实践基础上的身心体悟、理性升华的过程。

"以身体之，以心验之"是体验教育的基本内容，是人们获得认识、产生情感和生成意义的重要途径。传统文化体验教育强调经典文本意义的获得与生成，是生命体验的产物，是生命直接亲历的结果。在历史上，儒、道两家就有著名的"体仁""体道"之说，指出对"仁"和"道"，只能经由"体验躬行"的方式获得。

以《论语》为例，孔子主张遵循学生的人性与个性进行教育。一部《论语》，充满了体验教育的要素。例如，"学而时习之，不亦说乎"的"习"，就包含了行动、体验、实习、实践的含义。在教育的过程中，教师是引领者、启发诱导者、互动交流者、心灵唤醒者；学生是体验者、合作学习者、自主学习者。孔子重视主动学习、快乐学习；重视个人体验、个性发展。孔子因材施教、个别教学，从来不抠定义、不设标准答案，也从不高高在上地灌输传授，而是紧紧围绕"立人"（立德、立功、立言）的培养目标，在情境中引导、在生活中引导、在周游中引导、在困厄中引导，引导弟子自己去认识、自己去体验，在行动中感悟，在体验中成长。

《中庸》开篇就指出,"天命之谓性,率性之谓道,修道之谓教",这是体验教育的本体论、认识论基础。不同的人,"天命"之"性"各不相同,这就需要"率性"而为,"修道"而教。只有这样,学生内蕴的生命之性才会自然而为,顺势而长,有的还会长成参天大树。教育就是要顺应天性、遵循人性、依照本性、适应个性;教育就是应该适时、适地、适量、适度地进行。《大学》中提到的格物、致知、诚意、正心、修身、齐家等"八目",就体现了"以身格之,以心知之"的思想。《荀子·修身》中的"笃志而体,君子也",《淮南子·氾论训》中的"故圣人以身体之"等,也都反映了古代圣人君子的体验式学习。用身体体验自然也包括了心理体验(孟子曰"心之官则思"),所以体验的基本含义应该是"以身体之,以心验之",能否"走心"是体验教育的关键所在。

到了宋明时期,"体验"一词正式出现,它已经变成了一种对文本的理解阐释方法,譬如王阳明在《传习录》中说:"皆是就文义上解释,……而不曾就自己实工夫上体验",要求主体亲自置身于一定的关系世界和生活情境之中,对经典文本的意义有所体验。朱熹在《中庸集注》中也诠释曰:"体,谓设以身处其地而察其心也",强调以"悟"的方式解读传统文化经典文本,从而获得人生的感悟与意义。无论是学问还是人生道理,都应该在体验中"自得于心",只有"自得于心"的,才是最适合自己的,才是最有用的。被人像喂鸭子一样灌输的学问或意义,远不如自己从内心深处感悟出来的真切管用。

体验教育理念深深根植于中华优秀传统文化和中华传统教育的沃土之中,体验教育反映了人的身心发展的辩证统一关系,反映了人的身心发展与社会发展的辩证统一关系,反映了人的学习与思考的辩证统一关系,反映了感性认识与理性认识的辩证统一关系,反映了认识与实践的辩证统一关系。归根结底,是因为体验教育符合人类认识的基本规律,符合学生身心发展成长的基本规律,符合教育的基本规律。虚拟仿真体验教学能够使受教育者在学习过程中达到身心合一的境界,用身体力行、自主探索的体验去归纳、总结、思考思政课教学内容的内在逻辑与意义价值,改变以往填鸭式教学的刻板教学模式,使受教育者能够达到"自得于心"的学习境界。

第二节 体验致知,知行合一

知行合一是中国古代哲学中认识论和实践论的命题,是道德修养、道德实践相关的理论。知,指的是科学知识、事物的道理、内心的良知、人的道德感和判断力等;行,指的是人的行动,人的实践。知行合一,重在二者的融会贯通,重在理论与实践的统一,重在内化于心、外化于行。中国古代哲学家认为,不仅要认识(知),尤其应当实践(行),只有把"知"和"行"统一起来,才能称得上"善"。王阳明认为,从空间来看,"知行是两道铁轨,不可分割";从时间来看,"知是行之始,行是知之成"。知行合一就是一件事的开始和终结,绝不能有始无终,更不能虎头蛇尾。

从传统文化体验教育的角度分析,体验就是寻找、探究,就是端正念头,探求道理。所以必须用心,凡事走心,在心上下功夫。知行合一,重点在于事上练心。通过做事来磨炼自己的心志,磨砺自己的心境,这样发生事情时心才不会乱,处理事情才能从容不迫,游刃有余。《中庸》告诉我们:"博学之,审问之,慎思之,明辨之,笃行之"。在这里,知行合一,就是认真地去做每一件事情,认真地去学、问、思、辨、行,认真地去践行,知得真切笃实就是行，行得明察精觉就是知。如果你只学、问、思、辨，没有去实践，那就不是真的知；如果你只去实践，而没有学、问、思、辨，那就不是真的行；实在是古人的用心良苦。世界上往往有两种人：一种人懵懵懂懂地去做，就像流水线上的机器人，只是机械地做，很少去思考；还有一种人，每天只是茫茫荡荡、没有目的地思考，任凭想象狂飞乱舞，却不去实践。这就要告诉他们，只有知行合一，既在做事中走心用脑，又认真踏实地去做，才有可能成功。

一般来说，体验教育过程分为自主体验、感悟认知、反思强化、生成提升四个阶段，表现为三个层面。一是真实的感受，这是体验的初步获得，也是心灵的被触动，心弦的被弹拨；二是深刻的理解，这是体验的核心功能。没有深刻的理解，仅仅停留在感受的层面，就不会完成内化的过程，不会升华为品格，也达不到教育的效果；三是正确的行为，这是知行合一的层面，能够将获得的认知与情感内化为良好的品质与人格，外化为良好的行为习惯。

体验教育的形式多种多样、不拘一格，既可以根据不同的教育内容选择不同的教育形式，又可以根据不同的教育目标，创设不同形式的教育。目前常见的教育形式主要有情境体验、活动体验、生活体验、社会体验、项目体验、基地体验等。当然，也可以根据不同的依据将体验教育的形式划分为直接体验、间接体验、行动体验、反思体验、内化体验、封闭体验、开放体验、主动体验、被动体验、接受性体验、创造性体验等。虚拟仿真思政课程通过打造"知课堂""情课堂""意课堂"和"行课堂"四种课堂模式，综合运用知识图谱、人工智能大模型、融合投影、红外雷达、增强现实技术、数字人技术、高性能 VR 眼镜和虚拟仿真技术，既能实现传统课堂中的理论导入、小组讨论，又能通过情景长廊、数字剧场和虚仿实践的设置给予学生沉浸式的课堂体验，为提高思政课教学实效提供强大助力。

第三节　民惟邦本，本固邦宁

"民惟邦本，本固邦宁"是一句深刻揭示国家与人民关系的古语，它源于中国古代的政治哲学思想，体现了古人对于国家治理与人民福祉之间关系的深刻洞察。"民惟邦本"意味着人民是国家的基础和根本，一个国家是由千千万万的人民组成的，人民的幸福安康是国家繁荣稳定的前提，没有人民的辛勤劳动和创造，就没有国家的富强和进步，因此，人民是国家发展的基石，国家的命运与人民的命运紧密相连。"本固邦宁"强调了稳固的"本"，即人民基础对于国家安宁的重要性，当人民生活稳定、安居乐业时，国家的根基就会稳固，社会就会井然有序，国家就能够长治久安；反之，如果人民生活困苦、社会动荡不安，那么国家的根基就会动摇，国家的安宁也将无从谈起。

这句话所蕴含的思想，不仅强调了人民在国家中的主体地位，也强调了国家治理必须以人为本。在国家的治理过程中，必须始终关注人民的利益和需求，尊重人民的首创精神，发挥人民的主体作用。只有这样，才能确保国家的繁荣稳定和人民的幸福安康。在现代社会这一思想仍然具有重要的现实意义。无论是国家政策制定还是社会管理的实践，都应该始终坚持以人民为中心的原则，关注人民的利益和需求，努力实现发展为了人民、发展依靠人民、发展成果由人民共享的目标。这样，我们才能够建设一个更加公正、和谐、美好的社会。

如果我们从教育的角度来审视这句话，同样可以发现其中蕴含的深刻体验教育理念。首先，从"民惟邦本"这一观点出发，我们可以将其理解为教育中的"学生为本"理念。在教育过程中，学生是最基本的元素，是教育的核心和主体。教育的一切活动都应该围绕学生成长和发展展开，以满足学生的需求、激发学生的兴趣、培养学生的能力为出发点和落脚点。这种"学生为本"的教育理念，强调了教育的根本目的是促进学生的全面发展，而非简单地追求知识的传授或考试的分数。在虚拟仿真思政课程中，"学生为本"的理念得到了进一步的体现。体验教育强调通过实践活动、亲身体验等方式，让学生在参与中感受、在体验中成长。这种教育方式更加注重学生的主体性和参与性，让学生在实践中发现问题、解决问题，从而培养学生的创新精神和实践能力。在体验教育中，学生的需求和兴趣得到了更加充分地关注，学生的主体地位得到了更加充分地体现。

其次，从"本固邦宁"这一观点出发，我们可以将其理解为教育中的"基础稳固"理念。在教育过程中，基础知识的稳固掌握是学生进一步学习和发展的前提。只有基础稳固，学生才能够在知识的海洋中畅游，才能够游刃有余地应对未来的学习和生活。这种"基础稳固"的教育理念，强调了教育的基础性和系统性，要求教育者在教学过程中注重基础知识的传授和巩固，为学生的未来发展打下坚实的基础。在体验教育中，"基础稳固"的理念同样得到了体现。虽然体验教育注重学生实践能力和创新精神的培养，但这并不意味着可以忽视基础知识的传授。相反，体验教育更加注重基础知识的实践应用，让学生在实践中巩固和深化对基础知识的理解。通过实践活动，学生可以将所学知识运用到实际情境中，从而加深对知识的理解和记忆，提高学习的效果和质量。

第三章
西方教育学、心理学相关理论

本章以接受机制理论、具身理论、变因论等西方教育、心理学相关理论为理论基础，更加结构化地表明虚拟仿真课程建设中传者与受者之间的互动性关系，能够加强受者对于教育内容的理解，呼吁教师重视身体经验对认知的作用，以探索更为合适的方式来促进学习。

第一节 接受机制理论

思想政治教育视阈下的接受机制，指的是思想政治教育的接受者在教育者的引导和社会环境的作用下，基于一定的目的，通过各种中介活动，反映、选择、加工教育者提供的各种信息，并内化为自己的行为的活动过程，内在包含个体机制和社会机制。

思想政治教育接受的社会机制主要包括社会环境和大众传媒，个体机制主要有思想政治教育主体的接受机制、思想政治教育客体的接受机制和主体与客体相互作用的机制。虚拟仿真课程建设，正是在打造社会机制、个体机制的基础上增强育人效果。在社会环境层面，虚拟仿真课程建设不断使社会的整体环境适应思想政治教育的时代要求，促进思想政治教育的实践发展；在大众传媒建设层面，虚拟仿真课程建设综合运用纸质传媒、电子传媒等多种传媒方式，搭建了指向全面、形式灵活、内容丰富的教学资源和教育平台，使学生能够全身心地投入在思政课的教学氛围里，从而打破学生被动吸收思政课知识的"异化"状态。由此，思想政治理论课的授课过程达到主客体相统一的理想状态。

相比于传统思想政治教育教与学之间"你说我听"的直线形式，虚拟仿真课程建设借助视知觉揭示了教育者与受教育者间的互动性关系，使受教育者受教过程处于与教育者施教过程不同的语境化组织结构中，受教育者对思想政治教育图像化文本具有主动选择性，这使受教育者能够有意识地、能动地参与图像化思想政治教育实践活动，其观看体验的过程实质是视觉思维运作和心理活动综合作用内化于心的过程。

受教育者如何接受虚拟仿真课程反映的是一个心理认同的过程。心理接受机制强调的便是受教育者在观看思想政治教育图像文本过程中心理上产生的不断理解、认同图像化思想政治教育内容的规律，分别从不同层面揭示了受教育者对虚拟仿真课程产生认同的内在特征和具体表现，是有效推进图像化思想政治教育内化于心的重要心理机制。

在虚拟仿真课程建设中，"知"强调的是受教育者对教育内容的内在价值意蕴以及如何践行道德行为的认知，并对这一行为目的有着清晰的了解；"情"强调的是受教育者对教育内容传递出的价值观念所依赖的环境条件的一种态度体验，包括受教育者的内在心理环境和外在客观环境，这为践行道德观念提供了一定的条件支撑；"意"强调的是受教育者践行教育内容传递出的道德观念所具备的行为意向、动机和遇到困难时的决心,既体现为愿意去践行,又体现为决心去践行。鉴于此,要更加重视行为意愿机制中的"知""情""意"三者间的有机联系,通过打造虚拟仿真课程,图像化思想政治教育激发受教育者的积极情感,实现以"情"益"知"、借"情"促"意",以情感体验作为激发行为动机的重要手段,这是可以使人产生行为的巨大意志力。

在虚实融合场景中,思想政治教育接受过程中的知行转化不是一蹴而就的,而是在认识—实践—再认识—再实践这种循环往复、螺旋上升的辩证运动中不断迭代转化的过程,是由感性认识上升到理性认识,由非理性行为发展至理性行为的过程。随着虚拟仿真技术与思政课程的深度融合,感应性激活与策略性抑制有机协调,知行转化过程不断加速循环。在知行转化循环迭代过程中,个体根据每一次知行转化的反馈结果不断调整思想政治教育接受活动。经过以终为始的思想政治教育接受活动,个体正确的价值观念不断累积,实现由量变到质变的飞跃,最终成长为一个有理想、有道德、有担当的时代新人。

第二节 具身理论

作为新型研究范式的具身认知(embodied cognition),最初建立在对传统离身认知的批判基础之上,兴起于20世纪90年代。近年来,具身认知理论得到了众多学科的密切关注,在心理学、哲学、生物学以及脑科学领域获得广泛应用。具身认知理论根植于两个重要的论述,即梅洛·庞蒂(Merleau Ponty)的身体现象学和贝特森(G. Bateson)、瓦雷拉(F. J. Varela)的生物学观点。梅洛·庞蒂在其《知觉现象学》一书中提出,身体不是物体,它是一个自然主体。他始终把身体置于特定的时空和环境中,认为身体与世界共存,是联系世界的重要手段。瓦雷拉等人则强调两点:第一,认知是依赖于经验的种类,这些经验源于具有各种感知运动能力的身体;第二,这些感知运动能力本身就植根于一个更广泛的生物、心理和文化的情境中。关于具身的含义,目前还没有统一的理解,但大多数研究者都同意具身性的基本命题,即身体的形态结构、感觉系统、运动系统和神经系统都影响着人们的认知过程。身体不仅影响认知的加工,还影响认知的基本内容。总之,具身认知强调身体、环境在认知中的作用,以及身体与环境的相互作用,重视认知的情境性与具身性。具身认知理论的意义在于呼吁人们重视身体经验对认知的作用,以探索更为合适的方式来促进学习。

具身认知理论认为,认知具有涉身性,认知依赖于身体,身体的结构影响着人们的认知方式,影响着思维和心智。强调身体在认知过程中的参与,鼓励身体感知运动系统的参与,重视身体与环境之间的动态交互。具身认知过程在本质上就是身体与环境之间的交互过程,身体与心智在特定的环境与情境中发生变化。因此,具身认知产生的关键在于增强学习者对学习内容的多通道感知,支持学习者与学习环境的动态交互,强调学习者在学习过程中的情境体验。

具身认知理论创新了虚拟仿真课程建设的工作方法,有效提升了虚拟仿真课程建设的实效性。在具身认知的视野下,虚拟仿真课程建设载体的选择和利用,需要满足以下三个要求:要充分考虑身体知觉的参与性,即"身体的回归";载体的形式和内容的设计要具有隐喻性和渗透性;要考虑载体的功能可供性,因为个体的目标、期望、计划、价值观会影响到我们对可供性的知觉。因此我们在选择虚拟仿真课程建设载体形式的时候要充分考虑到大学生个体在目标、期望、计划、价值观方面的差异性，针对不同层次的群体采取不同的方式。同时，具身认知视野下，高校思政系统环境的建设就是要将文化建设的核心思想内化为学生的行动和信念，将"身体思维"植入学生的思政课学习中，将身体嵌入高校思想政治教育的系统环境之中，增加人与环境、工具之间认知交互的可能性。这也进一步指明，在虚拟仿真课程建设的实践中，我们工作的载体、工具的设计也应该满足大学生的情感需求、安全需要、尊重与自我实现，才能实现学生与高校思政系统环境、工具的交互，促进数字技术深层次嵌入高校思政教学全过程。

第三节　变因论

教育技术理论中的教育数字化转型的变因论，为我们提供了一个全面且深入的分析框架，用以探讨虚拟仿真课程建设的机理逻辑。这一理论从五个层面——进化论、催化论、应变论、嬗变论、智慧教育论出发，为我们揭示了虚拟仿真课程建设背后的深层逻辑与规律。进化论中的数字达尔文主义表明，技术本身发展速度呈现出指数级进化态势，例如，从Web1.0到Web4.0的互联网进化过程，技术的发展同时也促进了社会的发展变化。而高等教育、高校思政课教育作为社会的子系统，也理应进入到教育4.0版本，改变技术介入思政课的格局、改变学生态度与行为、改变学习需求的格局等。这种进化不仅体现在技术层面的提升，更体现在教育理念和教学方式的革新上。催化论中数字技术整合的教学法创变，表明数字技术是虚拟仿真课程建设的基础，它可以通过给学习者提供学习平台工具，赋能学习环境建设，协同建构数字化学习资源建设，应用过程数据进行教学决策等方式进行虚拟仿真课程建设创新实践。应变论中的数字技术赋能教育系统韧性建设，要求虚拟仿真课程建设系统应该不断应用数字化转型方式，适应新的教学需求和技术环境，通过灵活调整教学策略、更新教学内容、优化技术平台等方式，调整自身所形成的应对外部冲击的适应能力，维持自身稳定，保持生命力和竞争力，实现教育可持续发展。嬗变论中数字技术融合教育生态的蝶变强调重视虚拟仿真课程建设中的"蝴蝶效应"。虚拟仿真课程建设系统内嵌于社会数字化转型实践中，技术已经融入虚拟仿真课程建设系统中，具有内在的教学价值。技术触发了高校思政课数字化转型，推进其整体性的"蝶变"。随着教育理念的更新和教学模式的转变，虚拟仿真课程逐渐从单一的技术应用向综合性的教学平台转变。这种嬗变不仅体现在课程形式的创新上，更体现在对教育观念和教学方式的深刻变革上。智慧教育论认为"人本智能"引领未来思政教育创变。数字智能时代享有"数据—信息—知识—智慧"的数据智慧层次，形成一种以"人本智能"为核心价值观的教育数字化转型态势。虚拟仿真课程建设是智慧教育的重要组成部分，虚拟仿真课程建设将以"人本智能"引领未来教育发展。通过整合大数据、人工智能等先进技术，虚拟仿真课程能够实现个性化教学、智能评估等功能，为智慧教育的发展提供有力支持。同时，虚拟仿真课程还能够促进教育资源的共享和优化配置，推动教育公平和质量的提升。总之，教育技术理论中的教育数字化转型变因论为人们理解虚拟仿真课程建设提供了多维度的视角。通过深入分析这五个层面，人们可以更好地把握虚拟仿真课程建设的机理逻辑和发展趋势，为未来的教育创新提供有力的理论支撑和实践指导。

第四章
新兴技术与理念的相关理论

本章以元宇宙、知识图谱、数字人、虚拟现实（Virtual Reality，VR）等新兴技术在思政课的运用为切入点，以对生成式人工智能技术的批判与理解为侧重点，以"物质力""情感力""网络力"的相关传播学理论为抓手，深入分析目前思想政治教育对新兴技术的广泛应用，从多种理论视角表明虚拟仿真技术融入思政课程对于提升育人效果的重要意义。

第一节　知识图谱等新兴技术逐渐得到广泛接纳与应用

现代信息技术的进步与发展每时每刻都挑战着传统思想政治教育，特别是智慧技术相关的应用促使人们的生产、生活、人际交往方式以及教育领域都发生了重大变化，思想政治教育领域同样面临着重大转变。在这样的时代背景下，转变传统思想政治教育理念，讲清、讲透在人机交互、虚拟仿真、知识图谱、数字人等智慧技术与思政教育相结合的情况下，研究智慧思政的系列基础理论问题，探讨如何更好地实现其育人功能等，对推动当前思想政治教育取得重大成效具有重要理论意义和实践价值。

一、知识图谱技术的思维补充性

知识图谱，就是把所有不同种类的信息连接在一起得到的一个关系网络。建设一个知识图谱系统，通常需要经历知识建模、知识获取、知识融合、知识存储和知识应用的过程。构建知识图谱，思维本质上是在深入分析知识内涵与逻辑的基础上，探寻到事物内在的、必然的、本质的联系，建立一种科学理论体系。在这里，知识图谱的建构与人运用科学抽象法有一定的相似性。马克思在研究政治经济学、分析资本主义生产方式过程中对科学抽象法进行了阐释，认为"分析经济形式，既不能用显微镜，也不能用化学试剂。二者都必须用抽象力来代替。"在知识图谱技术与人的科学抽象法的关系层面中，知识图谱一定程度上与人运用科学抽象法对事物进行逻辑推演有一定的相似性，是人们建构科学理论体系时可以选择使用的一种创新表达手段。但是另一方面，人的科学抽象法比机器更为复杂、具体，对于凝练知识与知识之间的逻辑、培养学生逻辑思维能力来说，传统教师作为思维的主体，依旧在教学中发挥主要作用和价值。综上，知识图谱可作为教学工具、教学内容出现，与传统教师形成教学互补，处于教学辅助手段地位。

在信息技术领域，知识图谱需要利用区块链技术的理念与优势：一是保证信息高度准确性，要修改则"牵一发而动全身"；二是去中心化，将思想政治教育与区块链理念相结合，除却保持信息高度科学抽象性、准确性、独立性之外，还要警惕大型知识图谱被某些机构垄断，确保知识图谱的可获得性，不断促进教育普及化与公正、公平化发展。

思政课教学中的知识图谱技术更加能够对知识"提纯"，锻炼学生在文科学习中的逻辑思维。对知识的历史、现状进行知识图谱梳理，能够更清晰地展现知识的来龙去脉与逻辑结构，知识图谱实现的过程也是知识逻辑实现的过程，更是构建知识"真理性"的过程。让学生在学习中构建知识图谱并且用图像的形式展现出来，让学生能够更加理解知识、认可知识，从理性和感性上共同接受思政课知识的真理性，同时也能加强记忆，让学生更快地看到知识之间的逻辑互联性，有助于学生更快地理解、消化知识。因此，有必要建构帮助学生实现知识图谱创作的场域环境，让学生在知识图谱创作中梳理知识、厘清逻辑，找到知识的连贯性，同时也更认同知识的真理性。

二、数字人技术的教学补充性

在传统教学关系中，教师与学生属于"传者"与"受者"，即"教"与"学"的关系。数字人则是运用数字技术创造出来的，与人类形象接近的数字化人物形象。它是信息科学与生命科学融合的产物，是利用信息科学的方法对人体在不同水平的形态和功能下进行的虚拟仿真。数字人发展包括四个交叉重叠的发展阶段：可视人—物理人—生理人—智能人，最终建立多学科和多层次的数字模型并达到对人体从微观到宏观的精确模拟。

数字人在思想政治教育中起到重要作用。从虚拟仿真角度出发，数字人，尤其是对思想政治教育中历史伟人的虚拟仿真、复刻，是对不可重现的历史时空的再现，对于历史上发生的重要事件、重要人物进行的复刻。数字人的运用可以极大地创设符合思想政治教育教学主题的场景，让学生身临其境地感受当时发生的事情，并因此受到鼓舞、震撼，以提升教学效果。人工智能的出现，以活劳动与物化劳动界限不断发生变化、固定资本与可变资本智能机器一体化等特征，不断丰富人的本质的内涵，但是并没有改变"人的本质是社会关系的总和"的界定。数字人的社会关系与社会属性来自我们对数字人的建设理念：我们希望理想中的数字人，既来自现实社会又高于现实社会。应对数字人的社会关系进行补充，尝试给数字人多添加社会肌理，加强其社会属性，丰富其社会因素，和学生形成有效的社会性互动，让学生感到真实可感的存在物。在数字人的教学环境中，学生可以以历史人物为师，聆听他们的教诲，打破时空界限，与教师形成有效的教学补充，共同使思政课教学实现以理服人、以情感人、以德化人。

三、元宇宙中虚拟现实技术的现实补充性

传统社会人际交往主要通过口头传播、印刷媒介传播进行。而数字时代，电子媒介传播成为人与人之间交际的重要方式，通过手机、计算机等设备进行人际交往变得越发频繁，机器具有作为"人身体的延伸"的功能，在人的生产、生活、交往中变得越发不可替代。随着交流与传播方式发生剧烈的变化，思想政治教育也必然伴随"人—人"到"人—机—人"交往模式的变化发生重大变革。在"人—人"交往模式中，思想政治教育主要采取单向"灌输"的方式传播价值观念，受时空限制，效果十分有限。但在数字时代"人—机—人"的交往模式中，其即时性、便捷性、快速性的特点，不仅极大降低了人与人之间的交流成本，还能够促进多线程、多维度交流方式与思维方式形成，便于人们主动获取知识。元宇宙就是在"人—机—人"的交互环境中形成的全新事物，是人类运用数字技术构建的，由现

实世界映射或超越现实世界、可以与现实世界交互的、具备新型社会体系的虚拟数字生活空间。现实世界具体的人与线上虚拟的人身份并存于元宇宙，能在极大程度上成为未来人类生活的重要方式。在线上—线下生活并存、充满主观能动性、多向传播的生活环境中，人们已然过着一种充满现代信息技术的生活，这种交往方式的变革必然要求我们的教育特别是思想政治教育进行重大变革，虚拟现实技术则在其中发挥了关键作用。

虚拟现实技术，是20世纪发展起来的一项全新的实用技术。虚拟现实技术包括计算机、电子信息、仿真技术，其基本实现方式是以计算机技术为主，利用并综合三维图形技术、多媒体技术、仿真技术、显示技术、伺服技术等多种高科技的最新发展成果，借助计算机等设备产生一个逼真的三维视觉、触觉、嗅觉等多种感官体验的虚拟世界，从而使处于虚拟世界中的人产生一种身临其境的感觉。虚拟现实技术能够极大加强思政课教学的沉浸式体验效果，是学生最喜欢的技术之一。戴上VR眼镜，学生能够"重走长征路"，体验红军爬雪山、过草地的艰难困苦，能够离开既定环境回到当时的场景中体验长征精神与气魄。以往教学过程中，学生无法理解、无法体会中国共产党人、老一辈无产阶级革命家们的爱国主义情怀，无法站在历史的角度思考问题，容易形成历史虚无主义的思想困境。在虚拟仿真体验教学环境下，学生能够回到过去艰难的环境里，更加深刻地理解环境对历史与现实的塑造，更加理解中国共产党人的精神谱系，能够进一步解决思政课教学"入脑入心"的教学难题。

第二节　生成式人工智能等新兴技术越发受到重视

目前国际社会经过以搜索引擎为代表的PC互联网时代、推荐算法为代表的移动互联网时代，进入到以生成式人工智能为代表的智能互联网时代。随着云计算、大数据、区块链、数字孪生，特别是以ChatGPT、Sora为代表的生成式人工智能技术的发展，人工智能技术在舆论引导、思想宣传等工作中的应用越来越成为学术工作者、技术人员关注的焦点话题。生成式人工智能技术的广泛应用，宣告语言文字的智能媒体时代已经到来，这改变了互联网传播格局、人的信息搜索与生活方式，为信息的生产、传播等环节带来了深远影响，更进一步改变了思想政治教育的生态格局。

传播的内容载体是文字、图片、视频。在人工智能，尤其是生成式人工智能时代，ChatGPT和Sora的横空出世更让人看到未来社会的形态基础与发展趋势。脑机接口等新兴技术的发展，更让人看到生活、工作、学习方式的可能性变化，未来社会可能会更加需要借助工具进行生活、学习、工作。生成式人工智能技术为人的生活带来诸多变化，从思政课教学的角度来说，更应该了解其发挥作用的方式、为社会带来的影响变化以及其中可能存在的风险挑战。

在影响方面，首先，生成式人工智能技术能够在各行各业实现提质增效，尤其是以ChatGPT为代表的生成式人工智能技术的出现，可以打破原有语言文字应用壁垒，融合文学、诗歌、论文、研究报告等文字体系，生产更优质的文字内容，也能够打破不同类型文字、图像、视频之间的鸿沟，提高文字生产的质量和数量，使用人工智能进行美编、监控舆论，能够降低人工成本、提高质量和效率。

其次，生成式人工智能技术可以赋能普通受众。人工智能技术在传播领域的深度应用促使传播领域的权力分布进一步下沉，普通大众在内容创新、传播表达及参与对话中拥有更多平等的机会和权利，突破了不同人群在资源使用与整合方面的能力差异，使人与人之间至少在理论上可以用一种社会平均线之上的语义表达和资源动员能力进行社会性的内容生产和对话，促进文字、图片、视频生产交互功能，在一定意义上从技术方面促进社会公平正义的实现。

再次，生成式人工智能会带来新兴行业。以 ChatGPT 为代表的生成式人工智能技术目前需要通过利用不断对话的方式生成更优质的答案。在未来，掌握人工智能交流技术的引导员、训导员、评价员、鉴别员等新兴行业工作人员可能会面临大量需求，在辅助大模型训练、引导普通受众使用软件方面发挥重要作用。同时，也需要看到生成式人工智能时代产生的新问题，对于思政课教学来说，技术中立外衣下的潜在意识形态风险会带来新的挑战，这主要包括七个方面。

一是受众行为改变带来的国内传媒格局重构风险。为满足用户查找信息的需求，互联网的信息获取、分发模式经历了从分类目录、搜索引擎到推荐系统的发展历程。目前无论是在主流媒体还是在自媒体中，中国在计算机视觉、自然语言处理（CV/NLP）等算法基础领域取得了一定成绩，尤其是对互联网产业界推荐算法的研究与应用均较为充分，在国际社交媒体领域也具有一定的影响力。但如今，在智能媒体时代，ChatGPT 大语言模型通常采用人机多轮对话的形式，对话式、生成式人工智能技术兴起及其对于终端的高度渗透性，使用户在对话框中即可实现"人机交互式"的"新闻搜索—新闻推荐"目标，再一次改变用户信息查找与生活的习惯。对话框中"唯一答案"的出现，打破通过策、采、编、发、审才能生产新闻的传统模式，随着内容、图片、视频生产人员逐渐被人工智能替代，也逐渐改变传媒行业既有布局，形成新的媒体格局。

二是由假新闻、信息茧房等造成的舆论引导风险。在新闻人工智能领域，黑匣子用作比喻难以观察或解释的新闻制作过程，其产生有四个主要原因：数据来源的不透明、算法和程序的保密需求、程序代码的复杂性、深度学习的不可解释性。推荐算法技术在促进用户增量、增强用户黏性、获取存量时长方面效果较好，但也使内容生产越发趋向同质化、高热化，形成信息窄化、交往圈层化、群体极化、信息茧房等趋势，尤其是在一些关键议题上存在网民层面认知和国家宣传引导有所脱离的意识形态分歧问题。ChatGPT 具有其强大的自然语言编写能力和行为方式模仿能力，如果相关检测、监管机构缺位，其模型可能会经恶意人为或自动生成大规模且极具说服力的假新闻，造成新闻生产的黑匣子困境，最终影响、操纵公众舆论。同时，在 ChatGPT 中，传统舆论引导手段，如推荐、置顶等方式都存在应用困难。ChatGPT 在训练过程中不断摸清用户喜好，在对话框中生成唯一答案，能够进一步强化受众认知和信息茧房，造成内部舆论撕裂，成为舆论引导的风险因素。

三是技术中立外衣下的潜在意识形态风险。ChatGPT 的训练数据主要来自海量数据"投喂"，研发公司根据全网数据或训练数据"灌输"ChatGPT 的"三观"。宣传中自我标榜"理性、中立、客观"，实则充斥着双标悖论与失实报道，极力维护美西方利益，秉持主流的"政治正确"。从这个角度看，人工智能早已超越了技术理性，成为了"意识形态引领的技术范式，涉及对传播权力的分配"。也就是说，数据和算法俨然成为一种新的权力生产要素，实现了技术的意识形态化和意识形态技术化的有机互嵌。

四是国际传播格局重塑与国际话语权争夺风险。长期以来，中国的国际传播能力和国际话语权都有待提升，"挨骂"的问题亟待解决。当前国际传播格局中，美国仍占据优势地位。ChatGPT 在世界范围的广泛应用，且赋能新闻宣传，将在信息传播领域产生几何级数的效应，在国际竞争中易沦为舆论战、信息战的工具，成为国际形象建构和国际话语权提升的辅助力量。相比较而言，中国能否在新兴智能传播领域实现崛起，将对我国在国际领域争夺话语权产生重要影响。

五是隐私泄露、知识产权等安全风险。在新闻生产，尤其是重大政治性新闻生产的过程中，部分媒体用户群体将所在机构文字、图片、视频等内部信息数据输入 ChatGPT 中进行分析、解读，使用户群体的信息安全受到隐私泄露的挑战。同时，ChatGPT 内容生产与智力创造、知识产权等问题相关，造成新闻生产领域"创造性被弱化"，如将文本数据大量复制使用，可能会产生作品版权、挖掘行为授权、二次创作许可、人工智能智力成果保护等方面的争议。

六是针对生成式人工智能的管理与问责风险。现有意识形态工作责任制将 ChatGPT 等大语言模型纳入管理中。一旦训练中文质量不高、意识形态存在问题的语料库，且追逐商业价值，没有对大模型进行保证政治立场的充分训练，就有可能形成无法传播主流价值观的生成式人工智能。不同于传统主流媒体、专业人员、互联网平台对于公开化内容的监管，在人机交互式的内容生产中，需要对信息来源数据库、大语言模型等生产过程与输出内容等方面同时进行监管，这存在追溯困难、问责困难、管理成本较高、管理效果较差的风险。

七是各专业从业者的结构性失业风险。目前，ChatGPT 正以势不可挡之势影响着人在内容生产领域的主导权。智能时代，算法就是权力。ChatGPT 是基于数据与算法的 AIGC 最新应用，其在文字、图片、视频等要素生成过程中的主导性越来越强，并拥有广泛的应用场景和范围。ChatGPT 的出现和应用加强了数据资源、信息获取和人工智能技术在宣传领域的主导地位，人作为内容生产主体的主导权将进一步被削弱。因为成本低廉、提质增速等原因，ChatGPT 大规模使用后可能会为图像与短视频生产、翻译、舆论监控等专业人员带来结构性失业风险。

总之，生成式人工智能技术发展，其意识形态风险呈现出"更加彻底化、更加隐蔽化、更加全域化、更加动态化"的特点。技术的意识形态化为思政课教学带来巨大的风险挑战，思政课教师在其中更应该与时俱进地了解技术及其原理，取其精华、规避风险，在利用技术创新教学模式、丰富教学内容的基础上，达到思政课立德树人的教学效果。

第三节　应用新型传播学理论深入理解虚拟仿真课程设计

随着互联网的普及、人工智能技术的兴起，虚拟仿真体验教学、全息化元宇宙教学模式等创新教学改革浪潮如火如荼地开展，大量高校投入人力、物力、财力构建基于自身特点的数字化教学体系，以多种技术手段、科技设施创新智慧课程建设。常江将目前的传播体系分为"物质力""情感力"和"网络力"三个维度[①]。其中，"物质力"是数字传播的基础设施，"情感力"是数字行动者的行为逻辑，"网络力"是传播业态的普遍性结构。在创新科学技术与设施广泛应用到思政课的现实条件下，思政课教学"物质力"基础已经较为夯实、牢固。所谓"物质力"，指科学技术与基础设施建设的发展水平。但是"铸魂育人"思政课

---

① 常江，何仁忆．物质·情感·网络：数字新闻业的流程再造［J］．中国编辑，2022，（04）：29－35．

并不只是知识的学习，更是爱国主义情感的累积和培养。也就是说，数字媒体基于其技术属性，为思政课授课的流程再造提供了基础设施，令各种类型的教学实践具备了物质条件，而这种物质条件对学生行为和观念的改造主要是以情感为基本逻辑完成的。因此，"情感力"转向应该成为数字思政课实践发展的一个重要研究方向。"情感力"，指对某事物的认可程度，以及愿意投身参与到该事物发展的意愿水平。思政课立德树人的"情感力"转向，一方面通过自上而下的教学实现，另一方面通过学生参与到数字化课程建设中实现，真正意义上构建教师与学生共建课堂授课体系，并变成了新的"物质力"水平，并且转换的过程是以网络为渠道进行分散传播的。以"思想道德与法治"课程为例，该课程授课对象为大一新生，具有典型的"数字原住民"特征，实现了加拿大媒介环境学派学者麦克卢汉的预言："媒介是人身体的延伸"，他们的主体性构建通过互联网和新型创新技术实现。在他们的成长过程中，互联网信息呈爆炸性态势出现，社会思潮林立、层出不穷，构建出多样的"情感价值"取向，如何以真理性知识为基础并抓住学生们在青春时代的"情感"价值，使他们认可、信服爱国主义理论和实践，在情感逻辑能够切实转化为实践逻辑的时代中，显得尤为重要。比起传统课堂上教师以口头传播的方式进行授课，学生们更加具有对技术与知识掌握的主动性、挑战性，善于利用哔哩哔哩、小红书等软件自学编程、设计知识图谱，完成课堂参与、创新课程汇报。值得注意的是，在教学实践中让学生利用互联网、人工智能等新型技术进行课程汇报创新对新一代学生群体来说并不是任务，而是他们习以为常的生活方式。因此，如何激发学生的自主创新能力，将所学技术融入课程内容中，不仅是课程教学效果的需要，更是学生立足主体性建设，满足自身惯常生活与工作方式的需求。在这个过程中，学生将技术创新作为"自我实现"的手段及方式，将物质力技术进一步转化为爱国主义情感，将情感融入具体技术作品中。这部分资料同样也可以用于新一轮授课，积累为崭新的思政课数字成果，形成新的物质力资源。

  总之，思政课智慧化教学的第一阶段，是在授课过程中能够使学生在使用智慧思政软硬件等物质力进行学习时，学会用马克思主义基本原理武装自身，系统、逻辑地掌握思政课的相关知识。而第二阶段的情感力转向，则是基于对基础知识的理解，情感上认可马克思主义中国化最新理论与实践成果的真理性、正当性，并且通过制作思政课数字资源等实践活动，进一步激发学生奉献自我、投身社会的爱国主义精神，以及对社会主义核心价值观、社会主义道德的践行。

  综上所述，目前大量教改、学术论文与实践活动虽然立足思政课基础建设，但是对思政课情感转向重要性、具体实践方式的研究略有不足，然而这部分却是思政课教学的重要价值所在，也是符合目前大学生的成长历程、心理需求、自身主体性构建方式的。鉴于此，课程改革应该通过多样化课程设计，一方面以物质力强化情感力，进一步加强物质力，使智慧思政物质基础更具真理性、传播力、说服力；另一方面通过网络力，以情感力反哺物质力，同时加强具有情感力的学生智慧思政数字资源制作能力。

—— 第二编 ——

虚拟仿真思政课教学的应用、分析与展望

高校思想政治理论课是落实立德树人根本任务的关键课程。如何提供优质、有效的思政课一直是思想政治教育研究的中心问题。为了解决思政课到课率低、抬头率低、入脑入心效果亟待提升的现实问题，高校思政课教学群体从教学理念、教学方法等多维切入，探寻思政课改革创新的方案，以供给学生喜欢、聚焦问题、具有实效、提升能力的思政金课。

习近平总书记在学校思政课教师座谈会上发表重要讲话，他指出思政课教师思维要新、视野要广，在课程建设中要坚持政治性和学理性相统一、价值性和知识性相统一、建设性和批判性相统一、理论性和实践性相统一、统一性和多样性相统一、主导性和主体性相统一、灌输性和启发性相统一、显性教育和隐性教育相统一。在落实习近平总书记重要讲话精神的过程中，虚拟仿真技术作为数智时代的重要技术成果，成为思政课运用新质生产力、开辟新的空间领域、优化思政课教育教学的关键新赛道。在将虚拟仿真技术与思政课深度融合的过程中，涌现出一系列国家一流虚拟仿真思政课程、国家级"虚仿中心"等代表性成果，从开辟新的教学空间、运用新的教学理念、打造新的教学模式、创造新的评价方法等多个角度协同发力，为新形态思政课的建设提供了有力支撑。这些成果也标志着我国思政课改革进入了数智化创新的新阶段。

作为一种新兴的教育技术，虚拟仿真在深度嵌入思政课的过程中仍然有许多重要的理论和实践问题需要解决。比如，在教学内容供给端、虚仿技术实现端、建设标准制定端的三重挑战都是制约虚拟仿真思政课进一步良性发展的关键问题。识别出这些挑战，并积极、科学地予以应对，是在数智时代建好思政课必须回答的时代之问，也是思政教师提升课程效果、进行理论研究与实践创新的重要突破点。总的来说，能否准确理解数智时代对思政课的深刻影响，是否能够前瞻性预见虚拟仿真思政课的建设趋势，是影响思政课改革创新的关键变量。

第五章
虚拟仿真技术在我国思政教育中的具体应用

  新中国成立以来，我国教育界伴随世界教育技术的整体发展，不断发展、完善、丰富教育手段。尤其是在信息技术高速发展的21世纪，我国教育的形态较20世纪已经发生了重大的变化，迅速完成了从教育技术的萌芽期向视觉媒体时期和视听媒体时期的三期过渡。到21世纪初，我国教育已经突破了传统的教学方法和工具的限制，除口授、板书、幻灯等原有课堂教育方法外，视频、音频、PPT多媒体教学、慕课等在线学习方式与课堂教学不断深度融合。教育技术的迭代浪潮，使教学过程更为生动、形象，注重学生主体的作用。同时，多样化的教学形态也使学生对知识的掌握更为直观、全面、深入。

  在此过程中，思想政治教育的改革和探索也迎来了全面大发展的机遇。一方面，整个教育领域中出现的、以数字化为突出特点的教育现代化进程，为思想政治教育提供了全新的理念和实操可能。另一方面，党和国家高度重视思想政治教育的现代化和数字化转型，为思政课的改革创新提供了强大的政策支持。党的十八大以来，习近平总书记站在时代发展的全局高度，历史、辩证地理解教育目标、教育内容和教育手段的内在关系，多次强调将现代信息技术融入思政课教育教学的必要性和重要意义。

  从习近平总书记的重要论述角度看，2016年，习近平总书记在全国思想政治工作会议上强调，"要运用新媒体新技术使工作活起来，推动思想政治工作传统优势同信息技术高度融合，增强时代感和吸引力。"① 2019年，在学校思想政治理论课教师座谈会会议上，习近平总书记进一步指出，"推动思想政治理论课改革创新，要不断增强思政课的思想性、理论性和亲和力、针对性。"②

  在总书记的研判和部署下，党和政府组合拳出台系列落实政策。例如，2018年教育部印发《新时代高校思想政治理论课教学工作基本要求》，对高校思政课建设明确提出，"要促进传统教学与信息技术的融合发展"③ 等十六个方面的总体要求；2019年中共中央办公厅和国务院办公厅联合印发了《关于深化新时代学校思想政治理论课改革创新的若干意见》，其中强调必须"大力推进思政课教学方法改革，推动人工智能等现代信息技术在思政课教

---

  ① 习近平在全国高校思想政治工作会议上强调把思想政治工作贯穿教育教学全过程开创我国高等教育事业发展新局面[N].人民日报，2016-12-09（1）.
  ② 习近平主持召开学校思想政治理论课教师座谈会强调用新时代中国特色社会主义思想铸魂育人贯彻党的教育方针落实立德树人根本任务[N].人民日报，2019-03-19（1）.
  ③ 教育部.教育部关于印发《新时代高校思想政治理论课教学工作基本要求》的通知[EB/OL].（2018-04-26）[2023-08-28］.http://www.gov.cn/xinwen/2018-04/26/content_5286036.htm.

学中应用。①" 2020年中央宣传部、教育部制定了《新时代学校思想政治理论课改革创新实施方案》，明确要求"创新教学方法，推动思政课在改进中加强、在创新中提高。" 2021年7月，教育部等六部门印发的《关于推进教育新型基础设施建设构建高质量教育支撑体系的指导意见》提出要"推动教育数字转型、智能升级、融合创新，支撑教育高质量发展"②。2021年中共中央和国务院印发《关于新时代加强和改进思想政治工作的意见》，其中明确指出"要推动思想政治工作传统优势与信息技术深度融合"③。

特别需要注意的是，2022年习近平总书记在党的二十大报告上正式提出"推进教育数字化"④，这对我国教育现代化进程提出了新的要求。为落实此重要战略部署，2022年11月，教育部发布《教师数字素养》教育行业标准，对中国教师的数字素养进行了三级维度的明确规定。这是我国历史上第一次从数字素养的角度对教师行业进行了明确的职业技能要求，具有里程碑式的意义。教师数字素养框架如图5.1所示。

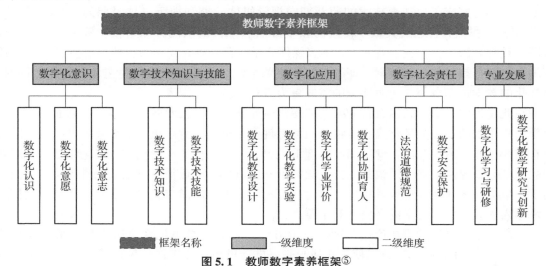

图5.1 教师数字素养框架⑤

综上可见，思想政治理论课的数字化转型既是我国教育强国建设过程中的重要举措，也是顺应时代发展切实提升思政课教学效果的必由之路。国内外的教学改革探索和理论研究成果均表明：在教育数字化过程中，虚拟仿真技术对于教学方式的改变，对教学生态的重塑具有重要的意义。

---

① 中共中央办公厅国务院办公厅. 中共中央办公厅国务院办公厅印发《关于深化新时代学校思想政治理论课改革创新的若干意见》[EB/OL].（2019-08-14）[2023-08-28]. http://www.gov.cn/zhengce/2019-08/14/content_5421252.htm.
② 中华人民共和国教育部. 教育部等六部门关于推进教育新型基础设施建设构建高质量教育支撑体系的指导意见[EB/OL].（2021-07-01）[2023-08-28]. http://www.gov.cn/zhengce/zhengceku/2021-07/22/content_5626544.htm.
③ 中共中央 国务院印发《关于新时代加强和改进思想政治工作的意见》[N]. 人民日报，2021-07-13（1）.
④ 习近平. 高举中国特色社会主义伟大旗帜为全面建设社会主义现代化国家而团结奋斗——在中国共产党第二十次全国代表大会上的报告[R]. 北京：人民出版社，2022：34.
⑤ 教育部. 关于发布《教师数字素养》教育行业标准的通知[EB/OL].（2022-12-02）[2024-04-01]. http://www.moe.gov.cn/srcsite/A16/s3342/202302/t20230214_1044634.html.

第一节 现有国家平台和国家级一流本科课程建设情况概述

近年来，国家高度重视虚拟仿真技术与思想政治理论课的融合，并在国家层面上推动思想政治理论课虚拟仿真类实验的建设，取得了丰硕成果。本节将以国家级一流本科课程前两轮次评选中思想政治理论课的表现情况和国家虚拟仿真实验教学课程共享平台 ilab 上的思政类课程为线索进行现状梳理，以整体呈现当前我国虚拟仿真体验教学融入思想政治理论课中的前沿发展情况。

一、国家级一流本科课程认定中的思想政治教育类虚拟仿真课程

2019 年为贯彻落实习近平总书记关于教育的重要论述和全国教育大会精神，落实新时代全国高等学校本科教育工作会议要求，教育部以课程建设为抓手，通过实施一流本科课程"双万计划"来切实深化教育教学改革，即认定万门左右的注重创新型、复合型、应用型人才培养的国家级一流本科课程和万门左右的因地制宜、因校制宜、因课制宜建设省级一流本科课程。

其中，国家级一流本科课程代表了我国高等教育中在高阶性、创新性和挑战度上最具代表性的课程。基于课程呈现的不同特点，教育部将国家级一流本科课程分为线上一流课程、线下一流课程、线上线下混合式一流课程、虚拟仿真实验教学一流课程、社会实践一流课程 5 个类目。在 2020 年和 2023 年完成的两个轮次国家一流本科课程认定中，分别有 728 门和 472 门虚拟仿真实践教学课程入选。

在第一批国家级一流本科课程的虚拟仿真实践教学课程类目下，共有 728 门课程获得认证，其中马克思主义理论类实验教学共有 5 门，具体信息如表 5.1 所示。

表 5.1 第一批获得国家级一流本科课程认证的马克思主义理论类实验教学课程

1	"重走长征路"——理想信念虚拟仿真实验教学	王立群	李林英、杨才林、刘左元、辛子俊	北京理工大学	马克思主义理论类
2	感悟和把握《共产党宣言》的真理力量虚拟仿真实验	王磊	孙利、闫涛、张欢、马明	天津大学	马克思主义理论类
3	"西柏坡+"思政课实践教学虚拟仿真体验项目	李晓华	王宏斌、王晓芬、亏道远、张学礼	石家庄铁道大学	马克思主义理论类
4	"长征源"革命历史虚拟仿真实践教学	贺新春	程小强、徐霞、张文标、左群	赣南师范大学	马克思主义理论类
5	新时代我国社会主要矛盾虚拟仿真实验	任晓伟	刘力波、吴朝、石培玲、张帆	陕西师范大学	马克思主义理论类

在第二批国家级一流本科课程的虚拟仿真实践教学课程类目下，共有 472 门课程获得认

证，其中马克思主义理论类实验教学共有 9 门，具体信息如表 5.2 所示。

表 5.2　第二批获得国家级一流本科课程认证的马克思主义理论类实验教学课程

1	精准扶贫实践教学虚拟仿真系统	彭庆红	刘明言、李萌、张昱	北京科技大学	马克思主义理论类
2	美丽中国"黄河流碧水，赤地变青山"虚拟仿真实验	孙建华	姜姜、胡华强、王立、李亮	南京林业大学	马克思主义理论类
3	"古田军魂"虚拟仿真实验	傅慧芳	李颖、缪姝、朱新屋、鄢奋	福建师范大学	马克思主义理论类
4	中国革命新道路的开辟之旅虚拟仿真实验	陈始发	李凤凤、李德满、舒前毅、庄秋菊	江西财经大学	马克思主义理论类
5	重温马克思主义在山东早期传播虚拟仿真实验	黄广友	高奇、杨国山、马明冲、张妍妍	山东大学	马克思主义理论类
6	中国共产党领导少数民族共同抗战虚拟仿真实验	黎海波	詹全友、魏晓燕、余冬林、谷秀青	中南民族大学	马克思主义理论类
7	总体国家安全观虚拟仿真实验教学	杨云霞	贺苗、吴闻川、杨小勋、山磊	西北工业大学	马克思主义理论类
8	"四史"教育统领下的"鼠疫斗士"伍连德抗疫虚拟仿真实验教学	张学	李中华、张凤民、任守双、孙宇航	哈尔滨医科大学	马克思主义理论类
9	跨越时空——井冈山精神虚拟仿真实验教学	吴郁琴	曹开华、宁洁、王章华、杨树明	江西师范大学	马克思主义理论类

　　国家级一流本科课程作为代表我国高等教育本科教学课程建设高水平的成果，在评选之初就将虚拟仿真实验教学单独列为一个类目，足以证明国家对其重要性的认可。作为平行于线下课程、线上课程、线上线下混合课程和社会实践类课程的独立赛道，在已经公布的两轮次评选中，马克思主义理论类虚拟仿真课程的总数量和在获评课程中的占比都有明显提升。但是也要看到，在总体量为 1 300 门的虚拟仿真课程中，全国高校都开设的思想政治理论课只占 1% 左右的体量，可以说马克思主义理论类虚拟仿真课程未来还有很远的路要走。

　　同时，做课程归类处理可以发现，介绍历史事件的《中国近现代史纲要》虚拟仿真体验教学和展示新时代重要理论和实践成果的《习近平新时代中国特色社会主义思想概论》入选课程较多。《思想道德与法治》《马克思主义基本原理》《毛泽东思想和中国特色社会主义理论体系概论》《形势与政策》入选课程较少。课程间虚拟仿真发展进度的不平衡性也是值得注意的情况。

二、国家虚拟仿真实验教学课程共享平台 ilab 资源建设情况

国家虚拟仿真实验教学课程共享平台基于"双万计划"中虚拟仿真实践类课程的认定结果,将相应的课程进行集成展示。据国家虚拟仿真实验教学课程共享平台统计,截至2024年2月27日,上线平台的马克思主义理论类虚拟仿真体验课程共48门。从课程内容看,平台将其区分为4个子类,其中,科学社会主义1门,中国共产党历史11门,思想政治教育19门,马克思主义理论17门;从课程级别上看,国家级一流课程14门,省级一流课程20门,其他实验课程14门。这些虚拟仿真实验覆盖了课程73门,知识点384个。在48门虚拟仿真实验课程中,有基础练习型15门,综合设计型14门,研究探索型13门,其他6门。

国家级一流虚拟仿真体验课程和省级一流虚拟仿真体验课程的详细情况见表5.3和表5.4,统计数据截至2024年2月27日。

表5.3 马克思主义理论学科——国家级一流虚拟仿真体验课程

序号	制作单位	负责人	课程名称	课程级别	实验人次	上线时间	所属课程
1	北京理工大学	王立群	"重走长征路"——理想信念虚拟仿真实验教学	国家级	20 413	2019年	思想道德修养与法律基础
2	南京林业大学	孙建华	美丽中国"黄河流碧水,赤地变青山"虚拟仿真实验	国家级	32 596	2021年	毛泽东思想和中国特色社会主义理论体系概论
3	山东大学	黄广友	重温马克思主义在山东早期传播虚拟仿真实验	国家级	34 195	2021年	中国近现代史纲要、中共党史、中国近现代史
4	江西财经大学	陈始发	中国革命新道路的开辟之旅虚拟仿真实验	国家级	15 007	2021年	中国近现代史纲要、毛泽东思想和中国特色社会主义理论体系概论
5	中南民族大学	黎海波	中国共产党领导少数民族共同抗战虚拟仿真实验	国家级	2 897	2021年	中国近现代史纲要、抗日战争专题讲座
6	赣南师范大学	贺新春	"长征源"革命历史虚拟仿真实践教学	国家级	7 071	2019年	中国近现代史纲要
7	哈尔滨医科大学	张学	"四史"教育统领下的"鼠疫斗士"伍连德抗疫虚拟仿真实验教学	国家级	72	2021年	习近平新时代中国特色社会主义思想概论

续表

序号	制作单位	负责人	课程名称	课程级别	实验人次	上线时间	所属课程
8	天津大学	王磊	感悟和把握《共产党宣言》的真理力量虚拟仿真实验	国家级	1 163	2019年	马克思主义基本原理概论
9	福建师范大学	傅慧芳	"古田军魂"虚拟仿真实验	国家级	13 104	2021年	中国近现代史纲要
10	石家庄铁道大学	李晓华	"西柏坡+"思政课实践教学虚拟仿真体验项目	国家级	13 972	2021年	中国近现代史纲要
11	陕西师范大学	任晓伟	新时代我国社会主要矛盾虚拟仿真实验	国家级	4 897	2019年	中国特色社会主义理论体系概论
12	西北工业大学	杨云霞	总体国家安全观虚拟仿真实验教学	国家级	3	2021年	马克思主义基本原理概论、毛泽东思想和中国特色社会主义理论体系概论
13	北京科技大学	彭庆红	精准扶贫实践教学虚拟仿真系统	国家级	7 650	2021年	形势与政策、毛泽东思想和中国特色社会主义理论体系概论
14	江西师范大学	吴郁琴	跨越时空——井冈山精神虚拟仿真实验教学	国家级	4 150	2021年	中国近现代史纲要、毛泽东思想和中国特色社会主义理论体系概论

表5.4 马克思主义理论学科——省级一流虚拟仿真体验课程

序号	制作单位	负责人	课程名称	课程级别	实验人次	上线时间	所属课程
1	南华大学	张峰林	中国抗战中的衡阳保卫战历史仿真	省级	42 454	2019年	中国近现代史纲要
2	新余学院	潘欧文	永远的旗帜——"跨越时空的井冈山精神"虚拟仿真实验教学	省级	108 902	2021年	永远的旗帜——"跨越时空的井冈山精神"

续表

序号	制作单位	负责人	课程名称	课程级别	实验人次	上线时间	所属课程
3	浙江工商大学	金一斌	"浙商故事：中国特色社会主义的生动实践"虚拟仿真实验	省级	24 798	2019年	毛泽东思想和中国特色社会主义理论体系概论
4	青岛科技大学	曹胜	甲午战争虚拟仿真实验教学项目	省级	11 189	2019年	中国近现代史纲要
5	重庆师范大学	孟东方	初心如炬·追梦人——习近平新时代中国特色社会主义思想虚拟仿真实验	省级	4 353	2023年	习近平新时代中国特色社会主义思想概论
6	沈阳工业大学	逄红梅	数字乡村建设：中国特色社会主义乡村振兴实践虚拟仿真	省级	100	2023年	习近平新时代中国特色社会主义思想概论
7	临沂大学	孙海英	"光照千秋——沂蒙精神代代传"虚拟仿真实验课程	省级	979	2021年	沂蒙红色文化与沂蒙精神、毛泽东思想和中国特色社会主义理论体系概论
8	内蒙古财经大学	包银山	草原额吉都贵玛——民族团结虚拟仿真实验教学	省级	1 856	2021年	思想道德修养与法律基础
9	武汉大学	卢勇	中共早期在武汉探索革命道路的艰辛历程虚拟仿真实践	省级	2 326	2019年	中国近现代史纲要
10	西南财经大学	唐晓勇	红军长征之飞夺泸定桥虚拟仿真实验	省级	2 078	2019年	中国近现代史纲要
11	厦门医学院	吴宝捷	厦门破狱斗争虚拟仿真教学项目	省级	97	2022年	马克思主义基本原理
12	长春中医药大学	张兴海	红军长征虚拟仿真实验教学项目	省级	9 579	2019年	中国近现代史纲要

续表

序号	制作单位	负责人	课程名称	课程级别	实验人次	上线时间	所属课程
13	江西财经大学	陈始发	中国革命新道路的开辟之旅虚拟仿真实验	省级	6 114	2022年	中国近现代史纲要、毛泽东思想和中国特色社会主义理论体系概论
14	河北师范大学	王青青	解放石家庄——夺取大城市之创例虚拟仿真实验	省级	0	2024年	中国近现代史纲要
15	兰州财经大学	解慧娟	美丽中国系列：弘扬八步沙精神虚拟仿真实验课程	省级	0	2024年	习近平新时代中国特色社会主义思想概论、思想道德与法治
16	湘潭大学	李伏清	恰同学少年虚拟仿真实验	省级	0	2024年	思想道德与法治、思想政治理论课实践教学
17	河北科技大学	徐永赞	追寻初心·正定篇虚拟仿真实验	省级	0	2024年	习近平新时代中国特色社会主义思想概论
18	内蒙古师范大学	钢布和	《蒙古马精神》虚拟仿真实验课	省级	0	2024年	思想政治教育学
19	温州大学	项淳芳	"五星红旗：我和我的祖国"思政课虚拟仿真实验教学项目	省级	0	2024年	思想道德与法治、中学思想政治教学法、综合实践活动
20	昆明城市学院	罗文	云南人民解放之路的开拓者、奠基人王德三——《狱中遗书》一个共产党人的信仰	省级	0	2024年	思想道德与法治

由追踪平台呈现的课程信息发现：（1）无论是国家级一流课程还是各省的省级一流课程的虚拟仿真课程在使用上都存在明显差异。国际级的14门一流课程中，实验体验量过万的有6门课程，接近半数，但也有课程实际体验数还不到百人。（2）近年来虚拟仿真类思想政治理论课进展快速，仅2024年1月和2月，就全新上线了7门课程。（3）48门虚拟仿真课程支撑73门次课程的数据，可以表明：一个虚拟仿真实验课程支撑多门课程的情况普遍存在。

第二节　北京理工大学虚仿中心建设项目概述

北京理工大学马克思主义学院教学团队，自 2009 年开始探索现代信息技术与思政课教育教学深度融合的理论与实践问题。从发展历程来看，为使思想政治理论课切实符合大学生群体的认知特点和学习习惯，团队成为国内最早研发教学辅助软件"情商加油站"的教改先行探索者。团队成员在李林英教授的带领下，积极了解、学习信息技术，并将虚拟仿真作为沉浸式、体验式、互动式的教学技术手段，使学习者产生身临其境之感，通过科学的教学环节、教学问题的设计，可以达到"思想沉浸"的教学效果，更好地实现思想政治教育的入脑入心。在学校的大力支持之下，经过学院团队的执着探索，2016 年建成了思想政治理论课全国首个"重走长征路"VR 教学资源，该资源用于思政课教学后产生了较大的社会影响，得到了《新闻联播》《焦点访谈》《人民日报》等重要主流媒体的相继报道。2020 年"重走长征路——理想信念虚拟仿真实验教学"被评为虚拟仿真实验教学"首批国家级一流本科课程"。2021 年，获批首批虚拟仿真思政课体验教学中心。在科学设计的体验中心空间中，实现了从单个 VR 项目向整个沉浸式体验教学空间的再次升级转型，并形成了思政课 VR 沉浸式体验教学模式。基于该模式建成多个虚拟仿真实验，并依托虚仿中心，常规化、常态化开展思政课虚拟仿真体验教学。目前，该课程在国家虚拟仿真实验教学课程共享平台成为多所高校推荐的学分认定课。

在北京理工大学虚拟仿真教研团队的背后，是一条支撑团队的教学理念主线：坚持以学生为中心、以仿真为特色、以体验为源泉、以认同为旨归。在将讲好道理、做好守正与接驳时代、做好创新的辩证探索中，团队在虚仿中心设立了"知、情、意、信、行"五个空间，具体是：互动交流讨论室——"知课堂"、沉浸式体验教学数字长廊——"情课堂"、全息数字剧场——"意课堂"、VR 多人协同体验教学区——"行课堂"，主要功能区包含电子屏 19 个，共同打造了一个"信空间"（见图 5.2）。通过打造专属的数字化思政课空间，融通真实历史与虚拟仿真体验，注重教师隐身主导与学生主题体验，创新了思政课授课生态和人才培养方式。截至 2024 年 5 月，虚仿中心已建成服务思政课程的 VR 教学资源包括："重走长征路""悬崖村""青年马克思""人类命运共同体""延安十三年"等。可以完整的在虚仿中心进行新形态授课的课程包括："中国精神""伟大远征""脱贫攻坚""总体国家安全观""延安十三年""人类命运共同体""中华传统美德""习近平的足迹""一带一路""中国共产党人调查研究的传统"等专题课程。

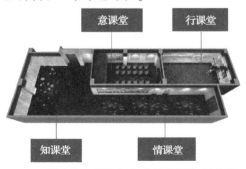

图 5.2　虚仿中心"信空间"视效图

同时，虚拟仿真教研团队致力于支持课程思政的研发与建设，与北京理工大学车辆学院合作完成 VR 教学资源 2 个：''内燃机原理''"汽车车身结构与设计"，获得新华网重点宣传推广。

从日常运维上看，虚仿中心下设课程内容研发团队、在线教学服务团队、技术支持保障团队、日常运维工作小组，保障虚仿中心有序运转。虚仿中心目前已完成线下 4 803 人次、线上 43 258 人次的教学活动。从建设成果上看，虚仿中心建成全国首个"重走长征路"VR 项目，并获得首批马克思主义理论类国家级虚拟仿真一流课程；开发出全国首个思政类数字人并应用于思政课课堂；首创思政课虚拟仿真体验教学模式，并建立思政课虚拟仿真课程体系及资源库；团队两名青年教师获得全国高校教师教学创新大赛一等奖、三等奖；团队成员实现了北京市高校教师教学创新大赛连续三届一等奖不断线的佳绩。

北京理工大学虚仿中心的建设起步于 2009 年，学校累计投入资金达到 1 631 万元。经多次理念与产品的升级改造，虚仿中心现已建成服务于思政课、课程思政以及日常思政教育教学的多元数字教育空间。虚仿中心以虚拟现实、人工智能、大数据等为技术支撑，以具身性体验、反思性观察、抽象概念化、创造性转化为教学环节的教育教学新模式，通过"知、情、意、信、行"课堂，建立了思政课各门课程全覆盖、常态化与动态化相结合的长效机制。经过长期建设，北京理工大学虚仿中心已经在全国思想政治教育领域产生了广泛影响并起到了积极的示范作用。

第三节 虚拟仿真思政课教学的主要类型分析

近年来虚拟仿真技术的思政课程应用作为一个重要的理论研究热点和教学实践方向得到了国内学者的广泛关注。从之前梳理的双万课程中的虚拟仿真实践类思想政治理论课来看，目前已经研发并投入使用的主要有 3 个类型：（1）历史事件的复现类。例如，国家级一流课程"重走长征路——理想信念""重温马克思主义在山东早期传播""中国共产党领导少数民族共同抗战""'四史'教育统领下的'鼠疫斗士'伍连德抗疫""古田军魂""西柏坡+""跨越时空——井冈山精神"。都是对历史上真实发生的重要事件进行了数字重构，便于学生沉浸体验革命战争年代的革命事业，感知事件背后的理想信念、爱国主义等教学内容。（2）教育意义重要的理论问题形象展示类。例如，国家级一流课程"美丽中国'黄河流碧水，赤地变青山'""总体国家安全观""精准扶贫实践教学"等，都是基于习近平新时代中国特色社会主义思想的理论精髓和精神要义，结合具体案例，进行的虚拟仿真模拟。（3）组织难度大，现实生活中无法控制变量类。例如，国家级一流课程"新时代我国社会主要矛盾"。

从实际各类型实验的数量分布上，不难看出目前思想政治理论课进行虚拟仿真技术转化的教学内容以历史事件类最为常见。这与历史事件时间、环境、人物等要素清晰，运用仿真技术进行处理的过程中有直接可参考的史实，并且体验内容也更为明确有直接关系。客观来看，这种历史事件的虚拟仿真技术转化相对而言更易操作，因为实验中的场景变量少，可以完全沿用真实历史的叙事逻辑，所以目前这类实验数量最多。

与历史事件类课程不同，将抽象理论进行虚拟仿真技术转化的项目比例相对较低。在前文梳理的"双万计划"虚拟仿真课程中，对抽象理论进行转化的比例不到 20%。存在这种现象可能有三种原因：其一，信息技术能力归因。抽象的理论问题需要进行多主体间的频繁互动，而我国虚拟仿真技术当前发展水平还不具备使用生成式人工智能的数字人与学生进行持续性交互的能力。其二，理论阐释能力归因。抽象的理论要想用形象生动的虚拟仿真情境呈现，要求教师必须对讲授理论的内涵、影响要素、作用方式等具有深刻的把握。其三，影像化呈现能力归因。虚拟仿真情境的创设类似于影视创作，对问题不但要有在抽象思维中进行逻辑分析、理性论证的要求，还要有把抽象问题形象化、图像化的要求，这对教师的艺术素养、综合能力提出了更高的要求。

例如，资本主义的经济危机为何不可避免？资本主义经济危机可以用马克思主义政治经济学的理论进行推演，但是对资本主义经济制度内在不合理性的揭示效果不如让学生直接仿真体验经济危机。根据心理学的"体验认知"学习理论，人类通过实践、行动来学习，我们可以通过读一篇文章、看一张照片、观看一段视频来理解资本主义经济危机，但是对经济危机的实际情况以及人们为什么无论如何行动都无法摆脱经济危机的出现仍然是不明晰的。通过在虚拟场景里行动和探索，学生可以体验到在资本主义生产方式条件下，政府、企业主、劳动者无论如何博弈，最终都会带来经济危机。这里存在的难题是如何在虚拟仿真实验里做到既细节真实又要素典型地反映理论的本质，这是一个重要的转化环节，而这个环节提高了将教学内容进行虚拟仿真转化的难度。

虚拟仿真作为一种运用数字技术对给定环境进行形象模拟的技术，在思想政治教育的视阈中，在实然的维度之外，我们还需要从虚拟仿真与思政类课程融合的应然类型进行思考。目前，学者们对虚仿类思政课进行了不同的类型划分。比如，北京理工大学马克思主义学院刘新刚的四类型说：选取便于学生参与人机交互的教学内容；运用虚拟仿真技术构建无法复原的历史情景；运用虚拟仿真技术创造现实成本较高的社会实践场景；运用虚拟仿真技术升华实践教学内容。[①]华北水利水电大学马克思主义学院苏淼的三类型说："组织难度较大、教育意义重要、历史事件鲜活的教学内容，更适合通过虚拟仿真技术来进行教学"[②]。两种对应然类型的分类，都关注到了理论性较强、现实组织困难的实践类仿真项目。可见，学者们认为虚拟仿真思政课教学的发展有其阶段性的跃升目标，需要从反映真实历史的1.0版本，向将理论进行形象化转码、能够有效反映多因素实践场景的2.0版本跃升，这也对未来思政课的虚拟仿真提出了更高的要求。

虚拟仿真技术作为一种新型的教学技术手段，必须搭载精心设置的教学内容才可能实际起到加强思想政治理论课的说理效果。这就需要看到虚拟仿真思政课作为课程的内在价值要求，需要准确把握虚拟仿真技术可以让学生在学习过程中有更愉快的学习感受，但思政课中虚拟仿真技术的应用并不是为了提供一种愉快的娱乐方式，而是用一种更灵活的方式把道理讲得更深、更透。然而，"理论体验是目前虚拟仿真体验教学中比较弱势的部分，解决此问题需要一大批有着理论建树、深厚学养的学者参与其中，把具象的表达与深厚的学理融合起来，实现思政课教学理论性与亲和力的统一。这是思政课虚拟仿真体验教学未来向纵深发展的方向。"[③] 从这个意义上看，未来着力发展理论问题的虚拟仿真实验开发是突破虚拟仿真技术现有瓶颈的一个关键发力点。

---

① 刘新刚. 高校思想政治理论课虚拟仿真体验教学改革创新若干问题探讨 [J]. 思想教育研究，2021 (12)：101 – 105.
② 苏淼，李琦，冯留建. 虚拟仿真技术在高校思想政治理论课教学中的应用 [J]. 学校党建与思想教育，2022 (21)：57 – 59 + 91.
③ 刘新刚. 高校思想政治理论课虚拟仿真体验教学改革创新若干问题探讨 [J]. 思想教育研究，2021 (12)：101 – 105.

第六章
虚拟仿真技术融入思政课教学的优势

为了理解虚拟仿真技术融入思政课教学的优势,我们需要回溯虚拟仿真技术的特点和高等教育思政课教学的基本目标。从虚拟仿真技术的特点上看,Carl Eugene Loeffler 和 Tim Anderson 在其合集 *The Virtual Reality Casebook* 中认为:"虚拟现实描述为一个三维的、由计算机生成的、根据用户行为实时渲染的模拟环境。"① 在其后,Michael Heim 进一步将虚拟现实界定为:"一种基于可计算信息的沉浸式交互系统,其定义包含:沉浸性、交互性和信息密度。"② 塑造一个逼真的虚拟场景让学生沉浸于其中,通过人与计算机的人机交互来引导和启发人的感受和思考,通过高信息密度使虚拟环境中包含大量的细节和数据,以提高环境的拟真能力,使用户更加沉浸在虚拟世界中强化体验感受。

从大学阶段思想政治理论课的教学目标上看,《新时代学校思想政治理论课改革创新实施方案》明确指出:大学阶段的思想政治理论课旨在"增强学生的使命担当。重点引导学生系统掌握马克思主义基本原理和马克思主义中国化理论成果,了解党史、新中国史、改革开放史、社会主义发展史,认识世情、国情、党情,深刻领会习近平新时代中国特色社会主义思想,培养运用马克思主义立场观点方法分析和解决问题的能力;自觉践行社会主义核心价值观,尊重和维护宪法法律权威,识大局、尊法治、修美德;矢志不渝听党话跟党走,争做社会主义合格建设者和可靠接班人。"③

基于虚拟仿真技术内在的特点和大学思政课的教学目标,可以发现两者深度融合后的四个优势。

第一节 用具身沉浸感激发学习兴趣

基于教育的一般规律,学生在学习过程中具有强烈的学习动机是提升学习效果的重要影响因素。再好的教育内容,如果学生没有学习的动机也无法达成教育的目标。教育学的兴趣理论认为,相较于教师、家长给予奖励或惩罚的外在动机,学生的内在动机尤其是学生对学习内容感兴趣,是提升教学实效的关键。"如果人们的学习缺乏内部动力,即使外界有值得学习的事物与知识,往往也不能引起学习的积极性,甚至督促也无济于事。"④

---

① Loeffler, Carl, Tim Anderson. The Virtual Reality Case Book [M]. New York: Van Nostrand Reinhold, 1994: 14.
② Heim, Michael. Virtual Realism [M]. New York: Oxford University Press, 1998: 6–7.
③ 中共中央宣传部. 教育部关于印发《新时代学校思想政治理论课改革创新实施方案》的通知. http://www.moe.gov.cn/srcsite/A26/jcj_kcjcgh/202012/t20201231_508361.html.
④ 中国大百科全书编辑部. 中国大百科全书·教育 [M]. 北京:中国大百科全书出版社,1985.

大学阶段的思想政治理论课课程种类比较多，所学知识理论性强且涵盖内容丰富。学习内容具体包含：讲授马克思主义中国化时代化最新成果，反映了新时代伟大实践和伟大变革的《习近平新时代中国特色社会主义思想概论》；讲授马克思主义世界观和方法论最基本原理的《马克思主义基本原理》；讲授中国共产党把马克思主义基本原理同中国具体实际相结合产生马克思主义中国化两大理论成果的《毛泽东思想和中国特色社会主义理论体系概论》；讲授中国近代以来争取民族独立、人民解放和实现国家富强、人民幸福的历史的《中国近现代史纲要》；讲授马克思主义人生观、价值观、道德观、法治观的《思想道德与法治》；讲授党的理论创新最新成果、新时代坚持和发展中国特色社会主义生动实践的《形势与政策》。

这些课程对提升学生运用马克思主义的立场、观点、方法解决问题的能力大有助益，承担着用科学理论武装学生头脑的重要使命。但客观上看，在高校中也存在以下情况：部分学生对理论冷淡；对思政课抱有偏见而拒绝投入学习；乐于听案例但懒于进行深刻思考；思政课学习动机完全是为了分数，临时突击背诵，考后记忆清零。这些现象都是学生缺乏内生学习兴趣的具体表现。那么思政课的学习兴趣从哪里来？首先，学习内容的质量影响学习兴趣。这里存在一个重要的问题，好的内容对于激发学习兴趣是必要条件，却不是充分条件。只有好的教学内容能够持续激发学习兴趣，但是也需要看到，有时好的教学内容其形式过于单调、刻板，也有可能减少学生的求知欲。其次，如何理解学习的形态也深度影响了学习兴趣的形成。如果将学习理解为单一的心智参与的认知过程，那么对学习兴趣的理解也只在心智维度展开。对于理论学习兴趣度低的学生，几乎就丧失了被激活兴趣进而获得良好学习效果的可能。针对上述情况，用一种对学习的新型理解去支撑更多元、非功利化的学习兴趣是思想政治理论课改革中需要解决的学习动机关键问题。

美国的认知心理学教授理查德·梅耶的学习理论，强调通过多媒体提高学习效果，他提出的几个由认知科学支持的学习原则，都说明了虚拟仿真教学环境的优势。（1）多媒体原则：梅耶认为结合文字和图像可以比单一的文字或图像能更有效地促进学习。在虚拟仿真中，这种多媒体呈现方式自然而然地发生，因为环境通常包含视觉元素（如3D模型）和文字或口头说明。（2）空间邻近原则：这个原则强调应将相关的文字和图像放在空间上接近的位置。在虚拟仿真环境中，可以通过设计来确保信息的空间排列优化，以便学习者更容易将信息关联起来。（3）时间邻近原则：指的是同时呈现相关的文字和声音信息。在虚拟环境中，可以同步呈现视觉信息和解说，以增强理解。（4）一致性原则：避免在教学设计中加入无关的内容。虚拟仿真需要专注于核心学习材料，避免添加不必要的装饰性元素，以免分散注意力。（5）个性化原则：使用对话式而非正式的语言，以及在可能的情况下使用代表性的人物。在虚拟仿真中，可以通过角色扮演和模拟对话来实现这一点，增加学习者的参与感和兴趣。加德纳的多元智能理论认为人类有多种类型的智能。虚拟仿真教学能够同时刺激多种智能，如视觉空间智能、逻辑数学智能和身体动觉智能，为不同类型的学习者提供适宜的学习方式。

将梅耶、加德纳的教育学、心理学观点上升到哲学层面的理论就是具身学习理论。具身学习理论提供了对课程教育的新型思路，也为通过虚拟仿真技术强化学习兴趣提供了理论支撑。不同于传统的认知主义教育观，具身学习理论认为学习是"学习者在生活、工作或学习中通过身体及其感知运动系统与环境的交互，获取具身经验，使个体在行为或行为潜能上产生积极的、相对持久的变化的过程。"① 因此，学习不只是脑力活动，其本质是调动身体多感官来实现身体和心智进行系统互动的过程。这种强调身体参与的学习观，超越了西方哲学中传统的"身心二元论"，试图纠正从心智角度理解学习的建构主义教育观的限度。具身学习理论在理解、记忆、思维等脑内过程活动之外，将学习者与环境的互动，学习者身体活动获得的知觉均视为学习，这为在理论兴趣之外引起其他学习兴趣提供了方向。

具身理论强调全人教育观念，提倡将人的认知理解为涉及整个身体而非仅仅是大脑的综合过程，强调学习效果的达成是身体和环境互动的结果。这一理论强调通过视觉、听觉、触觉等多种感官进行学习，这种多感官参与可以形成更为深刻、具体的主体经验，由此通过更好地满足人类经验的生成过程来激活学习的动机并加深理解和记忆。同时，具身理论为学习的方式和过程打开了更为多样化的空间。在课堂讲授、师生讨论等基于语言互动的教学方式之外，也注重综合调用身体感官的角色扮演、小组实践等教学方法。这种参与性的教学过程，改变了教师大段独白的教学方式，以特定情境、需要解决的问题等教学切入点激发学生的好奇心和求知欲。为将学生真正转化为学习的主体而非知识的被动接受者提供了切实的手段。通过从教育学、心理学角度分析虚拟仿真学习环境在激发学习兴趣上的优势，就可以理解虚拟仿真思政课的价值。

首先，虚拟仿真技术融入思政课，是对身体现象学中具身心智（embodied mind）概念的运用，为我们理解思想政治学习的本体性基础、激发学习兴趣提供了新的视角。法国哲学家梅洛-庞蒂认为，身体不只是为心智提供必要物质基础的容器，它本身就是"活的实体"，具有生物和社会的双重属性。人们通过"体认"的方式认识世界、他人和自己，身体才是知觉的中心，而非纯粹的精神。"学习是一种在世存在"，学习者是一个本体的"我"，而不只是意识的"我"。学习在本质上是由具体情境引发身体回应，身体进一步辨别情境的动力循环过程，即一个具身性、情境性的体验过程。从这个角度看，虚拟仿真通过数字技术建构的虚拟情境，将学习重点从理解和记忆转化为主体沉浸于特定情境，并参与情境的历时性改变，由此实现了对学习兴趣的强化，弥补了仅从理解、记忆某内容的形态学习在激发学习兴趣上的不足。对学习的不完整理解，无法实现充分的学习兴趣激活，而根据具身学习理论，虚拟仿真技术融入思政课教学在激活学习主体的学习动机时，不但有是否掌握某种理论这一视角，还要让学习的主体（在世的主体）直接融入、参与某种特定情境，进而为身体介入学习过程提供了可能性，因而为强化动机提供了新的依据。"在具身化认知视域下，强调学习的涉身性、体验性和情境交互性特征，学习兴趣的发展过程呈现捕趣、沉浸、灵动、悦享四个不同梯度。"② 这就超越了传统教学方式在学习兴趣激励上的内在限度，传统的理论课教学是以理论阐释为目标设计的心智理解过程，一旦在理论阐释之初丧失了对学生学习兴趣的激活，其后就很难再激发内生的学习动机。而具身学习强调对学生主体探索和理解世界的主体性地位，在有趣和沉浸的交互体验过程中，参与性和主体性得到尊重，探索性和学习行为内在的乐趣也得以呈现，为后续进行理性思考，实现修业得法目标提供了必要的认知基础。

---

① 陈醒，王国光. 国际具身学习的研究历程、理论发展与技术转向 [J]. 现代远程教育研究，2019，31 (06)：78-88+111.
② 白文昊，李保强. 学习兴趣发展的梯度、障碍及联动策略 [J]. 当代教育科学，2022 (01)：40-47.

值得注意的是，单纯从形式变革的角度，认为虚拟仿真技术带来更为丰富、生动的学习方式因而提升了学生的学习兴趣和参与度是不充分的。在新技术带来新鲜感的背后，是身体在学习过程中的基础性地位得到尊重和激活的底层逻辑在发挥作用。从这个意义上说，基于具身学习理论的本体论意义理解虚拟仿真技术在教学改革中的作用，是准确理解教育理念变迁的必要前提。

其次，虚拟仿真技术具备将理论解释转化为答案探寻的优势，为激发理论类课程的学习兴趣提供了现实抓手。在思想政治理论课教学中，存在许多抽象、结论性的概念和观点，比如资本、矛盾、道德、价值等抽象性高的概念和"以新发展理念建构新发展格局""两个历史时期不能相互否定""人民群众创造历史"等需要阐释的理论判断，这些概念和理论是教学的主体内容，呈现出抽象的、无形的、复杂的教学内容与特点。传统课程倾向于从概念—推理—理论螺旋推进的逻辑设计教学，虽然补充案例、数据或是组织师生互动、鼓励学生提供相应的社会经验来丰富认知过程的素材，但本质上来看，学习本身仍然是教师主导的抽象论证过程，是一种以"说服"为主要形态的教育。但是，思想政治理论课上的学生和理工科课程上的学生认知情况存在明显的不同，学生对于思政课的教学内容并不是一张认知意义上的白纸，对一些问题他们不是完全的"不知"，学生会有潜在的经验和观点，只是存在"熟知非真知"的情况。在学生缺乏科学的思维工具对其社会经验进行理论加工时，如果用单纯的理论说服去建构教学，因为学习过程对经验性要素的关注存在缺失，学习兴趣的激发缺乏必要维度会弱化效果。因而，在教学过程中需要用具体的、有形的、直接的经验域给学生提供学习的方向，并引导学生去沉浸体验给定的现象或情境，由此实现从要求对理论理解转向在给定情境中寻求答案的转化，进而在教学中通过对经验与理论的双重重视来提升学习的兴趣。虚拟仿真技术是基于视觉、听觉、触觉等感官综合调动的教育技术，以建构、复现社会情境为优势。通过提供具象的学习环境，为学生寻找情境中的最优应对方案，并可据此凝练方案背后蕴含的理论内容，因而虚拟仿真技术呈现出独特的优势。

第二节　内容精准化提升教学质量

虚拟仿真技术融入思想政治理论课的教学是对教学理念的重新塑造。从北京理工大学教学改革实践取得的经验来看，虚拟仿真技术不是作为在传统教学设计中的新环节存在，而是作为核心环节推动整个教学过程和教学生态的全面数智化升级，是针对智能时代的思政课形态的系统跃升。因此，建设思路不能是对传统教学模式的小修小补，而是立足于数智时代思政课新生态这一高度，对思政课进行系统化变革。这就需要在教育信息化2.0版本的意义上对思想政治教育理念进行重塑。教育信息化2.0，"它以大数据和智能技术为触点，强调技术创新与机制创新，关注人的全面发展，旨在重构全新教育生态，形成具有国际先进水平的教育信息化中国智慧和中国方案……教育信息化作为一项系统工程，诸多复杂性决定了其应当运用系统性思维、不确定性思维和数据驱动思维等三大思维模式来应对新时期技术与教育从融合走向创新的实践困境。"[①] 也就意味着教学准备、教学呈现、教学评价等环节都需要

---

① 胡钦太，张晓梅. 教育信息化2.0的内涵解读、思维模式和系统性变革［J］. 现代远程教育研究，2018（06）：12-20.

在一种系统的、注重数据的数智理念中完成。因此，虚拟仿真技术所代表的新形态教学，诉求通过数字化手段对学生理论学习的兴趣点、学前认知结构情况、学后认知发展情况等影响教学质量的重要数据追踪。而这种对学习需要和学习效果的持续数据追踪，为不断优化教学设计、精准提供教学内容、切实提升教学质量给予了实质保证。

第一，分类处理不同类型的课程知识，使教学内容的呈现方式更加精准。思想政治理论课包含有核心概念、关键史实、理论成果、现实分析等多元教学内容，不同类型的教学内容需要以满足学生需要的不同方式加以供给。比如，在"中国近现代史纲要"课程中，红军长征是重要的教学内容，其中涉及大量的人物、地名、战役等史实信息，也涉及在具体历史事件基础上对长征精神的理解与认同，在北京理工大学的虚仿中心，相关内容的教学就针对教学内容的不同特点进行系统化设计。在"知课堂"的长廊中，通过地面对红军长征的路线进行直观展示，并引导学生移步走完路线，同时，辅以相应的微观地图、历史照片、历史实物，让学生在行动中探索自己感兴趣的细节内容，教学设计中对沉浸体验内容进行小测，强化记忆。通过沉浸式学习，增强学生对史实的记忆与理解，引入身体运动和触觉体验等，帮助学生更好地完成记忆。针对长征精神的理解，则设置了虚拟仿真眼镜支持的体验实验项目。通过将学生跨时空地置入红军过雪山的历史场景中，让其身临其境地理解长征的艰苦、战士的坚持，充分实现情感要素与认知要素的深度结合，使作为体验者的学生与长征这一历史事件产生更为强烈的情感链接。认知层面上知道一个行动的艰难和身临其境地体验一个行动的艰难，对学习者价值观的刺激程度存在差异。通过沉浸式的具身学习，学生可以在获得必要史实信息的基础上，进一步在情感层面上与教学内容建立联系。通过体验和感受，价值观教育的内容更容易触动学生的心灵，产生深刻、持久的教学效果。

第二，精准呈现对比案例，将矛盾进行形象展示，更好地实现通过比较展示道理的目标。思想政治理论课的重要功能是要讲清马克思主义理论的科学性、中国特色社会主义制度的优越性，帮助学生形成对中国特色社会主义道路发展方向、未来命运和对中华民族历史文化的由衷自信。科学性和优越性，自信而非自卑，都需要在比较中展示。北京理工大学虚拟仿真体验教学团队，结合学校军工特色和学生未来就业方向，在讲授"思想道德与法治"课程第三章"继承优良传统 弘扬中国精神"过程中，在虚仿中心以"总体国家安全观"为题目，完成"做新时代忠诚的爱国者"一节中"自觉维护国家安全"的内容。在教学设计的过程中，为了让生活在和平年代的学生更好地理解总体国家安全观的内容、意义和学生未来的能力要求，教学由五部分组成："知课堂"——总体国家安全观内容学习；"情课堂"——国内外案例对比；"意课堂"——探寻北理人捍卫国家安全的校史；"行课堂"——沉浸式学习总体国家安全观内在逻辑关系；"信课堂"——现实情境应对。课程亮点之一在于"情课堂"的国内外案例对比：我国成功应对索罗斯对港币狙击战和东南亚金融危机的案例对比，我国成功解决香港修例风波和他国遭遇"颜色革命"的案例对比，我国太空科技发展案例和美国星链计划攻击他国飞行器案例的对比，我国粮食安全的实现和其他国家丧失粮食安全的对比。首先，以政治、经济、科技安全为比较点，通过国内外案例相互对照，彰显我国在捍卫国家安全上的能力与成就，展现预判风险、管控风险对人民美好生活的重大意义，帮助学生理解发展与安全的辩证关系。其次，在强力视觉冲击激活认知兴趣后，以小组研讨形式帮助学生形成思考国家安全问题时的基本思维框架，从而达到理解知识内核、掌握思考方法的目的。再次，结合校史校情深入挖掘校友为我国国家安全做出的重要贡献，激发学生的自豪感和爱国报国行动意愿。最后，注重场景转化，将所学理论与学生可能面对的现实情况进行迁移，起到精准助力现实生活实践的育人效果。

第三，基于长期的学习数据追踪，以重点、难点、疑点为牵引，完成教学内容设计。以虚拟仿真技术为引领形成的数智化教学生态注重教学设计的实证化、数据化导向。首先，从思想政治教育数智化的本质来看，其根本在于"教育系统宏观上扩展了科学治理和统筹决策能力，微观上具有了个性化能力以数据驱动为核心动力，以人工智能为关键技术，教育系统在宏观上扩展了科学治理和统筹决策能力，形成对教育管理及决策过程的科学指导、对教育设备与环境的智能管控、对教育危机的有效预防与安全管理等；在微观上具有了个性化能力，聚焦精准教学，向学生推荐个性化学习路径和学习资源，客观评价教学质量。"[1] 这就表明以数据为导向的思政教育是进行精准教学的必要思路。其次，从具体的虚拟仿真教学实践看，不同于传统思政课基于自身研究兴趣和专长进行教学的特点，虚拟仿真教育是以学生需要为导向，技术介入有必要为原则进行的教学改革。计算机领域的信息处理理论认为：信息处理是计算的核心。虚拟仿真引领的思政课教学能够形成大量教育数据的收集和分析，帮助教师更好地理解学生的学习过程，从而提供更加有效的教学策略。以北京理工大学马克思主义学院"思想道德与法治"课程为例，通过多轮次、持续性的学情追踪与分析，动态形成了教学的重点、难点、疑点库。针对这些教学要点，选择适合进行虚拟仿真技术转化的内容由授课教师进行专门的课程设计。在虚拟仿真教学的实践过程中，教学内容的筛选、学生学习过程的记录、学习效果的反馈均在数据获取、分析上进行完成，而后续虚拟仿真实验项目的教学优化、虚拟仿真教学与课堂教学的有效衔接都离不开对教学数据的分析。这就为持续性地提升教学质量提供了现实基础。

第三节　增加实践度提升学生能力

总的来看，虚拟仿真思政课强调多感官学习，注重环境互动、高参与度、情感联结、社交互动和现实面向，由此提升思政教育的实践度。通过实践度的提升，使理论课从抽象的概念、历史、理论转向从活的、真实的社会实践中呈现出真理力量的理论课，进而促进学生在认知、情感和社交层面的全面发展，使思政教育更加生动、有效和持久。

其一，虚拟仿真思政课提供了模拟历史事件的实践环境，使学生从历史的旁观者变成历史的亲历者，强化其历史认同与政治认同。虚拟仿真运用数字方式建构的仿真情境使实践教学超越了时空局限，使学生能够亲身参与到"五四运动"、抗日战争等历史事件中。历史观教育作为高校思想政治理论课的重要内容，其核心任务是要讲清楚近代以来中国为什么选择中国共产党、选择马克思主义、选择社会主义道路、选择改革开放，而这些历史选择的讲授对象是中国富起来、强起来以后出生的学生，这一批学生几乎都没有挨饿、吃苦甚至战争的个体经验，那么其对历史选择的理解是一种抽象的理解。但虚拟仿真教学可以将学生置于战火纷飞，人民头上有"三座大山"，老百姓吃不饱、穿不暖的情境中，通过仿真情境中的体验，让学生切实感受到中国共产党为什么能，中国特色社会主义为什么好，马克思主义为什么行，以此实现历史教育基于实践性的深刻性，强化学生对思政教育内容的认同。

---

[1] 胡钦太，刘丽清，郑凯. 工业革命4.0背景下的智慧教育新格局 [J]. 中国电化教育，2019（03）：1-8.

其二，虚拟仿真思政课提供了现实中难以移植的实践环境，使学生从伟大事业成果的享有者变成伟大事业的参与者，提升其进行科学实践的方法论意识。比如，北京理工大学虚仿中心为更好讲清楚脱贫攻坚，研发了"教育脱贫"课程。课程以四川省凉山彝族自治州昭觉县阿土列尔村的真实案例为原型，用虚拟仿真技术呈现"悬崖村"的上学路之变。虚拟仿真技术生动还原了这个因道路不通，导致全村 72 户人家进出村必须顺着悬崖爬过 800 多米的藤梯，因此被称为"悬崖上的村庄"的案例。"悬崖村"的孩子们在很长的时间里必须走过如此凶险的山路才能到镇上上学。对于年轻的大学生而言，他们会直接地产生疑问：这么艰苦的条件，为什么这个问题不能马上解决？在教学过程中，学生们会戴上虚拟仿真眼镜看到"悬崖村"作为集中连片贫困地区的一部分，其贫困问题由自然条件、资源禀赋和生活习惯等多方面原因造成。修公路的技术难度、易地搬迁的资金缺口等都对这一地区贫困问题的解决提出了实践层面的现实挑战。而虚拟仿真思政课通过将课程内容还原到祖国大地上，通过将学生置于解决脱贫攻坚的具体情境中，让学生通过体验式学习去完成脱贫攻坚的实践任务，会让他们更好地运用矛盾论、实践论的科学理论去理解一个具体问题。通过凸显学习内容与现实世界的联系，学生可以更好地理解马克思主义理论对于现实世界改造的强大力量。

其三，虚拟仿真思政课提供了学习环节中的社交互动场域，使学生从单打独斗式学习转变为团队合作式学习，提升其社交互动能力。在虚拟仿真体验式教学中，实践式的体验项目、对教学内容的讨论、对给定情境的应对都可以用团队合作的方式来完成，有助于在学习过程中培养学生社交技能和团队精神。在数智时代背景下，教育的数智化转型是大势所趋，但是教育并不是完全转化为人—机的互动，而是更好地实现以机为中介的人与人的互动。在思想政治教育中，将有不同性格特点、能力特长的学生编入学习小组，一方面可以提高教育的包容性，另一方面可以让多样性的学生在理解他人观点的基础上，去寻求共识，以更好完成学习任务。比如，北京理工大学在"中国精神"这一虚拟仿真体验教学中，由教师针对不同学院、专业学生可能面临的困境和未来的职业选择等情境提出实践问题，要求学生通过小组工作寻求到运用中国精神去破解实践问题的可行思路和方法，很好地将教师传递的既有知识与学生需要解决的实践问题进行结合，并通过小组研学的方式实现思政教学中学生的主体地位。学生们通过共同参与实践问题的应对，使语言交流、共情理解、团队合作等能力均得到训练和提升。

第七章
虚拟仿真思政课面临的挑战与未来展望

对于高等学校的思想政治教育而言，虚拟仿真技术的应用既是数智时代发展的必然要求，又是一个在实践层面已经显示出巨大前景的新兴领域。从数智时代自身的发展来看，数智技术作为新质生产力的典型代表，必然对社会和个体产生系统影响。当学生身处一个高度数字化、智能化的整体环境中时，思政教育必须与时俱进地供给新型的教学形态，以此更为有效、精准地对接学生的认知特点和学习习惯。这就使作为社会整体系统中的教育子系统，在选取虚拟仿真技术作为思政学习方式新形态这一点上具有了逻辑必然性。从思政课的现实实践来看，无论是教育部选择国家级一流本科课程，建设虚仿中心，还是各大高校大量涌现的虚拟仿真类实验课程都表明，我国教育界从上到下都在进行广泛的思政课数智探索。因此，从虚拟仿真思政课面临的机遇、挑战和未来发展趋势等角度进行研究，是综合研判虚仿中心发展思路、明确发展方向的必要内容。

第一节 虚拟仿真思政课面临的教学内容供给端挑战

作为教学技术发展史中出现的新兴事物，虚拟仿真技术改变了思政课原有的师生关系、表达方式、评价标准等关键要素。这些要素的变化可以激活学生主体的学习兴趣，供给更有效的教学内容，但也必然会带来全新的挑战。综合来看，虚拟仿真思政课的建设主要面临四个方面的挑战。

思想政治理论课内容涉及哲学、政治学、社会学等多个领域，这些理论内容的抽象性和复杂性使如何将它们有效地融入虚拟仿真环境成为一大挑战。为此需要精心设计虚拟场景和情境，使之既能真实再现理论知识点，又能引起学生的兴趣。但是虚拟仿真思政课的教学设计是以理论认同、道路认同、制度认同、文化认同为目标的传统教学内容的数字化重构过程。这也就意味着虚拟仿真思政课的内容选择和内容设计与传统思政课存在着巨大的差异。

传统思政课的内容选择与呈现具有以下特点：更侧重于理论和历史事实的传授，倾向于采用线性和结构化的内容；更多地依赖于认知学习，注重信息的记忆和理解；为了强化社会主流观念和价值观，内容更加统一和标准化；倾向于完整、全面、系统化地展现马克思主义的思想体系。这样的教学内容适合师生之间存在巨大的信息占有差距，社会价值观相对单一，学生本身对思政课具有极强学习意愿的条件，但在当前的现实思政课教学中，上面三个条件并不存在。因此，传统思政课的教学内容呈现方式并不能完全匹配学生特点和社会特点。可以说，教学内容选择和呈现方式的问题与教学实践中面临的学生不抬头、抬头不入脑、入脑未入心的现实困境直接相关。因此，虚拟仿真思政课的内容在吸收传统思政课教学成熟内容基础上，为实现教学内容端的历史超越，应具有以下特点：强调情景学习和实践操作，内容选择更灵活、动态，能够包含模拟情境和案例研究；能够促进体验式学习和情感参与，内容更多围绕学生的情感和体验展开；在呈现不同社会视角基础上，揭示理解问题、解决问题的实质；通过批判性思维的引入实现建设性思维的高水平实现。

但是更高要求的教学内容带来了新的挑战。

其一，历史事件的准确重现挑战。根据我国目前虚拟仿真思政课的发展现状不难看出，对重大历史事件的重现是最常见的一类。但是历史事件准确、生动、深刻的虚拟仿真呈现却并不容易。历史事件内在的复杂性和多面性要求设计者不仅要基于大量史料的研究，去准确无误地展现事实，还要深入挖掘并找到合适的视角去展现事件背后的历史背景、社会文化和政治动因。以长征历史为例，虚拟仿真在重现这一历史时，首先要选择最具有代表性、适合进行虚拟仿真处理的具体事件并掌握大量历史素材。更为重要的是，在呈现事实外，必须深入揭示社会背景、精神气质和思想启示。这不仅要求技术层面的高度再现，还要求教学内容设计者具有深厚的历史理论功底和客观公正的态度。

其二，概念与理论的深入解释挑战。虚拟仿真环境中，如何建构一个既基于现实又高于现实，既具有情境具体真实性又具有现实普遍性的情境是一件艰难的工作。因此，对抽象的政治理论概念进行深入解释是一个挑战，需要将复杂的语境和背景知识在一个典型化的、能够和学生产生共鸣的情境中展开。例如，解释"社会主义核心价值观"的概念，需要在虚拟环境中创造适宜的场景和情境，通过具体事例展示其在现实生活中的应用。这要求虚拟仿真技术不仅要能够创建逼真的模拟环境，还要能够灵活地展现理论概念在各种不同情境下的应用。

其三，价值冲突问题的探讨挑战。在虚拟环境中探讨价值问题，既要展现价值冲突的复杂性，又要引导学生做出正确的价值判断，这对内容的设计和技术实现都提出了较高的要求。比如，要呈现社会主义制度的优越性是需要与资本主义制度的限度进行比较的。将两种制度底层的价值追求的冲突进行数字化呈现，那么这一虚拟仿真场景需要展现问题的多重视角和复杂性，同时要引导学生在体验、比较、分析基础上进行深思熟虑的价值判断，这要求设计者不仅要有深入的社会和政治理解，还要精通教育心理学，可以有效地引导学生的思考过程。

其四，互动与深度参与的挑战。在虚拟仿真中，确保学生能够深入互动并参与到复杂的思想政治教育活动中，这对技术的实现和教学设计提出了挑战。虚拟仿真介入思政课教学的独特优势在于，它提供了学习者基于不同身份、尝试不同实践方案、获得不同结果、通过结果比较形成科学认知的学习路径。举例而言，要想通过虚拟仿真技术帮助学生理解资本主义经济危机出现的必然性问题，最好能够使学生在虚拟环境中扮演不同的角色，例如，政策制定者、企业经营者、普通劳动者等身份，通过扮演每一个身份并做出认为最合理的选择后仍然难以避免经济危机的出现是一个理想的教学过程。这不仅要求技术能够支持复杂的互动，还需要教学内容设计精巧，有代表性的矛盾冲突，才能够充分激发学生的参与兴趣和思考深度。

总结来说，虚拟仿真思政课与传统思政课在内容选择和呈现方式上存在明显差异。虚拟仿真更注重体验式学习、情感参与、互动探索和多元视角，而传统课程则更侧重于知识的传递、理论的讲授和逻辑推理能力的培养。虚拟仿真思政课的教学是要把抽象的、单一视角的、结论既定的传统教学内容，转化为形象的、多视角互动式的、通过自主探索获得结论的虚拟仿真思政课教学内容。这对教师主体而言提出了很高的要求。教师不但需要具有对理论问题的精深理解和把握，还需要能够用数智化的方式为问题构建模型、设计视角进行呈现。这一方面体现了知识传递上的新要求，也体现了对教师数字素养的新要求。虚拟仿真思政课教育要求教师不但是理论家，还是编剧和导演，以形象、可信、互动化的方式将理论的科学性展示出来。

第二节　虚拟仿真思政课面临的虚仿技术实现端挑战

虚拟仿真思政课优越性的实现很大程度上与虚拟仿真体验的逼真度、互动性、参与性有关。整体而言，情境的真实感和代入感会显著影响学生的代入感和学习动机。这就意味着虚拟仿真的技术实现需要通过必要投入来增加情境的相关性和沉浸感。这就为虚拟仿真思政课建设带来如下挑战。

首先，虚拟仿真思政课建设对建设经费提出了较高要求。虚拟环境需要高度的技术支持来实现真实的交互体验，这包括复杂的用户界面设计和响应式反馈机制。一方面，学生看到的用户界面的清晰度、逼真度和五感的综合调用程度均对教学体验产生影响。另一方面，作为沉浸式、交互式学习方式，理想状态下的虚拟仿真思政课需要对学习主体的行为进行多轮次、连续的、合理的响应式反馈。这两方面都对虚拟仿真教学内容的数字设计能力、数据运载能力、影音呈现能力提出了较高要求。需要经费投入以支持教学硬件设施建设和教学内容的数字化实现。虚仿实验本身的高投入特点使学校在非营利背景下持续性地不断升级面对挑战，如何解决实验内容的升级要求与资金、人员投入的制约性因素之间的结构性矛盾，是问题的关键。

其次，需要解决教育内容与技术的整合问题。虚拟仿真思政课不是游戏，它具有明确的教学目标，是内容设计团队和技术呈现团队深度合作的结果。它需要将教育内容与虚拟环境无缝整合，确保互动活动与教学目标相符合。这就要求密切合作，让教育工作者和技术开发者共同参与课程设计，以保证内容的教育性和互动的有效性。因此，虚拟仿真思政课不是思政课教师单一主体就可以完成的工作，需要联合先进的技术和专业团队来开发对用户更加友好和响应式的虚拟环境。以价值引领技术，做好顶层和整体设计。"思想政治理论课虚拟仿真实践教学的顶层设计至关重要，马克思主义理论学科专家、思想政治理论课教学部门要做好主导，凝练设计团队，协同计算机技术、心理学、社会学等领域的学科专家，依据思想政治理论课的教学要求设计仿真平台。"[①]

再次，需要考虑学生的技术适应性问题。鉴于学生的多样性特点，虚拟仿真思政课需要面对不同学生的技术熟练度和接受能力不同的现实，而学生自身状况的差异影响他们在虚拟环境中的参与度。比如，从未接触过虚拟仿真技术的学生其注意力更多被新颖的方式所吸引，有可能花费更多的时间和精力去熟悉、适应虚拟仿真环境，而没有把最多的精力用在学习内容的沉浸式体验中；而对于大量接触商业化虚拟仿真游戏的学生而言，教学型虚拟仿

---

① 张毅翔，李林英. 思想政治理论课虚拟仿真实践教学的内涵及其建设［J］. 学校党建与思想教育，2016（11）：59-61+77.

在技术的完美度上和商业产品存在客观差距，虚拟仿真教学在视觉效果、音乐与音效、控制和界面、技术表现、支持社区和多人游戏这些维度上尚难与专业游戏公司开发的虚拟仿真游戏达到同样水准，可能引发学生对呈现形式不满意而产生的负面效果。为解决这一问题，需要对虚拟仿真思政课设计者提供充分的培训和引导，在课程中设计多样化的互动方式，以满足不同学生的需求。

第三节 虚拟仿真思政课面临的建设标准制定端挑战

从教学管理的视角看，任何课程教育都应有相应的教育教学建设标准，以实现科学准确的评估和反馈。在这个意义上，如何明确教师队伍的师资要求、确定教学环境的底线要求、给予科学有效的学习效果评价体系，是在教学标准制定上必须解决的系统问题。

其一，明确思政课师资队伍的数字化升级要求。习近平总书记指出："办好思想政治理论课关键在教师，关键在发挥教师的积极性、主动性、创造性。"[①] 在虚拟仿真思政课标准体系建设中，教师队伍的建设目标是首要的。首先，随着科技快速发展带来的教育技术迭代浪潮，要求思政课教师们必须不断学习和适应新的教育技术，以提供更有效的教学方式。然而，思政课教师的文科学习背景导致相当比例的教师缺乏新技术相关的知识和学习意愿，这制约了教师在教学中充分利用现代信息技术的能力。这就要求通过以教师技能培训、专项项目等方式为激励措施，激活教师的教学数字化意愿并提升其课程设计能力。其次，在目前的思政课教师评价体系中，数字素养的关注度不高。教师将大量时间用于进行传统教学的备课、教学和科学研究，这导致部分教师对于采用新的教学方法和技术这一具有明确挑战却缺乏评价认证的探索路径持保守态度。再次，虚拟仿真思政课作为新生的教学改革领域，需要教师进行持续的、高质量教学内容的开发和供给。需要以职称评聘等为抓手，激活教师在虚拟仿真课程开发上的主体地位，确保率先开始虚拟仿真思政课建设的教学团队和教师个体可以长期进行课程内容研发，形成从能够设计虚拟仿真思政课到善于设计虚拟仿真思政课，最后强于设计虚拟仿真思政课的教师发展路径。

其二，确定教学环境的底线要求。2023 年北京理工大学虚仿中心针对已经获批国家级虚仿中心的 5 家单位进行调研，调研结果显示即便在建有国家级虚仿中心的马克思主义学院中，教师群体对虚拟仿真思政课教学环境的认知仍然存在巨大分歧。现代信息技术推陈出新，教学环境的变化必然改变信息传播的途径和形式，进而建构新的教学场域和教学范式。现实来看，教师们对"虚拟仿真体验教学的环境应该是怎样的"有着不同的理解。有的教师认为，虚拟仿真体验教学需要一个客观存在的现实场馆，这种场馆需要配备"高大上"的仪器设备，比如，高清大屏、VR 体验大屏、VR 眼镜等；有的教师认为，虚拟仿真体验教学环境是虚拟场馆，比如各种数字展览馆，教学过程就是学生戴上 VR 眼镜参观数字展馆的过程。很多受访教师都认为，完善和精致的教学环境搭建是开展虚拟仿真体验教学探索的中心环节，而这需要大量的资金支持，如果学校没有进行前期充分的资金支持，虚拟仿真体验教学的效果就不会好，建设不出任何成果，因而放弃进行虚拟仿真思政课建设。在这些认

---

① 中华人民共和国中央人民政府．习近平主持召开学校思想政治理论课教师座谈会 [EB/OL]．(2019 – 03 – 18) [2024 – 04 – 09]．https：//www.gov.cn/xinwen/2019 – 03/18/content_ 5374831.htm．

识的引导下，有的学校和教师"为了虚拟而虚拟"，让学生戴上 VR 眼镜，实际看到的内容与现实教学中所看到的视频没有区别；还有一些学校和教师由于资金限制不敢轻易尝试探索虚拟仿真体验教学，觉得缺乏资金就不具备开展虚拟仿真体验教学的条件。目前在建的 5 家国家级思政课虚仿中心的教学环境中，涵盖了包含多点交互、沉浸式显示、VR 与 AR 技术、纱幕投影、人工智能技术和云计算技术等多项技术的数智技术谱系。对于后来加入虚拟仿真教学研究的单位而言，明确至少要涵盖哪些要素才能建成一个基本的虚仿中心是一个极其重要的问题，因为它也关涉到必要的建设经费预算。可以说，在明确虚拟仿真思政课教学环境的基本要求后，才有可能激发更多学校参与到虚拟仿真思政课建设中。

其三，给予科学有效的学习效果评价体系。在教育教学的过程中，评价是一个关键的环节。关涉到对当前教育效果的认知和对未来教学的完善与优化。从目前发展情况看，虚拟仿真环境下如何有效评估学生的学习成效是一个艰巨挑战。由于思想政治理论课的学习效果很难量化，如何在虚拟环境中准确评估学生的学习状态和理解深度成为一大难题。因此，区别于传统思政课评价体系、符合虚拟仿真教育理念的教学效果评价指标体系亟待确立。然而需要注意的是，从目前的学术研究和教学实践现状来看，国内对于虚拟仿真体验教学效果的评估仍无法被证明是有效的标准和方法，难以全面客观地评价学生的学习成果。

评价基于目标而来，因此首先要明确教学目标和教学旨在培养的学生素养。虚拟仿真思政课注重学生思辨能力、协作能力、实践能力、责任意识等核心素养的提升。因此，对于学习有效性的评价需要基于这些能力维度进行设计，同时需要建立全面的评估体系进行评价。评价可以从教师观察评价、系统反馈评价、学生自我评价、学习同伴评价等多主体角度展开。从评价内容上看，可以从知识点掌握、思辨能力、实践应用等多个维度考核学生。在这里需要注意的是：思想政治理论课的核心在于培养学生的思辨能力、批判意识和实践能力，而虚拟仿真教学尤其要注意避免过度依赖视觉和听觉的感官体验，从而忽视了对学生思辨能力的培养这一问题。因此，如何在虚拟仿真中增加互动元素，使学生的参与度和思考深度可以得到体现是评价的关键。从评价方式上看，除了给定问题让学生回答、给予一个实践困境让学生去解决、给予不同方案让学生去选择之外，借鉴教育学和心理学的研究思路，将对脑神经活动、视觉反应等作为学习评价的角度在未来也可以进行探索。从评价的角度上看，不但要评价学生学习的效果，也需要对教学过程本身进行评价，思想政治教育学科可以将此作为一个重要的学术生长点进行体系化的研究。在国际相关领域的研究中，有一些值得关注的评价框架，比如，欧盟委员会教育和文化总局制定了《欧洲数字化教育组织参考框架（DigCompOrg）》，从愿景、文化、过程、技术和数据五个方面评估欧洲教育数字化转型成熟度；德勤咨询公司从用户、策略、技术、操作、组织与文化这五个方面制定了"泛组织数字成熟度模型"，这是一个具有通用性的成熟度测评框架。虽然两个框架更多基于数字教育整体设计，但对于我国拟定虚拟仿真思政课教育的评价体系仍然具有比较重要的借鉴意义。

第四节 虚拟仿真思政课的未来发展趋势

近年来，越来越多的高校开始进行虚拟仿真思政课的建设，取得了一系列喜人的建设成果。一方面这一新型的教学模式受到学生群体的喜爱，另一方面为学者们考察思政课教学改革的路径、方向提供了现实抓手。在其建设过程中，也让我们更清晰地看到了进一步发展面临的挑战与问题。在总结现有建设情况的基础上，对未来发展趋势进行预判，是进一步主动有为、思路明确做好虚拟仿真思政课建设的内在要求。

未来趋势1：从技术使用上看，AI和VR的融合已成必然。即虚拟仿真思政课技术谱系中将纳入人工智能的元素，后续的虚拟仿真思政课建设需要运用历史主动精神开始探索人工智能介入条件下的更高版本虚拟仿真思政课。"AI主要探索的是人类智慧的本质，VR主要研究外部环境，两者研究方向虽不同，但随着技术的融合，AI和VR未来必将趋于融合，两者发挥各自的优势，并在一定程度上弥补对方的缺陷。在教育领域，AI和VR的结合将为学习者营造有智慧的第二学习世界，这个世界由VR虚拟的物理环境中的真实场景所组成，AI技术的引入为这个世界增加了智慧特征，能计算各种信息，虚拟各种学习场景，根据学习者特征智能地设定学习路径、推送学习资源，从根本上解决学习交互的问题，实现个性化教育。"①

AI和VR的融合既是自然的又是必然的。原因在于两者在理论和实践上互补性极强。首先，从虚拟仿真技术最看重的交互体验来看，AI可以对其实现显著增强。AI可以提供个性化的交互和响应，通过学习用户的行为来优化VR环境中的体验。这种自适应交互是实现沉浸式体验的关键。在虚拟仿真课程中，可以加入AI驱动的角色，根据用户的反应进行智能反应，通过提供更丰富的互动，更为真实、沉浸式地进行真实世界的数字模拟。同时AI保证了虚拟仿真的认知和行为建模具有更好的技术条件。VR提供了一个可控的实验环境，而AI可以在这一环境中模拟复杂的认知、决策过程和社会行为。其次，从数据分析和反馈来看，AI为VR课程中形成的大量学习数据提供了更为强大的分析能力。AI在数据处理和分析方面相比于人类而言具有明显优势。在解决虚拟仿真思政课评价问题的过程中，可以用AI来分析VR中收集的大量数据，以优化和改善用户体验。再次，AI作为物理世界和虚拟世界的桥梁，可以进一步丰富虚拟仿真思政课的呈现形态。比如，北京理工大学虚仿中心近年来持续探索思政大模型，并将其运用于数字人建设项目。可以通过AI技术对延安自然科学院老院长徐特立进行数字化生成，来将真实世界中存在过的人物进行数字化孪生，再通过人工智能实现人与数字人的互动，以完成真实世界和虚拟世界中元素的交互。在这一过程中，AI通过机器学习和传感器数据理解物理环境并在VR中复现，同时，AI可以提升虚拟仿真思政课中的情感计算能力。从目前世界人工智能的研究成果看，AI具备识别和响应人类情感的能力。这使虚拟仿真思政课的沉浸感和真实感能够得到更好的实现，同时可以更好实现思政课教育需要的情感认同。最后，AI使虚拟仿真思政课具备了从封闭式体验到开放式体验的可能。"数字智能时代，从'数据—信息—知识—智慧'的数据智慧层次，在一定程度上为信息时代的'智慧教育'架通了技术与智慧之间的桥梁。"② 随着计算能力的增强和算法的进步，生成式AI在给定目标下具备将原有虚拟仿真进行自适应发展的能力，这为对复杂问题的呈现、分析和教学提供了新的探索空间。

未来趋势2：从资源库建设上看，虚拟仿真教育资源将形成国家统一的标准或规制，并实现优质资源的共享。伴随高校在虚拟仿真思政课上的广泛探索，目前形成了相关教育资源在量上的初步繁荣。但是在此过程中，也出现了相同的内容反复建设、虚拟仿真教学资源建

---

① 胡钦太，刘丽清，郑凯．工业革命4.0背景下的智慧教育新格局［J］．中国电化教育，2019（03）：1-8.
② 祝智庭，胡姣．教育数字化转型的理论框架［J］．中国教育学刊，2022（04）：41-49.

设良莠不齐、优质教学资源因技术标准和使用平台而造成兼容性低等现实问题。虚拟仿真思政课内容的建设有较高的经费投入要求，在课程使用上又需要有长期运维的费用。为了解决资金对课程建设的制约，采用项目制、规划制、兼容式的资源库建设是未来建设的必然方向。资源库建设是一个复杂的工程，涉及技术、内容和管理等多个方面。建立一个高效、优质和可持续的虚拟仿真教学资源库可以从以下几方面努力。

其一，资源库建设之初要结合教学目标和教学内容，明确适合进行虚拟仿真技术介入的内容。确保虚拟仿真资源与课程设计紧密对接，以实现教学大纲中的学习目标。对于思政课而言，虚拟仿真提供了一种可行的教学技术，但并不是所有的教学内容都适合进行虚拟仿真教学的转化。在建设过程中给出建设的内容导向，是防止为了虚拟仿真而虚拟仿真，也是基于合适内容进行虚拟仿真教学资源建设的必然要求。

其二，资源库建设应以资源共享和跨校合作为导向，以提高兼容性为原则，选择和开发合适的仿真软件。虚拟仿真资源库的建设可以由教育部牵头，也可以由校际联盟或单一高校牵头完成。无论资源库建设的主体是谁，都应在全国思政课范围内有统一的技术标准要求，比如，VR眼镜可置入的内容应以实现全面兼容为目标，否则必然带来硬件设施或是软件内容的重复投资。从操作上看，需要完成全国范围内的软件规制摸底与评估。在了解不同虚拟仿真软件平台的功能、兼容性和易用性基础上，形成后续虚拟仿真思政课资源库的建设。

其三，资源库建设需要优化内容的质量。从目前的虚拟仿真思政课建设情况看，系统的方法论和成熟的质量评价标准仍未出现。高校多结合学校自身特点探索虚拟仿真思政课的资源建设，但这种零散的建设无法形成系统、科学的素材研发体系。因而，资源库的建设需要创建详细的内容开发指南和质量标准，以此来提升虚拟仿真教学资源的科学性。同时还需定期评估和更新仿真资源，确保内容的准确性和时效性。同样，教学主题伴随社会实践的发展必须与时俱进，不断迭代，完善资源库内容。虚拟仿真建设资金投入高的特点决定了其建设数量需要走少而精的路线，但是以教学效果为导向而言，资源库建设需要创设更具代表性的体验情境来优化教学。

其四，将反馈、评估、交流机制纳入资源库建设全过程。从国内目前建设情况看，虚拟仿真思政课资源客观上存在质量差异。从优化资源库内容的角度看，使用反馈的获得、统一标准下的合规评估、素材设计者的交流是资源库建设中的关键内容。首先，资源库不只是把现有资源进行集成和展示，其作为一个研究平台还需要同步收集学生和教师对虚拟仿真教学资源的反馈，只有对学习数据和师生反馈信息进行不断分析，才能更好地调整和改进资源库的内容和功能。其次，虚拟仿真资源需要基于统一、科学的标准进行必要评估。作为新生教育技术，虚拟仿真思政课的评估体系正在凝练过程中。资源库建设和评估标准存在辩证关系，越是丰富的资源建设越能帮助我们凝练出评估虚拟仿真课程资源的必要维度，从而建立起评估标准，为后续更快速、大量的资源建设提供依据。最后，虚拟仿真思政课是具有数字素养的思政课教师率先开始的教学改革探索。作为文科背景的教师，参与资源建设的老师们都是在摸着石头过河，这就使教师间围绕建设经验、需要注意的问题、教学内容的研讨等交流尤其重要。资源库的建设需要创建教师交流平台，以实现建设经验与思路的共享，使虚拟仿真资源库建设不单承担教学内容创建的功能，同时承担教师教研能力提升的功能。

未来趋势3：从产品内容上看，剖析抽象理论问题的教学内容类型需要快速增加。目前我国的虚拟仿真思政课最常见的类型是历史事件类课程。这类课程建设基于丰富的史料，通过多感官调动，让学生扮演特定身份的历史人物，沉浸式模拟历史情境，进而完成价值观和历史观教育，取得了很好教学效果。这类课程从建设难度上看，因为有明确的事件逻辑和历史结果，可以用线性、清晰的逻辑对事实本身进行复现，因而具有建设相对容易上手的特性。但是，从思政课本身的课程任务和虚拟仿真教学的独特特点来看，未来解决理论类问题的课程类型、面向未来社会问题的虚拟仿真会有更强的建设诉求和更大的发展空间。

习近平总书记 2022 年在中国人民大学考察时强调"思政课的本质是讲道理，要注重方式方法，把道理讲深、讲透、讲活，老师要用心教，学生要用心悟，达到沟通心灵、启智润心、激扬斗志。"① 所以无论是传统课堂还是虚拟仿真环境下的新型思政课，最终的目的是要把马克思主义、中国特色社会主义理论、习近平新时代中国特色社会主义思想背后的道理讲清楚。而虚拟仿真思政课作为一种沉浸式、体验式学习形态的独特优势，尤其体现在那些用传统教学方式很难讲清楚的道理上，体现在那些学生有朴素直觉却无法用清晰、理性的思路讲清楚的问题上。比如，我国坚持的集体主义道德原则和西方信奉的个人主义道德原则孰优孰劣？我们可以用具体的事件，2020 年抗击疫情时我国集体主义的防控成效显著优越于西方的个人主义防控，作为论据去证明集体主义的优越性。但是，在实际教学中，学生会质疑，疫情防控毕竟只是社会一种异常的紧急状态，不是社会的常态。那么在社会绝大多数的正常状态下，又如何理解集体主义的优越性呢？西方社会奉行个人主义，带来了西方社会三百余年的绝对优势，这又如何解释呢？这种超越了具体事件的深刻理论问题，涉及了道德的起源、本质和功能的综合解答，单靠一个具体案例是很难整体性呈现的，而虚拟仿真思政课建设的重要意义和难度在这里与传统教学方式是一致的。难的是教师基于对道德作为上层建筑的重要组成部分的理解，找到恰当的角度去构建一个高于具体事实、现象的具有一般性意义的体验情境，去阐释不同国家的道德究竟为何呈现不同的样态，以及受经济基础所制约的道德又如何具体影响了人类社会的结构，并反作用于经济、政治等领域。这个内容的虚拟仿真转化必然是困难的，因为它既需要教师对马克思主义的道德理论本身有深刻的理解，又需要对学生关注的问题具有相当的敏感性，同时还要用编剧或导演的意识去建构一个在学生看来结果不确定的情境，让他自主地去进行沉浸、体验、探索和反思，并最终形成一个超脱了具体事件之上的、更具有普遍性的理论认同。

这种困难的转化对于讲清楚道理也是极有益处的。皮亚杰的构建主义学习理论认为，学习是一个主动构建知识的过程，学生需要通过实践和探索，通过与环境的互动来构建知识。这类对抽象概念和理论进行呈现的虚拟仿真思政课的优势在于，不同于历史事件作为结果封闭的既定事实，学生是在一个他不了解的、具有多种可能性、呈现了多种可能矛盾的场景中去理解道德原则问题。这种虚拟仿真思政课不是将某个案例作为论据去证明集体主义在解决某个问题上的优越性，而是带着它在马克思主义关于人的发展阶段的历史唯物主义理解的基础上，去体验共同体对人存在、发展的意义，感受集体主义在人类追求美好生活中的作用，发现集体主义是人类社会为了良性、持续性地发展而必然需要选择的一种道德原则，这个目标的实现在传统思政课单纯以教师话语传递的方式中很难实现，而虚拟仿真思政课可以用不

---

① 中华人民共和国中央人民政府. 习近平在中国人民大学考察时强调：坚持党的领导传承红色基因扎根中国大地走出一条建设中国特色世界一流大学新路[EB/OL]. (2022 – 04 – 25)[2024 – 04 – 09]. https://www.gov.cn/xinwen/2022 – 04/25/content_5687105.htm

到十分钟的时间，让学生多感官调动去沉浸式体验，并在一个具有理论高度的层面去理解道德。这就运用虚拟仿真思政课的方式将一个抽象的理论问题用一种形象的方式呈现，同时在一个超越了个别案例的一般性的高度上，讲清楚了问题，展现了虚拟仿真思政课的独特优势。

同时，需要注意的是，目前的虚拟仿真思政课更多聚焦在回溯历史、展现当下这两个时间维度上。在指向未来这个时间维度上，体现社会科学的科学预见功能的实验项目还非常少见，但是这种项目具有鲜明的创新性和启发性，是急需快速丰富的类型。比如，讲经济全球化，可以在过去的高歌猛进和当下遇到低潮两个维度去进行教学，但是经济全球化未来的境遇会是怎样？讲资本主义制度的必然终结，资本主义生产方式最终会导致资本主义国家面临怎样的困境？这些都是学生关注的与未来有关、有必要用理论本身的科学性去讲清楚的问题，这是虚拟仿真思政课大有可为的攻关方向。

第三编

"思想道德与法治"虚拟仿真课程教学的教学设计

2009年起北京理工大学马克思主义学院开始探索信息技术融入思政课教学的尝试，结合"思想道德与法治"课开发了"情商加油站"游戏，该游戏突破传统的教育方式，将情商教育重要课题游戏化、趣味化、形象化，做到寓教于乐。这个以培养大学生情商为主要目的的网络严肃游戏，使大学生及时发现自身的心理问题，培养大学生的爱情观、人生观、价值观。后学院陆续开发手机APP，2016年完成"重走长征路"VR虚拟仿真教学内容设计，建成数字化教学平台，逐渐形成数字化教学体系，特别是2021年建成全国高校思政课虚仿中心（北京理工大学）后，"思想道德与法治"课对虚拟仿真课程设计与教学开展了系统的研发和实践。经过多轮次的前期探索和教学实践，截至目前已有10 000多名学生走进虚仿中心完成"思想道德与法治"课程的体验教学，形成了可推广的教学模式和教学生态。经过十多年的实践尝试，充分发挥计算机、光电等多学科交叉优势，综合运用大数据、云计算、人工智能等技术，打造出了以"智慧赋能、沉浸体验、创造转化、价值认同"为特点的思政课数字化教学体系，该体系是指在核心理念指导下形成的教、学、管、测、评全流程数字化教学体系。核心理念为"以学生为中心、以数字为特色、以交叉为源泉、以认同为旨归"。通过各种数字化技术的综合运用，以"常态+动态"的模式实现思政课教学的优质化、个性化与智慧化。集"交互性、沉浸性、创造性、时代性、趣味性"于一体，以学生为中心，充分发挥教师的主导性，积极调动学生主体性，通过更新教学理念、再造教学空间、重塑教学流程，实现价值认同，重塑了思政课教学新生态。

根据前期探索经验，本编从一般原则、场景建构、关键环节和具体过程四个方面对虚拟仿真课程教学的具体实操展开介绍。

第八章
"思想道德与法治"虚拟仿真课程教学的一般原则

随着信息技术的迅猛发展,虚拟仿真技术在教学领域的应用越来越广泛。作为一门融思想性、理论性和实践性于一体的课程,"思想道德与法治"虚拟仿真课程教学不仅要求学生掌握基本的理论知识,还要求培养学生的实践能力和创新思维。因此,构建高效、互动的虚拟仿真教学环境,遵循一定的教学原则,对于提升课程教学质量至关重要。

在开展"思想道德与法治"虚拟仿真课程教学时,需要遵循一系列教学原则,以确保教学内容的有效传递和学生学习的深度参与。这些原则包括政治性与理论性相统一、虚拟性与现实性相统一以及启发式与引导式相统一。这些原则共同构成了本课程教学的核心指导思想。政治性与理论性相统一,意味着在教学中要始终坚持正确的政治方向,深入讲解思想道德与法治的基本理论,引导学生树立正确的世界观、人生观和价值观。虚拟性与现实性相统一,则要求在利用虚拟仿真技术的同时,紧密结合现实生活中的案例和实践,让学生在虚拟环境中获得真实的学习体验。启发式与引导式相统一,则强调在教学中要激发学生的学习兴趣和思维能力,引导他们主动探索和思考,同时提供必要的引导和帮助,使其能够逐步深入理解课程内容。遵循这些原则,有利于构建一堂生动、有趣、实用的"思想道德与法治"虚拟仿真课程,帮助学生更好地理解和掌握思想道德与法治的知识和技能,为培养德才兼备的优秀人才打下坚实基础。

第一节 政治性与理论性相统一

思想政治理论课是国内学生从小学到研究生阶段的必修课。高校思想政治理论课与其他层次的思想政治理论课的主要区别在于坚持政治性与学理性相融合。大学阶段的思想政治理论课不仅仅是一门政治课,更是一门由科学理论支撑的"学术课"。思想政治理论课的关键词是"政治",因为这里的"思想"是"政治思想",这里的"理论"也是"政治理论",讲政治、讲党性是虚拟仿真思政课的首要特点。同时,要注重课程的理论性,围绕教材的重难点进行深度的理论分析,展开系统的科学研究。在此基础上进行教学的转化,实现政治性和理论性的结合,课程设计上实现内容为王,"以透彻的学理分析回应学生,以彻底的思想理论说服学生,用真理的强大力量引导学生",在深厚学理和严密逻辑的基础上,把握政治方向,设计出好的虚拟仿真思政课内容。在"思想道德与法治"虚拟仿真课程教学中,政治性与理论性的统一是课程的核心要求,也是确保教学内容正确的方向和深度的关键所在。这种统一不仅体现了课程的政治属性,也凸显了其理论深度,为培养学生的思想道德素养和法治意识奠定了坚实的基础。

一、政治性的体现与要求

"思想道德与法治"作为一门涉及意识形态和价值观的课程,其政治性不言而喻。开展高校思政课虚拟仿真实践教学要突出内容的政治性,要从教材出发设计虚拟实践课,通过运用信息技术将教材内容转化为教学内容的同时,关注教学内容的政治性,发挥实践育人主渠道作用,"让基本原理变成生动道理"①,强化对于学生正确世界观和价值观的引导。在虚拟仿真教学中,政治性主要体现在以下几个方面。

(1) 坚持正确的政治方向。在"思想道德与法治"虚拟仿真课程教学中,坚持正确的政治方向是首要的政治要求。虚拟仿真课程教学在设计、开发和实施过程中,必须始终坚持以马克思主义为指导,贯彻党的教育方针和政策,确保教学内容的政治正确性。这不仅是课程设计的原则,更是对教育者的基本要求。这要求教育者在选择教学案例、构建虚拟场景时,要充分体现社会主义核心价值观,弘扬中华优秀传统文化,引导学生形成正确的价值判断和价值选择。

为了坚持正确的政治方向,要深入学习和理解中国特色社会主义理论体系,特别是习近平新时代中国特色社会主义思想,将其作为课程教学的根本;要紧密结合国家政治生活和社会发展的实际,选择具有代表性、典型性的教学案例,构建符合社会主义核心价值观的虚拟场景,使学生在沉浸式的学习体验中深刻感受到正确政治方向的重要性;要加强课程思政建设,将思想政治教育与专业知识教育相结合,使学生在学习专业知识的同时,增强对中国特色社会主义道路的认同感和自豪感。

坚持正确的政治方向,不仅是"思想道德与法治"虚拟仿真课程教学的根本要求,更是培养社会主义建设者和接班人的重要保证。只有确保课程教学的政治方向正确,才能引导学生形成正确的世界观、人生观和价值观,为国家的繁荣富强和民族的伟大复兴贡献力量。

(2) 强化政治意识的培养。在虚拟仿真教学中,强化政治意识的培养不仅仅是一个教学目标,更是对新时代教育责任的深刻体现。政治意识作为个体对政治现象、政治活动和政治关系的认知、情感和态度的总和,对于个体的社会行为和社会选择具有决定性的影响。特别是在信息化、全球化的今天,各种思潮和观点交织,强化政治意识的培养显得尤为重要。

首先,强化政治意识的培养是确保学生正确价值观形成的关键。在虚拟仿真教学中,学生不仅仅是知识的接受者,更是信息的筛选者、价值观的塑造者。通过模拟真实的政治环境、政治活动,学生能够更加深入地理解政治现象的本质和规律,从而形成正确的政治认知和政治态度。这种认知和态度将直接影响学生的行为选择,确保其成为具有坚定政治立场、高尚道德情操的新时代人才。

其次,强化政治意识的培养有助于提升大学生的社会责任感和使命感。政治意识不仅仅是对政治活动的认知和态度,更是对社会、对国家、对民族的责任感和使命感。通过虚拟仿真教学,学生能够更深入地了解国家的政治体制、政治文化、政治实践,从而更加深刻地感受到自己作为公民的责任和使命。这种责任感和使命感将促使学生更加积极地参与社会实践、服务社会发展,为国家的繁荣富强和民族的伟大复兴贡献自己的力量。

---

① 习近平在全国高校思想政治工作会议上强调把思想政治工作贯穿教育教学全过程 开创我国高等教育事业发展新局面 [N]. 人民日报,2016 - 12 - 09.

再次，强化政治意识的培养有助于培养学生的批判性思维和辩证分析能力。在虚拟仿真教学中，学生需要面对复杂多变的政治环境和政治问题，需要在模拟实践中进行深入的分析和判断。这种分析和判断的过程将锻炼学生的批判性思维和辩证分析能力，使其能够更加理性、全面地看待政治现象和问题，形成独立思考和判断的能力。这种能力将使学生在未来的社会生活和职业发展中更加从容自信地面对各种挑战和机遇。

最后，强化政治意识的培养是应对全球化挑战和信息化冲击的必然要求。在全球化和信息化的背景下，各种思潮和观点相互交织、相互碰撞。学生作为未来的社会主体和国家的希望，必须具备坚定的政治意识和高尚的道德情操，才能应对这些挑战和冲击。通过虚拟仿真教学，学生能够更加深入地了解国内外的政治形势和发展趋势，从而更加清晰地认识到自己的责任和使命，为国家和民族的未来发展贡献自己的力量。

（3）反映党的路线、方针、政策。虚拟仿真课程应紧密结合当前党的路线、方针、政策，及时将最新的政治理论和实践成果融入教学内容中。这不仅能够使学生及时了解国家政治生活的新变化、新发展，还能够引导其积极投身到国家建设和发展的伟大事业中。

党的路线、方针、政策是党的集体智慧的结晶，是对国家发展和社会进步的深思熟虑的规划。它们反映了党的理论创新和实践探索的最新成果，体现了党对国内外形势的深刻洞察和科学判断。虚拟仿真课程通过模拟真实的政治环境、政治活动，使学生能够在沉浸式的学习体验中感受到党的路线、方针、政策的实践应用。这种实践应用不仅使学生了解到党的政治理论是如何转化为具体行动的，更使学生深刻体会到党的政治领导对于国家发展和社会进步的重要作用。在这样的虚拟仿真课程学习过程中，学生不仅能够增强对党的政治理论的理解和认同，更能够培养起坚定的政治信仰和强烈的国家认同感。

（4）体现时代性和前瞻性。虚拟仿真教学要紧密结合时代发展和社会变革，及时反映党的新理论、新思想、新实践。同时，还要具有前瞻性，关注未来社会发展趋势和法治建设方向，为学生提供具有前瞻性的学习资源和指导。

在"思想道德与法治"虚拟仿真课程教学中，体现时代性和前瞻性是确保课程教学与时俱进的关键所在。随着社会的快速发展和时代的不断变革，政治生活也呈现出新的特点和趋势。因此，虚拟仿真课程必须紧密关注时代发展的脉搏，及时反映政治生活的新变化、新特点和新要求，同时具备一定的前瞻性，预测未来政治发展的趋势和方向。为了体现时代性和前瞻性，要密切关注国内外政治形势的发展变化，及时将最新的政治动态和热点事件融入课程教学中，使课程内容与时代发展保持同步；要深入研究政治生活的新特点和新趋势，特别是信息技术、大数据等新技术对政治生活的影响和变革，将这些新元素融入虚拟仿真教学中，使学生能够更好地理解和适应新时代的政治生活；要具备一定的前瞻性视野，关注未来政治发展的趋势和方向，预测可能出现的新问题和新挑战，为学生提供具有前瞻性的学习体验和思考空间。

二、理论性的深入与拓展

除了政治性外，"思想道德与法治"课程还具有深厚的理论性。开展高校思政课虚拟仿真实践教学要突出内容的学理性。将虚拟仿真技术运用于思政课实践教学，不仅仅是为了片面地改革教学方法，使课堂变得生动热闹，更重要的是运用现代信息技术，摒弃"简单灌输"方式，激发大学生学习探究的积极性，全身心投入实践教学的整个过程，形成思政课应有的研究和探讨气氛，对学生进行理想信念的引导，"以理服人"，增强授课效果。在虚拟仿真课程教学中，理论性的深入与拓展是确保教学质量和效果的关键环节，特别是在"思想道德与法治"这一课程中，系统阐述基本理论、加强理论与实践的结合以及拓展学生的理论视野和深度显得尤为重要。理论性的深入与拓展主要体现在以下几个方面。

（1）系统阐述思想道德与法治的基本理论。虚拟仿真教学要充分利用其技术优势，通过生动、形象的教学方式，系统阐述"思想道德与法治"课程的基本理论。通过深入剖析这些基本理论，帮助学生建立完整、系统的知识体系。虚拟仿真教学在传授思想道德与法治知识时，必须首先确保学生能够全面、系统地掌握相关基本理论。这不仅仅是简单的知识灌输，更是为学生打下坚实理论基础的关键步骤。虚拟仿真教学作为一种先进的教育手段，具有生动、形象、交互性强等特点，为"思想道德与法治"课程的教学提供了全新的可能性。通过充分利用虚拟仿真技术的优势，教师可以创造出更加真实、立体的教学环境，让学生在沉浸式的学习体验中深入理解和掌握思想道德与法治的基本理论。系统阐述"思想道德与法治"课程的基本理论是虚拟仿真教学的重要任务之一。道德作为人类社会的基石，其本质在于规范人们的行为、调节人际关系、维护社会秩序。在虚拟仿真教学中，教师可以通过模拟各种社会场景、设计道德困境等方式，让学生在实践中体验道德的力量和作用，从而深刻理解道德的本质和功能。同时，通过对道德发展规律的深入剖析，帮助学生建立对道德问题的全面认识，明确道德在社会生活中的重要地位。法治作为现代社会治理的基本方式，其原则包括法律面前人人平等、法律至上等。在虚拟仿真教学中，教师可以通过模拟法庭审判、立法过程等场景，让学生亲身感受法治的威严和力量。同时，通过对法律条文的深入解读和对法治精神的阐释，引导学生理解法治的内涵和要求，明确法治在社会发展中的重要地位。此外，教师还可以通过虚拟仿真技术模拟法律实践中的各种情境，让学生在实践中学习如何运用法律知识解决实际问题，提高其法律素养和法律意识。在虚拟仿真教学中系统阐述思想道德与法治的基本理论不仅是为了传授知识，更是为了培养学生的综合素质和社会责任感。通过深入剖析这些基本理论帮助学生建立完整、系统的知识体系，为其未来的学术研究和职业发展打下坚实基础。

（2）加强理论与实践的结合。理论知识的传授是虚拟仿真教学的基础，但仅仅停留在理论层面是远远不够的。虚拟仿真教学不仅要注重理论知识的传授，更要加强理论与实践的结合。加强理论与实践的结合，让学生在实践中深化对理论知识的理解和掌握，是提高教学效果的重要途径。通过模拟实践场景、设计实践任务等方式，让学生在实践中深化对理论知识的理解和掌握，提高其运用理论知识解决实际问题的能力。虚拟仿真教学可以通过模拟实践场景来加强理论与实践的结合。例如，在"思想道德与法治"课程中，可以模拟现实生活中的道德困境和道德选择场景，让学生在模拟场景中进行角色扮演和决策分析，从而培养其道德判断能力和道德实践能力。在法治教育中，可以模拟法庭审判、案件调查等场景，让学生在模拟场景中了解法律程序和法律实践，提高其法律素养和法律意识。

虚拟仿真教学可以通过设计实践任务来加强理论与实践的结合。例如，可以设计一些与"思想道德与法治"课程相关的实践项目或案例分析任务，让学生在完成任务的过程中运用所学知识进行分析和解决实际问题。这样的实践任务不仅可以帮助学生巩固和拓展理论知识，还可以培养其实际操作能力和解决问题的能力。不仅如此，虚拟仿真教学要注重引导学生将理论知识转化为实践行动。理论知识的掌握是为了指导实践行动，因此虚拟仿真教学要鼓励学生将所学知识应用到实际生活中去。例如，可以组织学生参与社会实践、志愿服务等活动，并将所学知识运用到实践中去检验其可行性和有效性，从而加深对理论知识的理解和掌握。

（3）拓展理论视野和深度。在"思想道德与法治"课程中，虚拟仿真实践教学作为一种创新的教学方法，为拓展学生的理论视野和深度提供了新的契机。通过结合虚拟仿真技术，可以为学生创造一个更加真实、立体且互动的学习环境，使他们在实践中深化对理论知识的理解和掌握，进而拓展其理论视野和深度。

虚拟仿真实践教学能够打破传统课堂的时空限制，将学生带入一个更为广阔的知识领域。通过模拟各种社会场景、历史事件和文化背景，学生可以亲身体验和感受不同道德观念和法治实践的形成和发展过程。这种身临其境的学习体验，不仅能够激发学生的学习兴趣和积极性，还能够帮助他们更加全面、深入地理解道德和法治的本质和内涵。在虚拟仿真环境中，学生可以模拟扮演各种角色，如法官、律师、道德决策者等，通过解决实际问题和应对复杂情境，来锻炼自己的批判性思维能力和创新能力。这种实践性的学习方式，不仅有助于学生巩固和拓展理论知识，还能够培养他们的实际操作能力和解决问题能力。此外，虚拟仿真实践教学还能够促进学生的自主学习和合作学习。在虚拟仿真环境中，学生可以根据自己的学习进度和兴趣进行自主学习，同时还可以与其他同学进行交流和合作，共同探讨和解决道德和法治问题。这种自主学习和合作学习的模式，不仅能够培养学生的自主学习能力和团队协作能力，还能够促进他们对理论知识的深入理解和应用。除此之外，虚拟仿真实践教学能够为教师提供更加全面、客观的教学评估手段。通过虚拟仿真系统记录学生的学习过程、表现和成绩，教师可以更加全面、客观地评估学生的学习效果和理论掌握情况。同时，教师还可以根据学生的反馈和表现对虚拟仿真课程教学内容进行及时调整和优化，以满足学生的不同需求和期望。

三、政治性与理论性的有机结合

在虚拟仿真课程教学中，政治性与理论性的有机结合是确保"思想道德与法治"课程目标实现的关键所在。这种有机结合的重要性不仅在于理论性为政治性提供基础和支撑，还在于政治性引领理论性、理论性支撑政治性的相辅相成。这种有机结合主要体现在以下几个方面。

（1）以政治性引领理论性。政治性是课程的灵魂和统帅，理论性是课程的基础和支撑。在虚拟仿真课程教学中，要始终以政治性引领理论性，确保理论知识的传授和深化始终沿着正确的政治方向进行。这要求在教学内容和方式设计时，要充分体现社会主义核心价值观和党的教育方针，引导学生形成正确的世界观、人生观和价值观。可以选取与时政相关、具有代表性的思想道德与法治案例和事件作为教学材料，引发学生对政治问题的思考和讨论。政治性的引导不仅仅是为了传授政治知识，更重要的是引导学生从政治角度审视世界、思考问题，树立正确的政治信仰和政治立场。在虚拟仿真课程教学中，可以通过模拟真实政治情境、角色扮演等方式，让学生身临其境地感受政治决策的复杂性和重要性，激发其对课程问题的兴趣和探索欲望。

（2）以理论性支撑政治性。政治性的引导需要建立在扎实的理论基础上，才能使其具有科学性和说服力。因此，在虚拟仿真教学中，应当注重理论知识的传授和深化。通过系的理论讲解，学生能够深入理解相关概念、理论以及相关法律法规，从而更好地分析和解决具体的思想道德与法治问题。理论性的支撑不仅仅是为了填充学生的知识储备，更是为了提升学生分析问题和解决问题的能力。在教学设计中，可以采用案例分析、讨论互动等方式，让学生运用所学理论知识分析和解决实际政治问题，增强其理论运用能力和实践能力。

（3）实现政治性与理论性的相互促进、有机结合。实现二者的相互促进、有机结合是在虚拟仿真实践教学中与"思想道德与法治"课程紧密结合的重要任务。在这一过程中，教学活动应通过深度融合，使政治性与理论性相互渗透、相互激发，从而达到更好的教学效果。虚拟仿真实践教学作为一种具有强烈现实感的教学方式，为学生提供了观察、体验、参与真实学习场景的机会。通过虚拟仿真环境，学生能够直观地感受到道德与法治的复杂性，从而更加深入地理解相关概念和理论原理。

总之，在"思想道德与法治"虚拟仿真课程教学中，政治性与理论性的统一是确保教学内容方向正确和深度的关键所在。要始终坚持正确的政治方向，深入阐述思想道德与法治的基本理论，实现政治性与理论性的有机结合和相互促进，为培养学生的思想道德素养和法治意识奠定坚实的基础。同时，还要不断探索和创新虚拟仿真实践教学方式和手段，为学生提供更加优质、高效的学习体验和服务。

第二节 虚拟性与现实性相统一

虚拟仿真思政课与慕课、视频展示等教学方法的最大不同在于通过虚拟仿真等技术手段可以实现身临其境、穿越时空、体验交互的效果。因此在教学专题的选择方面要选择其他教学手段难以实现的内容，充分凸显虚拟仿真的特殊性，比如，"重走长征路""感受悬崖村上的上学路""穿越时空与孔子对话"等。另外，由于沉浸感、交互性等特征，虚拟仿真思政课课程设计时，特别是环境搭建的场景要有冲击感、有对立冲突和矛盾，通过美的享受、艺术的熏陶、科技的渲染提升教育效果。最终还要从虚拟世界中回到现实生活进行思考，即虚拟是对现实生活的虚拟，教学要回到现实生活实现转化，回应现实生活中的问题。

虚拟仿真实验汇集了互联网、多媒体、人工智能等多项技术，能够生成逼真的虚拟环境，让学生产生身临其境的感受和体验。虚拟是由计算机实现的仿实物或伪实物的技术。虚拟不同于模拟，二者区别之处在于"拟"的对象是否真实存在。虚拟是虚构化的模拟，它通过虚构模拟一台机器、一个场馆、一个人物，让教学产生特殊的场景和明确的对象，进而建构教学的环境和体系。仿真也是一种实验技术，设计者通过仿真技术提高实验的逼真度，让实验场景起到以假乱真的作用，让学生有身临其境的学习氛围和感觉。例如，天津大学马克思主义学院研发的"感悟和把握《共产党宣言》的真理力量虚拟仿真实验"，将虚拟仿真技术融入马克思主义基本原理概论教学中，围绕《共产党宣言》的创作与意义，创建了"贫困中的激情创作、正义者同盟领导人的来访、马克思恩格斯改组正义者同盟与创立共产主义者同盟、马克思恩格斯创作《共产党宣言》、《共产党宣言》对中国的深远影响"等虚拟仿真场景，对马克思恩格斯时期的欧洲街道、建筑、房屋、普通民众生活状况，进行了电脑建模还原和贴图重现，使课程中的人物"活"起来、事件"亮"起来、理论"动"起来，增强了思想政治理论课的思想性、理论性、亲和力、针对性。

运用虚拟仿真技术开展思政课实践教学，主要是通过构建虚拟社会实践场景，采用第一人称的漫游视角,让学生全方位沉浸其中,感悟真实场景及事件。虽然依托信息技术开展的虚拟实践教学存在许多优势,但其毕竟只是停留于模拟与仿真阶段,归根到底只能作为传统实践教学一种好的补充手段,不能完全代替真实的实践教学。比如,在真实实践教学过程中总会出现一些意想不到的情况,实践过程中的诸多不确定性能够进一步激发学生的创新思维,促进学生的主动思考,帮助其在解决实际问题的过程中提高实践能力。但运用虚拟仿真开展的实践教学活动多是处于一个理想状态下,学生通过参与由系统提前设计好的实践场景开展实践活动,相较于其参与真实实践过程的体验感和获得感还存在一定差距。因此,教师在运用虚拟仿真技术开展实践教学时,需要处理好真实实践与虚拟实践之间的辩证关系,优势互补,虚实融合,选择更契合学情特点和学生认知规律的虚拟教学资源,采用多元化、专业化的教学模式,将问题贯穿于虚拟实践教学始终,促进实践教学质量的提升。具体而言,一是推动"线上+线下"有机结合,学生在借助虚拟仿真平台自主学习的同时,结合思政课教师面对面的同步讲授,实现自主学习与实时解疑释惑相结合,确保教学任务高质量完成;二是强化"沉浸+交互"融合体验,引导学生积极参与虚拟仿真学习过程中的互动环节,多动手操作、亲身参与,打造理论应用与互动交叉融合的开放性课堂,增强实践教学过程的体验度,强化对学生实践能力的培养。

在当今数字化时代,虚拟仿真技术在教学领域的应用越来越广泛。特别是在"思想道德与法治"这类课程中,虚拟仿真技术的运用不仅可以增强学生的学习体验,更能有效地帮助学生理解抽象的道德观念与法律原则。然而,如何确保虚拟仿真技术在教学中的有效运用,使其既具有虚拟性又不失现实性,是一大挑战。虚拟仿真技术通过模拟真实场景,让学生在高度仿真的环境中进行体验和学习。这种学习方式具有高度的互动性和沉浸感,能够激发学生的学习兴趣,提高学习效果。然而,虚拟仿真技术也存在一定的局限性,如过度依赖技术可能导致学生对现实世界的认知产生偏差。在"思想道德与法治"课程教学中,我们应坚持虚拟性与现实性相统一的原则,这意味着在利用虚拟仿真技术进行教学时,必须确保所呈现的内容既符合现实世界的逻辑,又能体现虚拟技术的特点。虚拟仿真技术的应用不应仅仅停留在表面的体验上,更应注重其对于教学效果的实质性提升,这要求在教学设计时,要充分考虑如何将虚拟仿真技术与课程内容紧密结合,使其成为提升学生学习效果的有力工具。同时,还应关注如何将虚拟世界中的学习成果转化为现实生活中的实际行动,实现教学成果的转化。虚拟仿真技术虽然能够提供一个理想化的学习环境,但教学最终还是要回归到现实生活中。因此,在利用虚拟仿真技术进行教学时,必须时刻关注现实生活中的问题,确保教学内容与现实生活紧密相连,例如,在教授道德规范时,可以利用虚拟仿真技术模拟一些道德困境,让学生在虚拟世界中进行道德选择,然后引导学生将这些道德选择应用到现实生活中,帮助他们更好地理解和践行道德规范。

第三节 启发式与引导式相统一

虚拟仿真思政课充分体现了以学生为中心的教学理念,通过课程设计启发引导学生自己进行理论分解、得出结论、破解理论难点。通过环境的创设、教学内容的设计、教学环节的组织形成新的教学生态,学生主动性被充分调动,教师的角色由"主演"变成"编剧","独唱"变为"合奏",极大增强学生的学习效果,不仅入耳、入眼,更加入脑、入心,最后入行。

一、启发式的教学实践

在现代教育领域，启发式教学作为一种重要的教学方法，被广泛应用于各个学科的教学实践中。在"思想道德与法治"虚拟仿真课程中，启发式教学也起到了至关重要的作用。启发式教学是虚拟仿真思政课程中的重要教学手段，通过提出问题、情境设定等方式激发学生思考，引导学生自主探索和解决问题。启发式教学的核心在于通过创设合适的问题和情境，激发学生的学习兴趣和好奇心，促使他们主动思考和探索。在虚拟仿真课程中，教师可以利用先进的技术手段，为学生创造一个高度逼真的学习环境，让他们在其中进行实践、体验和学习。这样的环境不仅能够吸引学生的注意力，还能让他们更加深入地理解和掌握知识。

启发式教学在"思想道德与法治"虚拟仿真课程中体现在课程设计的方方面面。教师通过精心设计的课程结构和内容，激发学生的学习兴趣和探索欲望。例如，在引入新知识时，教师可以通过提出问题、讲述故事等方式引起学生的思考，激发他们的好奇心和求知欲；在课程设计中，还可以设置各种情境，让学生在虚拟环境中进行体验和实践，从而更加深入地理解和应用所学知识；在教学手段的选择和运用上，教师可以利用多媒体技术、互动性强的教学软件等工具，为学生呈现生动、具体的学习内容。例如，通过虚拟仿真技术，可以创造出各种场景和情境，让学生在其中进行角色扮演、决策模拟等活动，从而加深他们对思想道德与法治理论的理解和认识。教师可以选取具有代表性的案例，引导学生对案例进行分析和思考，从中总结出理论知识的规律和原则。通过案例分析，学生不仅能够更加直观地理解理论知识，还能够培养分析问题、解决问题的能力，提高实际应用能力。虚拟仿真课程中还可以组织学生参与各种实践活动，如社会调查、访谈实践等，让学生走出课堂，深入社会，感受思想道德与法治理论的实际应用。通过实践活动，学生能够将所学理论知识与实际情况相结合，更加深入地理解和应用所学内容。

二、引导式的教学应用

引导式教学则强调教师在教学过程中的引导和指导作用。在虚拟仿真思政课程中，教师可以通过创设合适的学习环境，设计有针对性的教学内容，以及组织有序的教学环节，来引导学生逐步深入理解和掌握知识。例如，在模拟社会公益活动的环节中，教师可以先让学生了解活动的背景和目的，然后引导他们进入虚拟环境，亲身体验公益活动的过程和意义，最后组织他们进行反思和总结。

引导式教学是虚拟仿真思政课程中的另一重要教学手段，通过教师的引导和指导，帮助学生深入理解复杂的理论知识，并形成自己的见解。引导式教学强调教师的引导和指导作用。在虚拟仿真课程中，教师不再是传统意义上的知识传授者，而是变成了学生的引导者和指导者。教师需要设计具有引导性的问题或任务，引导学生进入虚拟环境进行探索和学习。同时，教师还需要提供必要的支持和帮助，如解答疑问、提供资源、引导讨论等，以确保学生能够顺利完成学习任务。这种引导和指导的过程不仅有助于培养学生的自主学习能力和解决问题的能力，还有助于建立和谐的师生关系和营造积极的学习氛围。引导还包括向学生提供丰富多样的学习资料，以便他们更好地理解和应用所学知识。这些学习资料可以包括课程讲义、教材、参考书籍、学术论文等。通过提供学习资料，帮助学生深入学习理论知识，拓展他们的思维广度和深度。

三、启发式与引导式的统一

启发式与引导式的统一是"思想道德与法治"虚拟仿真课程中的重要教学原则，是教学活动中教师应当注意的重要教学方式之一。启发式教学侧重于激发学生的兴趣和主动性，引导他们自主学习和探索，而引导式教学则更注重教师的引导和指导，帮助学生深入理解和应用所学知识。启发式教学和引导式教学在教学实践中经常会相互交织、相互渗透，二者之间不是割裂的，而是相互补充、相互促进的。启发式与引导式教学的结合，可以在虚拟仿真思政课程中形成一种新的教学生态。在课程设计上，可以通过虚拟仿真技术创设多样化的教学情境，让学生置身其中，从而启发学生对思想道德与法治问题的思考和探索。同时，教师也应该通过引导学生对虚拟情境进行分析和讨论，引导学生深入理解相关理论知识，并提供指导和支持，帮助学生解决遇到的问题。

在教学方法上，可以采用启发式的提问和讨论，激发学生的兴趣，引导他们主动探索和解决问题。同时，教师也应该通过引导式的讲解和分析，帮助学生理解和消化知识，确保学生对重要概念和原则的掌握。在教学角色定位上，教师既是启发者，又是引导者。教师应该积极引导学生参与教学活动，激发他们的学习兴趣和动力，同时也要通过引导和解答问题，帮助学生深入理解和应用知识。在教学评价上，应该综合考虑学生的思维能力和知识水平，既注重启发式的评价方法，又注重引导式的评价方法。教师可以通过案例分析、讨论评价等方式，全面评价学生的学习情况，为他们提供有效的反馈和指导。

第九章
"思想道德与法治"虚拟仿真课程教学的场景建构

"思想道德与法治"虚拟仿真课程教学的场景建构需要创设融物理空间、虚拟空间、信息空间和社会空间于一体的四维立体化学习空间,即在物理空间打造学习者可以嵌入环境并协同发展的思政课知识认知与情感认知交融空间,突破不同于传统教室的创造转化升级,在虚拟空间借助 VR 眼镜等现代信息技术帮助学习者具身体验知识,穿越时空,回到当时的场景,给予全方位感官冲击的同时加深情感认同。在信息空间使用丰富的信息资源实现学习者对知识认知的抽象思维,在社会空间实现师生之间的社会交往。

由此,打造了全新的数字化环境,主要包括教学交流区、数字长廊、VR 体验区、数字剧场等。虚仿中心承担传统授课及思政培训工作的任务,单次课学生数量约为 100 人。全息数字剧场中可以创建数字人以进行人机交互体验;增强现实体验区可以通过扫描图片的方式进行自主学习,增强学生学习可选择性、自由度和主动性;VR 交互多人协同体验区有虚拟现实眼镜等设备,使学生学习过程能够身临其境,增强沉浸式体验感;人机交互地段数字长廊能够给学生带来视觉震撼,对教学内容进行完整呈现。虚拟仿真体验教学需要具备多样性、参与性的特点以及多种体验的教学方式,来解决智慧教室无法做到的体验式教学的缺陷。

第一节 物理空间的建构

"思想道德与法治"虚拟仿真课程教学的物理空间是学生学习的实际场所,需要为学生提供一个舒适、开放的学习环境,以提升学生的学习效果。这个空间不仅为学生提供了必要的硬件设施,还通过巧妙的空间布局和装饰,营造了一个积极向上的学习氛围。通过合理的物理空间建构,可以为学生提供一个良好的学习环境,有利于他们更好地理解和掌握思想道德与法治的知识。物理空间作为学生与教师之间进行交流和互动的场所,其设计应考虑到学习活动的需求、技术设备的支持以及学习环境的舒适性等方面。在本节中,将详细论述物理空间的建构,包括空间布局、设备配置、功能设置等方面的内容,以确保为学生提供一个有效、适用的学习环境。

物理空间的建构应以虚仿中心为主要场所,这是基于虚拟仿真技术在思想道德与法治教育中的重要作用和潜力。虚仿中心是一个集成了先进技术和教学资源的综合性学习场所,旨在为学生提供全方位、多维度的学习体验。作为学校"思想道德与法治"课程教学活动的第二课堂,虚仿中心具备了丰富的场地资源和先进的教学设施,能够满足各类教学活动的需求,提供良好的教学设施和服务保障。学生可以通过虚拟现实眼镜等设备,身临其境地体验各种情境，穿越时空，深入了解课程内容，加深对知识的认知和情感认同。同时，教师也可以利用这些先进的技术设备，进行更加生动、具体的教学演示和讲解，提高教学的吸引力和效果。因此，选择"虚仿中心"作为物理空间建构的主要场所，有利于充分发挥其在教学活动中的优势和作用。

物理空间的布局应合理科学，既要考虑到学生的舒适度和安全性，又要充分利用空间资源，确保教学活动的顺利进行。具体而言，可以将物理空间分为教室区、实验区、自习区等不同功能区域，以满足不同教学活动的需求。教室区应根据学生人数和课程类型进行灵活布局，确保每位学生都能够获得良好的视听效果和互动体验。实验区则需要配备相应的实验设备和工具，以支持实践性教学活动的开展。自习区则可以为学生提供一个安静、舒适的学习环境，鼓励他们进行个性化学习和自主探索。

物理空间的设备配置应充分考虑到教学需求和技术支持。现代化的教学设备和多媒体设备是物理空间建构的重要组成部分，它们能够为教学活动提供必要的技术支持和资源共享。例如，投影仪、电子白板、多媒体播放设备等可以帮助教师进行课堂演示和知识讲解，同时也能够吸引学生的注意力，提高教学效果。此外，还应配备相应的网络设备和信息技术设备，以支持学生进行在线学习和资源检索，提高学习的灵活性和便捷性。

物理空间的功能设置也应考虑到学生和教师的实际需求。除了传统的教学活动外，还可以设置专门的会议室、讨论室、实验室等功能区域，以满足不同类型的教学和研究需求。例如，会议室可以用于学术交流和教研活动，讨论室可以用于小组讨论和项目合作，实验室则可以用于科研实验和实践教学。这些功能区域的设置可以为学生和教师提供一个开放、多元的学习和交流平台，促进信息共享和合作创新。

在物理空间的建构中，还应注意到安全和环境保护等方面的问题。学校应该高度重视对物理空间的管理和维护，加强对物理空间的管理和维护，确保教学设施和设备的安全可靠，为师生提供一个安全、舒适的学习环境。为此，学校可以制定相应的安全管理制度和应急预案，加强对设施设备的定期检查和维护，及时发现并排除安全隐患，保障师生的人身安全。同时，还应该注重环境保护，采取相应的措施减少能源消耗和废物排放，促进可持续发展和绿色教育。

物理空间的建构是"思想道德与法治"虚拟仿真课程设计中不可或缺的一部分。合理科学的空间布局、先进适用的设备配置、多功能多元的功能设置等都是物理空间建构的重点和难点。可以通过充分考虑教学需求、技术支持和环境保护等方面的因素，打造一个有效、安全、舒适的学习环境，为学生提供优质的教育资源和服务支持。

第二节 虚拟空间的建构

在"思想道德与法治"虚拟仿真课程的设计中，虚拟空间的建构是至关重要的一环。通过虚拟空间的建构，可以为学生提供身临其境的学习体验，帮助他们更深入地理解和体验课程内容，从而提高学习效果和学习动机。本节将详细论述虚拟空间的建构，包括技术支持、内容设计、互动体验等方面的内容，以确保为学生打造一个富有吸引力和价值的虚拟学习环境。

虚拟空间的建构需要充分利用现代信息技术和虚拟现实技术。虚拟现实技术是一种将计算机生成的虚拟环境与真实世界进行交互和融合的技术，通过头戴式显示器、手持式控制器等设备，可以让学生身临其境地体验虚拟环境，感受其中的场景和情境。通过虚拟现实眼镜、全息投影等设备，学生仿佛置身于虚拟世界中，与课程内容进行互动，实现时间和空间的跨越，体验全新的学习感受。例如，学生可以通过虚拟仿真技术，参与到"重走长征路"的虚拟仿真体验场景中，了解红军长征翻越雪山的艰辛历程。这种身临其境的学习体验，能够激发学生的兴趣，提高学习的积极性和主动性。利用现代信息技术，可以为虚拟空间提供丰富多样的学习资源和内容。通过互联网等信息平台，学生可以轻松获取到与课程相关的各种学习资料、教学视频、专题讲座等，拓宽学习视野，丰富学习内容。同时，利用信息技术还可以构建虚拟图书馆、数字资源库等学习平台，为学生提供方便快捷的学习工具和资源支持，满足他们的个性化学习需求。虚拟空间的建构还可以通过多媒体技术实现知识的直观展示和互动交流。例如，通过多媒体教学平台，学生可以观看与课程相关的视频、动画、图片等多媒体资料，直观地了解课程内容，加深对知识的理解。同时，学生还可以通过在线讨论区、虚拟社区等平台，与老师和同学进行交流和互动，分享学习心得、解决问题，促进彼此之间的学习与成长。

虚拟空间的建构还需要注重内容设计和情境设置。内容设计涉及课程内容的呈现和组织，而情境设置则关乎虚拟空间中所营造的学习环境和情景。在设计虚拟空间的内容时，应根据课程的特点和学生的需求，选择合适的主题和情境，将课程内容生动形象地呈现出来。精心设计的课程内容可以激发学生的学习兴趣，提高他们的参与度和学习效果。在"思想道德与法治"虚拟空间中，内容设计应该注重结合课程的核心知识点和学习目标，以及学生的实际需求和兴趣爱好，打造丰富多彩的学习资源和内容形式。情境设置涉及虚拟空间中的环境布局、视觉设计和互动体验等方面，目的是为学生营造一个真实、生动的学习环境和情景。在"思想道德与法治"虚拟空间中，情境设置应该根据课程内容和学习目标，精心设计各种情境和场景，以激发学生的兴趣和情感认同。

虚拟空间的建构需要注重互动体验和个性化定制。通过虚拟空间的建构，可以为学生提供丰富多样的学习资源和教学内容，满足不同学生的学习需求和兴趣特点。注重互动体验意味着虚拟空间应该提供丰富多样的互动功能和体验，以激发学生的学习兴趣和参与度。在虚拟空间中，可以设置各种互动式教学活动，如虚拟仿真场景探索、情境互动模拟、多媒体资源共享等，让学生通过实践和体验来深入理解和掌握知识。同时，还可以设置虚拟社交平台，让学生进行互动交流和合作学习，促进彼此之间的交流和合作，培养团队合作精神和沟通能力。注重个性化定制意味着虚拟空间应该根据学生的个性化需求，为他们提供定制化的学习资源和服务。在虚拟空间中，可以设置个性化学习路径和内容推荐系统，根据学生的学习风格、兴趣爱好和学习进度，为他们量身定制学习计划和内容，提供个性化的学习资源和辅导服务。

虚拟空间的建构还需要注重教学效果和评估机制。在设计虚拟空间的内容和功能时，应考虑到教学目标和学习效果，确保虚拟空间能够有效地促进学生的学习和成长。同时，还应设计相应的评估机制，及时对学生的学习情况进行监测和评估，发现和解决问题，提高教学效果和学生的学习体验。通过不断优化和完善虚拟空间的建构，可以为学生提供一个高质量、多样化的学习环境，为他们的学习和发展提供有力支持。

第三节　信息空间的建构

信息空间是"思想道德与法治"虚拟仿真课程中的重要组成部分，可以为学生提供丰富多样的信息资源，帮助他们深入理解和应用课程内容。通过信息空间的建构，可以为学生提供丰富多样的学习资源，帮助他们更好地理解和应用课程内容。信息空间的设计和建构是虚拟仿真课程教学至关重要的一环。信息空间作为学生获取知识和信息的主要场所，其设计应该注重信息的丰富性、可靠性、易获取性以及个性化定制等方面，以满足学生多样化的学习需求和提高他们的学习效果。在本节中，我们将详细探讨信息空间的建构，包括信息资源的获取与整合、信息服务的提供与应用、信息技术的支持与应用等方面的内容，以期为虚拟仿真课程的教学提供更为丰富的信息资源和服务支持。

信息空间的建构需要关注信息资源的获取与整合。信息资源是学生获取"思想道德与法治"知识和信息的基础，其丰富性和多样性对于学习效果至关重要。因此，在信息空间的建构中，充分挖掘和整合各种信息资源，包括图书馆资源、电子资源、网络资源等，以丰富学生的学习内容和提高他们的学习质量。具体而言，可以建立一个全面的信息资源库，收录各类与思想道德与法治相关的书籍、文献、论文、报告等。这些信息资源可以包括经典著作、学术期刊、研究报告、法律法规等，涵盖广泛的学科领域和研究内容。通过建立这样一个信息资源库，学生可以方便地获取各种学术资料和研究成果，深入了解思想道德与法治领域的理论和实践。同时，还可以利用网络平台和社交媒体等渠道，整合各类优质的网络资源和学术信息，为学生提供及时、全面的信息服务和支持。信息资源库作为专门的网络学习平台，提供在线课程、学术讲座、研究报告等内容，为学生提供便捷的学习资源和交流平台。

信息空间的建构需要关注信息服务的提供与应用。信息服务是学生获取知识和信息的重要途径，其质量和效率直接影响到学生的学习效果和体验感。因此，在信息空间的建构中，应该注重提供多样化的信息服务，并且结合信息技术手段，提高信息服务的质量和效率。具体而言，可以建立一个完善的信息服务系统，包括信息咨询、信息检索、信息传递等功能，为学生提供全方位的信息服务和支持。学生可以通过虚拟空间的信息咨询系统向老师提出问题或寻求帮助，获取专业的指导和解答；可以通过信息检索系统方便地检索和查找各种学术资料和研究成果；可以通过信息传递系统及时了解学校的最新动态和通知，以及与同学之间的交流和合作。这些信息服务的提供，可以有效地满足学生的学习需求，提高他们的学习效果和体验感。现代信息技术的发展为信息服务的提供和应用提供了强大的支撑和保障。在信息空间的建构中，应该充分利用信息技术手段，提高信息服务的个性化定制和智能化推荐，满足学生个性化的学习需求和提高他们的学习效果。可以采用人工智能、大数据分析等先进技术，对学生的学习行为和需求进行分析和识别，为他们提供个性化的学习推荐和服务。

信息空间的建构需要关注信息技术的支持与应用。信息技术是信息空间建构的重要支撑，其应用和发展对于提高信息空间的功能和效能具有重要意义。信息技术的支持是信息空间建构的基础。现代信息技术包括计算机技术、网络技术、数据库技术、多媒体技术等，为信息空间的建设提供了强大的支持和保障。利用计算机技术和网络技术，可以搭建一个稳定、高效的信息平台，为学生提供便捷、高效的信息服务和学习资源。信息技术的应用包括信息服务的提供和学习工具的开发等方面，可以为学生提供全方位、个性化的学习支持和服务。利用信息技术手段，开发各种学习工具和应用软件，如虚拟仿真实验平台、在线学习系统、学习管理系统等，可以为学生提供便捷、高效的学习工具和学习环境。

第四节　社会空间的建构

社会空间是"思想道德与法治"虚拟仿真课程中不可或缺的一部分，可以为学生提供与他人交流、合作的机会，促进他们的思想交流和社会互动。社会空间是学生进行社会交往和合作学习的重要场所，其设计应该能够促进师生之间的互动和合作，增强学生的社会适应能力和团队合作精神。本节将详细探讨社会空间的建构，包括社交平台的搭建与管理、团队合作的促进与实践、社会交往的引导与规范等方面的内容，以期为虚拟仿真课程的教学提供更为丰富的社会空间支持。

社会空间的建构需要注重社交平台的搭建与管理。社交平台是学生进行社会交往和合作学习的重要载体，其质量和功能对于学生的社会交往和学习效果至关重要。因此，在虚拟仿真实践的社会空间建构中，需要建立一个安全、便捷、有效的社交平台，为学生提供良好的社交环境和交流平台。社交平台的搭建应考虑到学生的需求和习惯。平台的界面设计应简洁清晰，功能布局应合理，方便学生快速定位所需信息和功能模块。要考虑到不同学科和学习内容的特点，设置相应的专题讨论区和学习群组，以便学生在平台上进行针对性的交流和讨论。社交平台的功能应具有丰富性和互动性。除了基本的信息发布和交流功能外，还可以增加一些创新的功能模块，如在线问答、知识分享、活动组织等，激发学生的参与热情和创造力。鼓励学生积极参与平台的建设和管理，培养他们的社交责任感和团队合作精神，共同营造一个良好的学习和交流环境。

社会空间的建构需要注重团队合作的促进与实践。团队合作是学生培养团队合作精神和社会适应能力的重要途径，其质量和效果对于学生的综合素质和能力发展至关重要。在社会空间的建构中，创造多样化的团队合作机会，可以激发学生的合作热情和团队意识，促进他们的团队合作能力和实践经验。可以设计各类团队合作项目和活动，为学生提供实践机会。这些项目和活动可以是课堂内的小组讨论、案例分析等，也可以是课外的项目研究、社会实践等。通过这些项目和活动，学生可以在团队中分工合作、协商决策，锻炼团队合作能力和解决问题的能力。可以建立团队合作评价机制，对学生的团队合作行为和成果进行评估和反馈。评价可以包括对团队合作过程的评价，如团队协作、沟通效果等，也可以包括对团队合作成果的评价，如项目成果、报告质量等。通过评价机制激励学生积极参与团队合作，可以提高团队合作的效果和质量；可以提供相关的团队合作培训和指导，帮助学生掌握团队合作的技能和方法；可以通过课堂教学、导师指导等方式进行，为学生提供团队合作技能和沟通技巧的培训和指导。

社会空间的建构需要注重社会交往的引导与规范。社会交往是学生进行社会交往和人际关系建设的重要方式，其质量和效果对于学生的社会适应能力和人际关系的发展至关重要。因此，在虚拟仿真实践教学的社会空间建构中，要加强对学生社会交往行为的引导和规范，培养他们良好的社交习惯和人际交往能力。教师可以通过课堂教学和社交活动等方式，引导学生学习有效的社交技巧和沟通方法，如尊重他人、倾听他人、表达自己等；向学生宣传和普及社交礼仪和行为规范，如尊重他人、礼貌待人、合作共赢等。此外，建立相关的社交交往规则和行为准则，规范学生在社交平台上的言行举止，保护学生的合法权益和社交环境的健康发展；组织各类社会交往活动和社交场合，为学生提供展示自我、交流互动的机会，促进他们的社会交往能力和人际关系建设。

第十章
"思想道德与法治"虚拟仿真课程教学的关键环节

在数字化教育的大潮中，虚拟仿真课程以其独特的优势，正逐渐渗透到各个学科领域。特别是在"思想道德与法治"这类注重实践与体验的课程中，虚拟仿真教学不仅能够提供身临其境的学习体验，更能帮助学生深化理解、提升素养。在虚仿中心，教师的教与学生的学不再是分离的，而是形成紧密结合、良性互动的教学新生态。本章将详细探讨"思想道德与法治"虚拟仿真课程教学的四大关键环节：具身体验、反思观察、抽象思维、创造转化，旨在揭示这些环节如何相互作用，共同推进学生思想道德与法治素养的提升。

第一节 具身体验

具身体验是指主体通过直接接触、亲身经历的方式对事物生成的体验与理解。理论和知识的学习不仅仅是靠理解和记忆来进行的理性认知活动，同时也是需要通过体验才能完成的一种亲历性、情感性、领悟性的活动。知识只有通过体验才能转化为素养，否则它只是以信息的方式存储在大脑中。学生在虚仿中心，置身于数字化的场景中，听、嗅、触、视、味等复杂的感觉通道和运动系统得到全面的刺激。在思政课虚仿中心所谓具身体验，就是让学生对所学内容有直观的感受和参与，比如，亲自走到悬崖峭壁感受爬雪山的危险，对于精神的理解具象化为人物和事件，通过角色的扮演以及做出决策等方式，直观感受不同决策带来的不同行动后果，要有一定数量的交互环节设计。

具身体验强调学生的主体性和参与性，它要求学生在学习中不再是被动地接受知识，而是主动地参与和体验。通过具身体验，学生能够更加深入地了解事物的本质和内涵，形成自己独特的见解和情感体验。同时，具身体验还能够促进学生的身心发展和情感升华，培养他们的创新精神和实践能力。在"思想道德与法治"这门课程中，具身体验的重要性尤为突出。这门课程旨在培养学生的道德观念、法治意识和行为习惯，而这些素养的形成需要学生在实践中去体验、去感悟。通过具身体验，学生能够更加深入地理解道德规范和法治原则，形成正确的价值观和世界观。

在虚拟仿真课程中，具身体验的实现主要依赖于高度仿真的场景和交互性的设计，学生可以通过具身体验的方式参与各种虚拟场景。虚拟仿真技术能够为学生创造一个逼真的学习环境，让他们在其中进行实践操作和亲身体验，深刻感受所学知识的实际应用和影响。通过虚拟仿真课程，学生能够置身于数字化的场景中，听、嗅、触、视、味等复杂的感觉通道和运动系统得到全面的刺激。这种全方位的刺激能够让学生更加深入地感受和理解所学内容，增强他们的学习效果。当学生被带入一个模拟的雪山环境时，他们可以亲自走到悬崖峭壁，感受爬雪山的危险和面临的挑战。在这个过程中，他们不再是通过屏幕观看或听说，而是亲身体验高山环境的恶劣，以及攀登过程中可能遇到的困难和危险。同时，学生也可以通过具身体验的方式将抽象的精神理念具象化为人物和事件，从而更加深刻地理解和体验所学的理论知识。例如，他们可以扮演村干部角色，在面临着攀登雪山时需要做出各种决策和选择，这些决策可能涉及安全、风险和责任等，需要学生在虚拟环境中做出相应的选择，并体验不同决策带来的不同后果。在具身体验的过程中，还应该设计一定数量的交互环节，让学生能够积极参与和互动，通过与虚拟环境的交互，学生可以更加深入地了解和体验所学的知识，从而增强学习效果和学习体验。

第二节 反思观察

在虚拟仿真课程教学中，反思观察是紧随具身体验之后的重要环节。它要求学生在体验过程中带着问题进行深入的思考和观察，从而对自己的学习过程和结果进行反思和总结。具身体验的同时要让学生带着问题去体验，进而进行反思性的观察，"这些精神产生的要素有哪些""典型精神模范人物共同特质有哪些""为什么这些革命英雄不怕牺牲""中国人的爱国主义与狭隘民族主义的区别是什么"。带着这些问题，学生们在体验过程中寻找答案，带着问题与小组成员互相交流，也可以与老师交流，训练高阶思维。这种反思性的观察不仅能够帮助学生深化对知识的理解，还能够培养他们的批判性思维和解决问题能力。

反思观察强调学生在学习过程中的主动性和自我监控能力。通过反思观察，学生能够更加清晰地认识自己的学习过程和结果，发现自己的不足和错误，从而及时调整学习策略和方法。这种自我监控和自我调节的能力对于学生的终身学习和个人发展具有重要意义。在"思想道德与法治"这门课程中，反思观察的价值尤为突出。这门课程旨在培养学生的道德观念、法治意识和行为习惯，而这些素养的形成需要学生在实践中进行反思和观察。通过反思观察，学生能够更加深入地理解道德规范和法治原则，形成正确的价值观和世界观。同时，反思观察还能够帮助学生发现自己的道德盲点和行为偏差，从而及时进行自我纠正和改进。

反思观察的实现主要依赖于问题导向的学习任务和交互性的学习环境。教师需要设计具有启发性和引导性的问题，让学生在体验过程中寻找答案。这些问题可以是关于精神产生的要素、典型精神模范人物的共同特质、革命英雄不怕牺牲的原因等。通过这些问题，引导学生进行深入的思考和观察。此外，教师还需要创造一个交互性的学习环境，鼓励学生与小组成员或老师进行交流和讨论。在这种环境中，学生可以分享自己的体验和感受，听取他人的观点和意见，从而进行多角度、多层次的反思和观察。这种交流和讨论不仅能够帮助学生发现自己的不足和错误，还能够培养他们的批判性思维和沟通能力。

通过反思观察，学生可以提高思维能力和认知水平，培养自我认知和社会责任感，促进团队合作和交流能力，将所学的理论知识应用到实际情境中，解决实际问题，提高实践能力和应用能力。在虚拟仿真课程的设计和实施中，应该充分重视反思观察的作用，合理设计和安排相关的教学活动，为学生提供更加丰富、生动和实用的学习体验和教学资源。

第三节　抽象思维

感性具体要上升到理性认识，在体验、观察、思考之后就要用抽象思维进行概念的表达。在虚拟仿真课程的深入学习中，经历了直观的具身体验和反思观察之后，必须转向抽象思维，以把握事物的内在本质和规律。抽象思维是认知的高级阶段，它要求我们从感性的具体事物中抽离出来，运用概念、判断和推理等思维形式，对事物进行深入的、间接的、概括的反映。马克思在《资本论》中写道："分析经济形式，既不能用显微镜，也不能用化学试剂。二者都必须用抽象力来代替。"因此，在虚仿中心的学习过程也有一个从感性具体到抽象规定，从抽象规定到思维具体的过程。需要用抽象力完成理论学习的全过程。抽象思维，作为理性认识的飞跃，不仅是对感性具体的超越，更是对知识深层次理解和系统把握的必经之路。在"思想道德与法治"虚拟仿真课程教学中，抽象思维的重要性不言而喻。抽象思维能够帮助学生从纷繁复杂的现象中提炼出事物的本质和规律，形成系统化的理论知识体系；有助于培养学生的逻辑思维能力和创新能力，提升他们分析问题和解决问题的能力；还能够促进学生的知识迁移和综合运用，使他们在面对新情境和新问题时能够迅速找到解决之道。

通过具身体验和反思观察，学生获得了大量的感性材料。在此基础上，教师需要引导学生运用抽象思维，对这些感性材料进行概括和提炼，形成概念。这些概念不仅是学生进一步学习的基础，也是他们理解和解释世界的重要工具。在虚拟仿真课程中，学生不仅需要掌握现成的理论知识，还需要通过抽象思维来构建和验证理论。他们需要在实践中发现问题、提出假设、设计实验、收集数据、分析结果，最终得出结论。这一过程不仅锻炼了学生的抽象思维能力，也加深了他们对理论知识的理解和运用。虚拟仿真课程中的问题往往具有复杂性和多样性。学生需要运用抽象思维来分析问题的本质和内在联系，找出问题的根源和解决方案。在这一过程中，学生需要不断调整和优化自己的思维方式和解决方案，直至问题得到圆满解决。

抽象思维是学生进行理性认识和概念表达的重要途径之一。在虚拟仿真课程中，学生通过感性具体的体验、观察和思考之后，需要运用抽象思维进行概念的表达和理性认识。首先，通过抽象思维将具体的情境和案例归纳、总结，提炼出其中的一般规律和概念，从而深入理解和掌握所学的理论知识。其次，抽象思维可以提升学生的逻辑思维和分析能力。学生通过感性具体地体验、观察和思考之后，需要运用抽象思维进行概念的表达和理性认识。在这个过程中，学生不仅可以加深对所学知识的理解，还可以培养逻辑思维和分析能力。通过抽象思维对所学的理论知识进行分类、归纳和概括，从而形成系统的理论体系和结构。再次，抽象思维可以促进学生之间的交流和合作。在虚拟仿真课程中，学生通过感性具体地体验、观察和思考之后，需要运用抽象思维进行概念的表达和理性认识。在这个过程中，学生可以与小组成员互相交流，共同探讨和解决问题。通过交流和合作，学生可以从不同的角度和思维方式来理解和解决问题，从而促进思维的开放性和多样性。最后，抽象思维可以提高学生的创新能力和应用能力。在感性具体地体验、观察和思考之后，需要运用抽象思维进行概念的表达和理性认识。学生不仅可以加深对所学知识的理解，还可以运用抽象思维解决实际问题，提高创新能力和应用能力，通过抽象思维将所学的理论知识应用到实际情境中，解决实际问题。

第四节　创造转化

　　思政课的最终目的不仅仅是学习知识，更多的是进行价值塑造。虚仿中心的理论学习完成后，还要进行创造性转化，与同学们的生活实践相联系。正如马克思所说"哲学家们只是用不同的方式解释世界，问题在于改变世界。"思政课的本质不仅在于传授知识，更在于引导学生形成正确的世界观、人生观和价值观。在完成"思想道德与法治"课程的理论学习后，如何将所学的理论知识转化为实际行动，与同学们的生活实践相结合，成为思政课教育的重要一环。这种转化过程，即创造转化，是思政课教育目标得以实现的关键。因此，教师在进行课程设计时，要将虚仿中心体验学习的理论知识对接现实需求，通过主题设计、场景转换等方式带领同学们思考现实实践。比如，"中国精神"专题的体验部分完成后，教师设计了"我在俄罗斯的留学生活""我进入了中国空间站""2030碳达峰2060碳中和""研究中国芯""我在研究所工作遭遇失败"以及"中国制造2025"这些主题的场景转换，引导学生将体验与思考的精神要素在现实生活中得到践行。在思政课教育中，创造转化意味着学生能够将课堂上学到的理论知识，应用于现实生活中，解决实际问题，实现知行合一。这种转化过程的重要性在于，它不仅能够检验学生对理论知识的掌握程度，更能够培养学生的创新精神和实践能力，促进学生全面发展。

　　为了引导学生在思政课中进行创造转化，在课程设计时需要注重主题设计的创新性。这些主题应该紧密结合现实生活，反映时代特色，具有一定的挑战性和探索性。这意味着教师在设计课程主题时，需要摆脱传统的束缚，引入新颖、有趣且富有挑战性的元素。这种创新性的主题设计旨在激发学生的学习兴趣和主动性，使他们能够更深入地理解和应用所学知识。为了实现这一目标，教师可以结合当前的社会热点和时代背景，设计出具有时代感的主题。例如，可以围绕"创新驱动发展""生态文明建设"等主题展开讨论，引导学生思考如何将这些理念应用于实际生活中。同时，教师还可以引入一些具有探索性的主题，如"人工智能与未来社会""全球治理与中国角色"等，以激发学生的好奇心和求知欲。

　　创造转化的另一个重要体现是场景转换的灵活性。在传统的思政课中，教学往往局限于课堂内，缺乏与现实生活的联系。为了使学生更好地理解和应用所学知识，教师需要灵活运用各种场景转换手段，将课堂与现实生活紧密联系起来。通过模拟不同的场景，教师可以引导学生将所学的理论知识应用于不同的实践环境中，提高他们的适应能力和解决问题的能力。这可以通过模拟实际情境、角色扮演、实地考察等方式实现。例如，在讨论"社会主义核心价值观"时，教师可以组织学生进行角色扮演，模拟不同职业、不同身份的人如何践行这些价值观。这样的场景转换不仅能够增强学生的参与感和体验感，还能够使他们在实践中深化对理论知识的理解。

　　创造转化的最终目的是解决现实问题。因此，教师在设计课程时需要将理论知识与现实问题紧密对接，引导学生运用所学知识解决实际问题。例如，"我在研究所工作遭遇失败"这一主题，可以帮助学生理解科研工作的艰辛和挫折，培养他们的抗挫折能力和坚韧不拔的精神。同时，通过分析和解决这一现实问题，学生也能够更好地掌握相关的理论知识和实践技能。解决现实问题可以通过引入案例分析、社会调查等方式实现。例如，在讨论"经济发展与环境保护"这一议题时，教师可以引入一些具体的环境污染案例，让学生分析其中的原因和解决方案。这样的对接不仅能够使学生更加深入地理解理论知识，还能够培养他们的实践能力和解决问题的能力。同时，通过与现实问题的对接，学生还能够更加清晰地认识到思政课程对于指导现实生活的重要性。

第十一章
"思想道德与法治"虚拟仿真课程教学的具体过程

虚拟仿真技术可以创建高度仿真的教学环境，使学生沉浸其中，通过实践操作来深化对理论知识的理解。然而，如何有效地利用虚拟仿真技术进行"思想道德与法治"课程的教学，仍是一个值得探索的问题。"思想道德与法治"虚拟仿真课程教学的具体过程，包括系统化、精准化的学情分析，个性化的教学设计，精细化的教学组织，高效的课堂管理以及学生反馈的收集与实效性评估。通过这些环节的有序衔接和迭代更新，旨在实现优质的教学效果，提升学生的思想道德素质和法治意识。

第一节 精准化的学情分析

在当今教育环境中，学情分析已成为教学设计的基础和前提。对于"思想道德与法治"这门虚拟仿真课程而言，进行系统化、精准化的学情分析更是至关重要。学情分析的目的在于深入了解学生的学习背景、学习需求、学习习惯以及学习能力，以便教师能够因材施教，制订出更符合学生实际的教学方案。当前学生们的思想现状表现为主体意识凸显，特别是多样化、多变性的特征。因此，对学生学情的准确分析是新发展阶段上好思政课的重要工作。不仅要有对于总体样态的把握，也要有精准化、个性化的了解，这就需要教师借助信息技术，如爬虫分析、问卷调研等，滚动、持续性地对学生思想状况进行分析，此外，教师还要加强对学生的个性化了解，通过课下、课外多途径与学生进行交流。

系统化分析是学情分析的基础，它要求教师从多个维度全面了解学生的学习状况。教师需要收集学生的基本信息，包括年龄、性别、学习背景等，以掌握学生的整体构成。这些信息有助于教师了解学生的基本情况，为后续的教学设计提供参考。教师还需要结合学生的过往学习成绩和课堂表现，评估学生的知识基础和学习能力。通过对学生学习状况的全面分析，教师可以了解学生在思想道德与法治方面的知识储备情况，为后续教学内容的深浅、难易度提供依据。此外，教师还需要通过与学生沟通、交流，了解他们的兴趣爱好、学习动力和学习需求。与学生深入沟通，了解他们的内心世界和学习动机，有助于教师设计更符合学生兴趣的教学情境和活动，激发学生的学习兴趣，提高学生的学习积极性。

精准化分析则强调对每个学生个体的深入了解，以满足他们的个性化需求。在虚拟仿真课程中，由于学生可以通过虚拟环境进行自主学习和探索，因此了解每个学生的特点和差异尤为重要。教师需要根据学生的学习成绩、学习态度、学习习惯等因素，将学生划分为不同的层次和类型。针对不同类型的学生，教师需要制订不同的教学策略，以满足他们的个性化需求。对于学习成绩优秀的学生，教师可以设计更具挑战性的学习任务，激发他们的探索精神；对于学习成绩较差的学生，教师可以设计更为基础的教学内容，帮助他们建立学习信心。同时，教师还需要关注学生的学习动态，及时调整教学策略，确保每个学生都能在课程中获得有效的发展。

在虚拟仿真课程中，学情分析的重要性更加凸显。虚拟环境要求学生具备一定的自主学习能力和探索精神，而学情分析则有助于教师更好地了解学生的实际能力和需求，为他们提供更适合的学习资源和任务。通过深入了解学生的学习状况和需求，教师可以制订出更符合学生实际情况的教学方案，为后续的教学环节奠定坚实的基础。学情分析还有助于教师预测学生在课程中可能遇到的困难和挑战，从而提前制订应对措施，确保教学的顺利进行。将系统化、精准化的学情分析与"思想道德与法治"虚拟仿真课程相结合，有助于教师更加全面、深入地了解学生的学习状况和需求。通过深入了解学生的整体学习状况和个体差异，教师可以设计出更符合学生实际的教学方案，为学生提供更优质的学习体验和发展空间。学情分析还有助于教师预测和解决学生在课程中可能遇到的问题，确保教学的顺利进行和教学效果的最大化。在"思想道德与法治"虚拟仿真课程的教学过程中，完成系统化、精准化的学情分析是至关重要的一步。

第二节 个性化的教学设计

通过全面的学情分析之后，教师对授课班级还要进行个性化设计。在"思想道德与法治"虚拟仿真课程的教学中，个性化的教学设计是确保教学效果的关键环节。针对不同班级容量和学生专业背景的差异，教学设计需要进行相应的调整和优化，以满足学生的个性化需求。如班级容量、学生特点、专业方向等，对不同学生、群体开展不同数字化资源的教学活动。虚仿中心也可以根据同学们的提问一键切换和更新，从而更好地满足学生需求，解决学生困惑。体验内容完成后，教师可结合学习内容进行未来场景的创设，引导学生将体验学习的知识进行转化。以真实场景为主线，将学生的学习活动融合于完成任务的过程中，使学生在参与分析和解决问题的体验中获得知识、能力的发展。从而完整地实现具身体验、反思观察、抽象思维与创造转化。

一、针对不同班级容量的教学设计

班级容量的大小直接影响着教学的方式和效果。在小班教学中，由于学生人数较少，教师可以更加关注学生的个体差异和需求，采用更多的互动式和讨论式教学方法。教师可以组织学生进行小组讨论，让他们围绕某个道德或法治问题进行深入的探讨和交流。这种教学方式不仅能够增加学生的参与度，提高他们的学习兴趣，还能够培养学生的批判性思维和沟通能力。而在大班教学中，由于学生人数较多，教师需要更加注重课堂管理和组织，为了确保每个学生都能够获得有效的教学资源，教师可以采用分组教学的方式，将学生分成若干个小组，每个小组分配不同的学习任务和活动，这样不仅可以减少课堂管理的难度，还能够让每个学生都有机会参与到学习中来。同时，教师还可以利用虚拟仿真技术的优势，设计一些具有挑战性和趣味性的学习任务，激发学生的学习兴趣和动力。

除了教学方法的不同，针对不同班级容量的学生，教师还可以设计不同难度的任务和活动。对于小班教学，教师可以设计一些更具挑战性和更具深度的学习任务，以激发学生的探索精神和创新能力。而对于大班教学，教师可以设计一些基础性和普适性的学习任务，以确保每个学生都能够完成学习任务并获得相应的学习成果。

二、考虑学生专业背景的教学设计

学生的专业背景对于"思想道德与法治"课程的教学也有着重要的影响。不同专业的学生对于课程内容的理解和应用可能存在差异，教师在进行教学设计时，需要充分考虑学生的专业背景，将课程内容与学生的专业知识相结合。

首先，教师需要了解不同专业学生的特点和需求。例如，法律专业的学生可能更加关注法律案例和法治实践，而非法律专业的学生则可能更加注重思想道德素质的培养。思政课教师就可以针对不同专业的学生设计不同的教学内容和活动。对于法律专业的学生，教师可以引入更多的法律案例和法治实践，帮助他们更好地理解和应用法律知识；对于非法律专业的学生，教师则可以注重培养他们的思想道德素质，引导他们将法治理念融入日常生活和工作中。

其次，教师需要将课程内容与学生的专业知识相结合。虚拟仿真技术为这种结合提供了可能。在介绍某个道德或法治问题时，教师可以利用虚拟仿真技术模拟相关的专业场景或情境，让学生身临其境地体验和感受。这样不仅可以帮助学生更好地理解课程内容，还能够让他们将所学知识与自己的专业知识相结合，提高课程的实用性和针对性。

最后，教师需要注重培养学生的综合素质和思想道德与法治意识。在虚拟仿真课程中，教师可以设计一些跨学科的学习任务和活动，让学生在完成任务的过程中锻炼自己的综合素质和团队协作能力。同时，教师还可以利用虚拟仿真技术的优势，模拟一些真实的法治场景或事件，让学生在参与中感受到法治的重要性和必要性，从而培养他们的法治意识和责任感。

三、个性化教学设计的具体实施

在实施个性化教学设计时，教师需要采取多种策略。教师需要深入了解学生的实际情况和需求，通过问卷调查、访谈等方式收集学生的意见和建议。然后要根据学生的实际情况和需求，制订个性化的教学方案，包括教学目标、教学内容、教学方法、评价方式等。最后根据学生的反馈和表现，及时调整和完善教学方案，确保教学效果的最大化。

总之，根据不同班级容量和学生专业背景进行个性化的教学设计是提升"思想道德与法治"虚拟仿真课程教学效果的关键环节。通过个性化的教学设计，教师可以更好地满足学生的个性化需求，提高课程的教学效果和实用性，为学生提供更优质的学习体验和发展空间。

第三节 组织开展自主体验

借助信息技术，虚拟仿真思政课在教师的精心设计和组织后，可以完全实现学生的自主体验，充分实现"以学生为中心"的教学理念。通过精心的教学设计和组织，教师可以引导学生深入参与虚拟仿真环境，实现与课程的深度互动，从而充分发挥学生的自主性和主体性。学生通过手机指令，在虚仿中心自主完成沉浸体验，并在体验同时进行深度思考，同时记录自己的思考过程，整个过程可以让学生的自主能力得到最大限度的发挥。

在"思想道德与法治"虚拟仿真课程中，精细化的教学组织是确保教学质量和实现学生自主体验的关键。为了实现这一目标，教师需要从以下几个方面进行细致的准备和实施。首先，教师应该进行充分的学情分析。了解学生的学习基础、兴趣点、学习习惯等信息，有助于教师为不同学生制订适合他们的学习计划和方法。通过课前调研、与学生交流等方式，教师可以掌握学生的基本情况，为后续的教学提供参考。其次，根据学情分析的结果，教师应该制订个性化的教学方案。这包括选择适合的教学内容、设计有趣且富有启发性的教学活动、安排合理的教学时间等。对于基础较差的学生，教师可以设计一些基础知识的讲解和练习，对于兴趣浓厚的学生，教师可以引入更多相关案例和拓展内容，以满足他们的学习需求。再次，教师需要运用多样化的教学手段和方法。在虚拟仿真课程中，教师可以结合虚拟现实、增强现实等技术，为学生创造一个沉浸式的学习环境。同时，教师还可以利用在线资源、互动工具等，增加与学生的互动，激发学生的学习兴趣和积极性。最后，精细化的教学组织还需要注重课堂的动态管理。在教学过程中，教师应该密切关注学生的学习情况，及时调整教学策略和方法。当发现学生对某个知识点存在困惑时，教师可以及时进行讲解和答疑；当发现学生的参与度较低时，教师可以通过设计更有趣的活动来提高学生的积极性。

实现学生的自主体验是教学的重要目标。这不仅有助于激发学生的学习兴趣和动力，还能提高他们的学习效果和综合素质。为了实现这一目标，教师需要从以下几个方面进行努力。首先，教师应该充分利用虚拟仿真技术的优势，为学生创造一个真实、生动的学习环境。通过模拟真实的场景和情境，让学生身临其境地感受和体验，从而加深对课程内容的理解。在介绍某个案例时，可以利用虚拟仿真技术模拟现场，让学生扮演不同的角色进行模拟，从而更直观地了解课程中的现实场景。其次，教师应该注重学生的个体差异和需求，为他们提供个性化的学习资源和任务。通过设计不同难度和层次的任务，让每个学生都能够根据自己的实际情况进行学习和探索。这样不仅可以满足学生的个性化需求，还能激发他们的学习兴趣和动力。同时，教师应该鼓励学生积极参与互动和合作。通过组织小组讨论、团队合作等活动，让学生在互动中相互学习、相互启发，从而加深对课程内容的理解。这种互动和合作不仅有助于提高学生的学习效果，还能培养他们的沟通能力和团队合作精神。最后，实现学生的自主体验还需要注重学生的反思和评价。教师应该引导学生对自己的学习过程和学习成果进行反思和评价，让他们发现自己的不足和优点，从而调整学习策略和方法。同时，教师还应该及时给予学生反馈和指导，帮助他们更好地实现自主体验。

第四节　实现高效的课堂管理

随着信息技术的迅猛发展，现代教学手段和工具为课堂管理带来了前所未有的便利。在虚拟仿真课程中，通过 APP 或小程序等数字化工具实现过程留痕和动态管理，已经成为提升课堂管理效率的重要手段。教师在后台可以动态观测到每一个学生体验过程中的思想变化，大量数据抓取之后既可以进行总体学习情况的把握，也可以对个体学生的具体情况有所了解，从而为开展后续课程提供重要的参照。基于大数据和区块链的理念实现高效的课堂管理，不仅能够帮助教师全面把握学生的学习情况，还能为开展后续课程提供重要参照。

一、过程留痕：记录学生学习轨迹

过程留痕是指在教学过程中，通过数字化工具记录学生的学习轨迹和行为，以便后续分析和评估。在"思想道德与法治"虚拟仿真课堂中，学生可以通过APP或小程序进行互动学习，每一次点击、每一次操作都会被系统记录下来。这些数据不仅包括学生完成任务的时间、正确率等基本信息，还包括学生在学习过程中的思考过程、困惑点等细节信息。通过过程留痕，教师可以全面了解学生的学习情况。在后台管理系统中，教师可以实时观测到每个学生的学习进度和状态，及时发现学生的问题和困难。同时，教师还可以利用这些数据对学生的学习效果进行评估和反馈，为学生提供更加精准的学习建议和指导。

二、动态管理：实时监控与调整教学策略

动态管理是指在教学过程中，根据学生的学习情况和反馈，及时调整教学策略和方法。通过APP或小程序等数字化工具，教师可以实时监控学生的学习状态，当发现学生出现困惑或错误时，可以立即进行干预和指导。这种实时的反馈和干预，可以帮助学生及时纠正错误、加深理解，从而提高学习效果。此外，动态管理还包括对教学资源的动态调整。教师可以根据学生的学习进度和反馈，及时调整教学资源的分配和配置，确保每个学生都能够获得足够的学习资源和支持。这种灵活的教学资源配置方式，可以最大程度地满足学生的个性化需求，提高教学效率和质量。

三、大数据支持：精准把握学习情况和需求

大数据是指在教学过程中收集的大量学生数据，通过对这些数据进行分析和挖掘，可以发现学生的学习规律和需求，为教学决策提供有力支持。在虚拟仿真课程前，通过大数据平台，了解学生的家庭、心理、行为、学习等多元数据，形成数据画像，教师进行个性化、针对性的学情分析；课程中，通过APP或小程序等数字化工具收集学生的动态学习数据，可以为教师提供更加全面和准确的学生画像，不断丰富数据维度和数据量。基于大数据分析的结果，教师可以更加精准地把握学生的学习情况和需求。例如，通过对学生的学习轨迹和成绩进行分析，可以发现学生的学习薄弱点和提升空间；通过对学生的学习行为和兴趣进行分析，可以了解学生的学习偏好和需求。这些精准的数据分析结果，可以为教师制订更具有针对性的教学计划和方案提供有力支持。

四、区块链技术：确保数据真实性和可信度

区块链是一种去中心化的分布式数据库技术，具有数据不可篡改和可追溯的特性。在虚拟仿真课程中，通过引入区块链技术，可以确保学生数据的真实性和可信度。利用区块链技术，学生的每一次学习行为和操作都可以被永久性地记录在区块链上，无法被篡改或伪造。这样教师可以更加信任并依赖这些数据进行教学决策和分析。同时，区块链技术还可以为学生的学习成果提供可信的认证和证明，为学生的学术评价和职业发展提供支持。

第五节　实效性评估与迭代更新

虚拟仿真思政课作为新时代高等教育的重要组成部分，其实效性直接关系到思政教育的质量和效果。为了确保课程的持续优化和提升，教师不仅需要在课程设计和实施中投入大量精力，更需要关注课程结束后的反馈收集和实效性评估工作。需要教师及时搜集学生的反

馈，通过"知、情、意、信、行"各个环节设定参数指标，建立评价模型，对学生的学习效果进行评估。虚拟仿真课程是一个需要不断更新、不断迭代的课程体系，从而实现课程的不断优化。这一过程不仅是对学生学习成果的检验，更是对教学效果的反思和提升，为后续的课程迭代更新提供有力支撑。

在收集学生反馈方面，教师需要采取多种策略和方法，确保能够全面、准确地了解学生的学习体验和感受。问卷调查是一种常见且有效的方式，通过设计科学、合理的问卷题目，教师可以收集到学生对课程内容、教学方法、教学效果等方面的具体评价和建议。个别访谈和小组讨论也是不可或缺的补充手段。通过与学生面对面的交流，教师可以深入了解学生的真实想法和感受，发现潜在的问题和不足。同时，教师还可以利用社交媒体、在线论坛等渠道，鼓励学生积极发表自己的观点和建议，进一步丰富反馈信息的来源。

在收集到学生的反馈后，教师需要运用科学的方法进行评估和分析。评估模型的建立是关键。这一模型应该综合考虑"知、情、意、信、行"等多个方面，设定合理的参数指标，确保评估结果的全面性和准确性。通过对学生在知识掌握、情感态度、意志品质、信念确立和行为表现等方面的表现进行量化评估，教师可以清晰地了解学生的学习效果和课程的实际效果。同时，教师还可以运用统计分析等方法，对评估结果进行深入挖掘和分析，发现教学中存在的共性问题和个性差异，为后续的教学改进提供科学依据。

基于学生的反馈和实效性评估结果，教师需要对虚拟仿真思政课进行及时的迭代更新。这一过程涉及课程内容的更新、教学方法的改进、技术手段的升级以及评价体系的完善等多个方面。首先，在课程内容方面，教师需要根据学生的反馈和评估结果，对课程进行有针对性的调整和优化。这包括增加新的知识点、删除过时或冗余的内容、调整知识点的顺序和呈现方式等。其次，在教学方法方面，教师需要尝试新的教学手段和方法，以激发学生的学习兴趣和积极性。可以引入更多的互动环节、情境模拟、角色扮演等教学方式，让学生更加深入地参与到学习中来。教师还可以借鉴其他领域的成功经验，将最新的教育理念和技术手段应用到思政教学中来。

收集学生反馈、完成实效性评估并迭代更新虚拟仿真思政课是一项复杂而重要的工作。需要教师投入大量的时间和精力，同时也需要教师具备科学的方法和策略。通过不断地反思和改进，可以不断提升虚拟仿真思政课的教学质量和效果，为学生的全面发展提供更加优质的教学资源和服务。在未来的发展中，我们期待看到更多的创新和实践在"思想道德与法治"等虚拟仿真思政课中涌现，为新时代的思想政治教育注入新的活力和动力。

—— 第四编 ——

"思想道德与法治"虚拟仿真课程设计与学生虚拟仿真实验

在长期的探索实践中，我们结合"思想道德与法治"课程设置特点，根据最新版教材，按照一定的原则标准选取了其中特定的教学专题进行虚拟仿真设计，结合时代分析、学情分析，结合教材中的重难点及适合进行场景开发的专题进行了沉浸体验的教学设计，根据不同教师的教学安排，预约场地去虚仿中心进行沉浸体验课程的实体授课。另外，在最新的教育数字化改革探索中，我们还成功探索了让学生参与虚拟仿真设计的课程实践项目，从教师端和学生端共同实现思政课的虚拟仿真应用。

第十二章
虚拟仿真课程设计典型教案

本章选择了五个典型的教学专题，每个专题都从八个方面详细展开，包括教学主题、教材知识点、虚仿场景设计、沉浸体验问题链、教学详案、小组讨论、延伸课堂、课后思考。旨在全面、细致地呈现"思想道德与法治"虚拟仿真课程的完整设计和分析。

专题一：新时代青年的责任与担当

一、教学主题

本专题根据"思想道德与法治"绪论部分内容进行设计。绪论部分旨在引导和帮助大学生正确认识自身所处的人生发展阶段和当前所处的时代方位，了解中国特色社会主义新时代对大学生成长成才提出的要求，了解党和国家对大学生成长成才提出的期望，努力提升自身的思想道德素质和法治素养，做担当民族复兴大任的时代新人。本次虚拟仿真课程的教学主题为"明确新时代青年的责任与担当"，按照虚仿中心沉浸体验教学+智慧教室深度理论研讨模式展开。虚仿中心的沉浸体验教学由五部分组成，包括："知课堂"互动交流讨论室通过建党初期青年知识分子"知识图谱"和 AR 图片识别墙自主学习和了解近代以来推动我国历史发展的重要青年代表；"情课堂"沉浸式数字长廊系统呈现中国共产党百年党史进程中的青年群像；"信课堂"全息数字剧场通过观看"习近平足迹"，感受习近平总书记的知青岁月；"行课堂"VR 多人协同体验教学区，通过沉浸式 VR "青年马克思演讲"切身感受青年马克思实现"两个转变"，坚定共产主义信仰的历程。

二、教材知识点

课程绪论部分要求学生掌握"担当民族复兴大任的时代新人的要求"，包括以下几方面。（1）要有崇高的理想信念，牢记使命，自信自励。大学生要将实现"两个一百年"奋斗目标、实现中华民族伟大复兴中国梦的历史使命内化为担当的自觉，外化为实际行动，从容自信、坚定自励。（2）要有高强的本领才干，勤奋学习，全面发展。大学生要把学习作为首要任务，树立梦想从学习开始、事业靠本领成就的观念，让勤奋学习成为青春远航的动力，让增长本领成为青春搏击的能量。（3）要有天下兴亡、匹夫有责的担当精神，讲求奉献，实干进取。大学生要自觉把个人前途命运与国家、民族的前途命运紧紧地联系在一起，在尽责集体、服务社会、为国家贡献中实现人生理想和人生价值；要坚持实践第一、知行合一、求真务实、有为善为，勇于面对实际生活中的各种挫折考验，勤奋刻苦、磨砺意志、脚踏实地；要始终保持昂扬向上的精神状态，富有求新求变的朝气锐气，敢于站在变革前沿，引领潮流之先，以新的实践创造更大成就。

三、虚仿场景设计

本专题虚拟仿真场景设计主要以沉浸式聆听青年马克思演讲《共产党宣言》为主。通过数字技术还原青年马克思学习生活的场景。

四、沉浸体验问题链

本专题在学习过程中，学生围绕"新时代青年的使命与责任"这一核心问题进行前后测。即体验前同学们回答"新时代青年应该担负什么样的使命与职责"形成词云图，教师进行分析；体验课程结束后，再次回答"新时代青年应该担负什么样的使命与职责"再次形成词云图，教师对比分析。体验过程中通过手机APP设计系列问题，引导学生自主学习、反思性观察。问题链的设计包括在"知课堂"通过知识图谱、AR墙等内容思考"青年可以通过哪些途径推动历史的进步"；在"情课堂"通过沉浸体验中国共产党百年历史进程中青年运动的八件大事，思考这些参与青运中的青年们有哪些共同精神特质；在"意课堂"通过感受习近平总书记"足迹"，特别是七年知青岁月，思考青年应该培育什么样的世界观、人生观和价值观；在"行课堂"通过VR沉浸体验聆听青年马克思演讲，思考青年应该选择什么样的职业，引导学生再次深度思考新时代青年的使命与责任。

五、教学详案

（一）教学专题介绍

1. 教学内容

"思想道德与法治"绪论 新时代呼唤担当民族复兴大任的时代新人。

2. 教学主题

新时代青年的责任与担当。

3. 教学时间

50分钟。

4. 授课地点

全国高校思政课虚仿中心。

5. 教学对象

大一学生，40人。

6. 教学目标

知识目标：通过沉浸体验和理论研讨相结合，深刻理解中国特色社会主义进入新时代对当代青年学生的要求。

能力目标：通过信息技术和多媒体环境的创设实现对学生的高阶思维训练，提升学生的认知能力、理解能力和实践能力。

素养目标：通过大量新媒体技术的运用，提升学生对于大数据、虚拟仿真等最新科技手段的认知，进而提升学生的媒介素养。

价值观目标：一方面通过沉浸体验使学生内心触动，另一方面通过理论研讨实现感性认识向理性认识转化，通过对百年党史进程中青年运动的考察，引导青年学生树立崇高科学价值观，通过立大志、明大德，实现成大才、担大任。

（二）参考书目及文章

《马克思恩格斯文集》（第1卷）（北京：人民出版社，2009）

《习近平关于青少年和共青团工作论述摘编》（北京：中央文献出版社，2017）

《在纪念五四运动100周年大会上的讲话》（北京：人民出版社，2019）

《习近平在庆祝中国共产党成立100周年大会上的讲话》（2021.7.1）

《中共中央关于党的百年奋斗重大成就和历史经验的决议》（北京：人民出版社，2021）

《高举中国特色社会主义伟大旗帜为全面建设社会主义现代化国家而团结奋斗——在中国共产党第二十次全国代表大会上的报告》（北京：人民出版社，2022）

（三）学情分析

本课程是面向全校本科生的必修课，学生的学科背景差异很大，对于课程既有理论又有实践方面的需求，需要针对授课对象的特点进行课程设计。就本专题"新时代青年的责任与担当"主题而言，授课对象主要有以下特点。

（1）具有情感共鸣，教学主题容易切入。授课对象是大一新生，他们刚刚以优异的成绩考入这所以理工科见长的综合性大学，怀揣科技报国的理想，踌躇满志。本专题内容通过对中国共产党百年历史进程中各个时代青年群像的描绘，很容易使学生在情感上引发共鸣，与学生同频共振，形成价值共识。

（2）缺乏系统认识，不易做到知行合一。学生普遍具有浓厚的爱国情怀，但具体应该如何将爱国情、报国志转化为强国行，学生对这个问题存在很大的认知差异。

（四）教学重难点

（1）中国特色社会主义进入新时代对青年学生有什么要求？

（2）青年学生在新时代如何将个人理想融入国家的前途命运之中？

（五）教学设计

	教学内容	教学手段	教学效果
虚拟仿真沉浸体验教学中心（沉浸体验30分钟）	中国共产党百年党史进程中的青年群像	AR专题展示+理论梳理	了解中国共产党百年党史进程中的青年运动过程，感知每个时代青年的使命担当
	中国共产党百年历史进程中的青年群像	数字长廊沉浸体验+师生互动交流	沉浸体验青年运动的爱国情怀、炙热情感与责任担当
	VR沉浸体验"青年马克思"	虚仿重现"青年马克思演讲场景"	切身感受青年马克思实现"两个转变"，坚定共产主义信仰的历程

续表

	教学内容	教学手段	教学效果
虚拟仿真沉浸体验教学中心（沉浸体验30分钟）	数字剧场重现青年时代习近平的思想成长历程	体验、感知、互动讨论	领悟习近平总书记的成长历程，引导学生在青年时期树立正确价值观，努力成长为堪当民族复兴大任的时代新人
互动交流室（理论研讨20分钟）	中国共产党百年历史进程中青年运动的政治方向	教师理论讲授+学生参与式互动	在沉浸体验基础上进行理论抽象
	新时代青年担负的使命与职责	结合学生虚仿沉浸体验前后测提取关键词，考查学生情感变化	通过理论讲解，进行有针对性的价值引导

（六）教学进程（50分钟）

1. 导入和任务分配（2分钟）

【导入】进入虚仿中心后，引导学生通过"知行健"手机APP的AR功能对中国共产党百年历史进程中关于青年的八个事件进行自主认知学习，请同学们回答这些图片背后呈现的是什么？

【课前测】请同学们拿出手机，在"知行健"APP上完成课前测——"新时代青年应该担负什么样的使命与职责？"

【课程内容介绍】接下来我们的课程将按照沉浸体验+理论教授的方式进行，在虚仿中心同学们沉浸体验和感受中国共产党百年历史进程中的青年群像，在"知课堂"，通过AR、知识图谱等自主学习。在"情课堂"数字长廊，通过中国共产党百年历史进程中青年运动的八件大事，沉浸式体验每个时代中国青年的爱国情、报国志、强国行。八件大事分别对应八块屏幕：新民学会"改变中国与世界"、延安时期的青年、新中国成立初期留学归国的青年、从知识青年走来、"团结起来、振兴中华"、新时期奔走呼号的青年、四月青年、新时代、新征程、新青年。在"意课堂"，通过对青年习近平思想成长历程的感知，引导学生谈感受、讲想法。在"行课堂"，通过VR"青年马克思"的体验，跨越历史时空与马克思对话，深度感知青年马克思价值观转变之历程。

现在将同学们分为4组，请大家全程运用"知行健"手机APP记录体验感受，根据任务在不同功能区进行体验、思考并记录，在体验过程中请大家围绕"中国共产党百年历史进程中的青年群像"进行深度思考，老师将在不同的地方择机与同学们进行互动交流。

2. 体验过程（25分钟）

教师提前在"知行健"手机APP上发布每个体验区域的体验任务，不同小组进入到相应的体验区进行体验，体验完毕后与其他小组进行轮换，直到4个区域全部体验完毕。教师在学生体验的过程中不作统一讲解，但要全程融入观察，记录学生的体验情况，包括表情、驻足时间等，随时关注"知行健"APP的后台数据，及时到达学生存在较多困惑的点位，与个别同学进行交流。

3. 体验总结（3分钟）

待同学们体验完毕后，教师组织同学回到"知课堂"，进行简单总结，并顺次进入智慧教室。助教在这个过程中要导出学生体验时所填的数据，进行关键词分析，作出词云图，以便理论研讨时使用。

4. 理论研讨（20分钟）

重点回顾八件中国共产党百年历史进程中的青年运动大事件，引导同学们进行理论思考。

（1）新民学会"改变中国与世界"。

1920年7月6日至10日，赴法国勤工俭学的新民学会会员在法国蒙达尔纪召开会议，讨论确定了新民学会的宗旨"改造中国与世界"。至于改造的方法，却有意见分歧。蔡和森等主张接受马克思主义，主张组织共产党，走俄国式的革命道路；另一些会员则主张用教育作工具，实行"温和的革命"。8月，蔡和森、萧子升、李维汉等分别写信给毛泽东，陈述自己的观点。

8月13日和9月16日，蔡和森两次给毛泽东写信。第一封标题为"给毛泽东信——社会主义讨论，主张无产阶级专政"。蔡和森在信中就自己在法国看到的世界革命运动情况，加上对国内实际情况作出判断，写道："我对于中国将来的改造，以为完全适用社会主义的原理和方法。"还提出应该尽快建党，"我以为要先组织党——共产党。因为他是革命运动的发动者、宣传者、先锋队、作战部，以中国现在的情形看来，须先组织他，然后工团、合作社，才能发生有力的组织。"第二封信中，蔡和森提出了如何建党的详细过程，首次提出"（应该）明目张胆正式成立一个中国共产党！我意中国于二年内须成立一主义明确、方法得当和俄一致的党"

（2）延安时期的青年。

1938年、1939年、1940年这三年多的时间里，各地青年奔赴延安，1941年皖南事变后，由于国民党加紧了对陕甘宁边区的封锁包围，再想去延安相当困难。1943年12月底，任弼时在中共中央书记处工作会议上介绍："抗战后到延安的知识分子总共4万余人，就文化程度而言，初中以上71%（其中高中以上19%，高中21%，初中31%），初中以下约30%。"此外，有少部分大学生，硕士、博士则更是凤毛麟角。

从地域来源看，到延安的爱国青年来自全国绝大多数省区，还有不少侨胞从海外奔赴延安。相比较而言，东北、华北等沦陷区来的青年稍微多一些。1939年7月中国女子大学成立时有学员近500人，来自21个省，以河南省、四川省、江苏省、湖北省等最多。

从家庭出身看，出身知识分子家庭的占80%以上，出身工人、农民家庭的不到20%。

从家庭经济状况看，中等收入以上的占总数的80%以上。

从人员类别看，有东北沦陷区青年，也有来自平津课堂的青年；有国统区青年，也有脱离国民党阵营的三青团员、青年党员或特工人员等。

（3）新中国成立初期留学归国的青年。

新中国成立不久，周恩来便代表中国共产党和中央人民政府，通过北京人民广播电台向海外留学生喊话，郑重邀请他们回国参加新中国的建设。以钱学森、李四光、邓稼先为代表的一批海外知识分子，面对多重选择，最终满怀赤子之情，冲破层层阻力，义无反顾地投入祖国的怀抱。在1950年、1955年先后形成两次归国热潮。他们用自己的行动生动证明了科学无疆界，科学家有祖国的爱国情怀。新中国成立初期留学归国的青年代表人物如下：中国现代数学之父华罗庚、两弹一星之父邓稼先、打破中国贫油论的李四光、原子能科学之父钱三强、中国导弹之父钱学森、火箭系统控制专家梁思礼、中国科技众帅之帅朱光亚、中国核科学奠基人王淦昌、中国克隆之父童第周、中国核司令程开甲。

（4）从知识青年走来。

1977年我国恢复高考，1980年夏到1982年春之间，1977年考录的27万本专科大学生陆续毕业，成为改革开放后培养、选拔的第一批优秀人才，为求才若渴的中国社会注入了一批新生力量。1982年夏，40万名78级大学生也基本毕业。11年积压的67万大学生汇聚到一起喷涌出来，受到社会的普遍欢迎，填补了巨大的人才空缺。大学生们把这个来之不易的求学机会比作金银一样珍惜，这两届学生的成才率也非常高，为我国社会主义建设培养了重要的人才。

（5）"团结起来、振兴中华"。

1981年3月20日晚，男排世界杯预选赛决赛中，中国队连扳三局，以3∶2战胜韩国队。这场反败为胜的传奇比赛让围坐在收音机、电视机旁的北大学子们忍不住振臂高呼，兴奋地涌出宿舍，一夕之间，燕园门口的马路熙来攘往、人声鼎沸。一开始大家喊的口号是"中国队万岁！"，之后变成"中国万岁！"，后来，有人带头唱起了《团结就是力量》，就在人群之中，一个北大同学大声呼喊道："同学们，咱们换个口号，喊'团结起来，振兴中华！'"大家一齐喊'团结起来，振兴中华！'"在此起彼伏的欢呼声中，越来越多的北大学子不约而同地加入这八个字的口号中来，热血沸腾的誓言，在北京大学校园与中关村街道的上空久久回响。

"团结起来，振兴中华"口号，也出现在3月22日出版的《人民日报》上。当时有一篇新闻特写的大标题，就是《团结起来，振兴中华》，而这个饱含力量的口号，随即在改革开放初期的华夏大地上迅速传播开来，成为鼓舞中华民族热血奋进的一面鲜红旗帜。

时至今日，当年振臂高呼的北大学子皆已年逾半百，那天夜晚兴奋激动的记忆或许已经在他们的生命中斑驳，然而，因这句口号而凝聚的"以一己之奋斗，共亿万之同胞，求中华之振兴"之信念，却在中华民族向前发展的历史中历久弥新、不曾褪色。

（6）新时期奔走呼号的青年。

1999年5月7日深夜，三枚北约导弹连续袭击中国驻南斯拉夫大使馆主楼和大使官邸。潘占林大使站在被毁的使馆废墟前愤怒地指出："这是对中华人民共和国主权的粗暴侵犯！"但北约军方发言人说，他们错拿了过时地图，我们以为那里是"南斯拉夫的军需区。"中国各大高校学子义愤填膺，涌上街头，声嘶力竭地抗议北约暴行。

（7）四月青年。

2008年3月14日，拉萨发生打砸抢烧犯罪暴力事件，以CNN为首的外国媒体却出现大量失实的报道，扭曲事实和胡乱截图，试图妖魔化中国。

清华大学工程物理专业学生饶谨创立Anti-CNN，揭发西方媒体的偏见。他们提出"我们不反对媒体，我们只反对某些媒体的不客观报道；我们不反对西方媒体，但是我们反对偏见。"在国外留学的学生也加入这场反对偏见、反对不实报道抗议中来，后来奥运火炬境外传递受阻，广大留学生群体又加入保护奥运火炬的队伍中来。这个青年群体统称为"四月青年"。

（8）新时代、新征程、新青年。

习近平总书记指出"现在在高校学习的大学生都是 20 岁左右，到 2020 年全面建成小康社会时，很多人还不到 30 岁；到本世纪中叶基本实现现代化时，很多人还不到 60 岁。也就是说，实现'两个一百年'奋斗目标，你们和千千万万青年将全过程参与。""展望未来，我国青年一代必将大有可为，也必将大有作为。这是'长江后浪推前浪'的历史规律，也是'一代更比一代强'的青春责任。广大青年要勇敢肩负起时代赋予的重任，志存高远，脚踏实地，努力在实现中华民族伟大复兴的中国梦的生动实践中放飞青春梦想。"

（七）课程评价

1. 教师自评

课程以宏大叙事审视中国共产党百年历史进程中的青年运动，通过透视各个时代的青年运动，感受青年的激情、责任、担当，引导学生沉浸体验，获得感性认知，再通过理论研讨，进一步升华理论认知。课程设计符合学生认识规律，以学生为中心，以突出学生体验、探究的教学理念进行设计，并综合运用现代信息技术的新型教学方法进行组织，获得很好的教学效果。就目前选取的媒体素材来看，可以进一步丰富和完善课程，在学生体验的过程中，可以充分调动助教协助完成体验过程，使体验更加流畅。

2. 学生评价

学生对本堂课的评价普遍偏高，进入大学的第一堂思政课，就以这种全新的方式打开，刷新了他们对思政课的认识，点燃了他们对思政课的期待。很多同学表示，这样的思政课形式非常好，对数字长廊的沉浸感评价最高，认为这种沉浸感可以让同学们全身心进入历史场景，激发学生情感共鸣，提升学生情感认同，同时，对数字剧场提出了增加互动的建议。

六、小组讨论

引导学生讨论：

（1）为什么每个时代总是青年群体冲在最前面？
（2）新时代青年要成长为堪当民族复兴大任的时代新人应该具备些什么素质？
（3）新时代青年怎样将个人理想融入国家的前途命运之中？

七、延伸课堂

青年在选择职业时的考虑
卡尔·亨利希·马克思
1835 年 8 月 12 日

自然本身给动物规定了它应该遵循的活动范围，动物也就安分地在这个范围内活动，不试图越出这个范围，甚至不考虑有其他什么范围的存在。神也给人指定了共同的目标——使人类和他自己趋于高尚，但是，神要人自己去寻找可以达到这个目标的手段；神让人在社会上选择一个最适合于他、最能使他和社会都得到提高的地位。

能有这样的选择是人比其他生物远为优越的地方，但是这同时也是可能毁灭人的一生、破坏他的一切计划并使他陷于不幸的行为。因此，认真地考虑这种选择——这无疑是开始走上生活道路而又不愿拿自己最重要的事业去碰运气的青年的首要责任。

每个人眼前都有一个目标，这个目标至少在他本人看来是伟大的，而且如果最深刻的信念，即内心深处的声音，认为这个目标是伟大的，那他实际上也是伟大的，因为神决不会使世人完全没有引导；神总是轻声而坚定地作启示。

但是，这声音很容易被淹没；我们认为是灵感的东西可能须臾而生，同样可能须臾而逝。也许，我们的幻想油然而生，我们的感情激动起来，我们的眼前浮想联翩，我们狂热地追求我们以为是神本身给我们指出的目标；但是，我们梦寐以求的东西很快就使我们厌恶——于是我们的整个存在也就毁灭了。

因此，我们应当认真考虑：所选择的职业是不是真正使我们受到鼓舞？我们的内心是不是同意？我们受到的鼓舞是不是一种迷误？我们认为是神的召唤的东西是不是一种自欺？但是，不找出鼓舞的来源本身，我们怎么能认清这些呢？

伟大的东西是光辉的，光辉则引起虚荣心，而虚荣心容易给人鼓舞或者是一种我们觉得是鼓舞的东西；但是，被名利弄得鬼迷心窍的人，理智已无法支配他，于是他一头栽进那不可抗拒的欲念驱使他去的地方；他已经不再自己选择他在社会上的地位，而听任偶然机会和幻想去决定它。

我们的使命绝不是求得一个最足以炫耀的职业，因为它不是那种使我们长期从事而始终不会感到厌倦、始终不会松动、始终不会情绪低落的职业，相反，我们很快就会觉得，我们的愿望没有得到满足，我们理想没有实现，我们就将怨天尤人。

但是，不只是虚荣心能够引起对这种或那种职业突然的热情。也许，我们自己也会用幻想把这种职业美化，把它美化成人生所能提供的至高无上的东西。我们没有仔细分析它，没有衡量它的全部份量，即它让我们承担的重大责任；我们只是从远处观察它，然而从远处观察是靠不住的。

在这里，我们自己的理智不能给我们充当顾问，因为它既不是依靠经验，也不是依靠深入的观察，而是被感情欺骗，受幻想蒙蔽。然而，我们的目光应该投向哪里呢？在我们丧失理智的地方，谁来支持我们呢？

是我们的父母，他们走过了漫长的生活道路，饱尝了人世的辛酸。——我们的心这样提醒我们。

如果我们通过冷静的研究，认清所选择的职业的全部份量，了解它的困难以后，我们仍然对它充满热情，我们仍然爱它，觉得自己适合它，那时我们就应该选择它，那时我们既不会受热情的欺骗，也不会仓促从事。

但是，我们并不能总是能够选择我们自认为适合的职业；我们在社会上的关系，还在我们有能力对它们起决定性影响以前就已经在某种程度上开始确立了。

我们的体质常常威胁我们，可是任何人也不敢藐视它的权利。

诚然，我们能够超越体质的限制，但这么一来，我们也就垮得更快；在这种情况下，我们就是冒险把大厦筑在松软的废墟上，我们的一生也就变成一场精神原则和肉体原则之间的不幸的斗争。但是，一个不能克服自身相互斗争的因素的人，又怎能抗拒生活的猛烈冲击，怎能安静地从事活动呢？然而只有从安静中才能产生伟大壮丽的事业，安静是唯一生长出成熟果实的土壤。

尽管我们由于体质不适合我们的职业，不能持久地工作，而且工作起来也很少乐趣，但是，为了恪尽职守而牺牲自己幸福的思想激励着我们不顾体弱去努力工作。如果我们选择了能力不能胜任的职业，那么我们决不能把它做好，我们很快就会自愧无能，并对自己说，我们是无用的人，是不能完成自己使命的社会成员。由此产生的必然结果就是妄自菲薄。还有比这更痛苦的感情吗？还有比这更难于靠外界的赐予来补偿的感情吗？妄自菲薄是一条毒蛇，它永远啮噬着我们心灵，吮吸着其中滋润生命的血液，注入厌世和绝望的毒液。

如果我们错误地估计了自己的能力，以为能够胜任经过周密考虑而选定的职业，那么这种错误将使我们受到惩罚。即使不受到外界指责，我们也会感到比外界指责更为可怕的痛苦。

如果我们把这一切都考虑过了，如果我们生活的条件容许我们选择任何一种职业；那么我们就可以选择一种能使我们最有尊严的职业；选择一种建立在我们深信其正确的思想上的职业；选择一种能给我们提供广阔场所来为人类进行活动、接近共同目标（对于这个目标来说，一切职业只不过是手段）即完美境地的职业。

尊严就是最能使人高尚起来、使他的活动和他的一切努力具有崇高品质的东西，就是使他无可非议、受到众人钦佩并高出于众人之上的东西。

但是，能给人以尊严的只有这样的职业，在从事这种职业时我们不是作为奴隶般的工具，而是在自己的领域内独立地进行创造；这种职业不需要有不体面的行动（哪怕只是表面上不体面的行动），甚至最优秀的人物也会怀着崇高的自豪感去从事它。最合乎这些要求的职业，并不一定是最高的职业，但总是最可取的职业。

但是，正如有失尊严的职业会贬低我们一样，那种建立在我们后来认为是错误的思想上的职业也一定使我们感到压抑。

这里，我们除了自我欺骗，别无解救办法，而以自我欺骗来解救又是多么糟糕！

那些不是干预生活本身，而是从事抽象真理研究的职业，对于还没有坚定的原则和牢固、不可动摇的信念的青年是最危险的。同时，如果这些职业在我们心里深深地扎下了根，如果我们能够为它们的支配思想牺牲生命、竭尽全力，这些职业看来似乎还是最高尚的。

这些职业能够使才能适合的人幸福，但也必定使那些不经考虑、凭一时冲动就仓促从事的人毁灭。

相反，重视作为我们职业的基础的思想，会使我们在社会上占有较高的地位，提高我们本身的尊严，使我们的行为不可动摇。

一个选择了自己所珍视的职业的人，一想到他可能不称职时就会战战兢兢——这种人单是因为他在社会上所居地位是高尚的，他也就会使自己的行为保持高尚。

在选择职业时，我们应该遵循的主要指针是人类的幸福和我们自身的完美。不应认为，这两种利益是敌对的、互相冲突的，一种利益必须消灭另一种的；人类的天性本来就是这样的：人们只有为同时代人的完美、为他们的幸福而工作，才能使自己也达到完美。

如果一个人只为自己劳动，他也许能够成为著名的学者、大哲人、卓越诗人，然而他永远不能成为完美无疵的伟大人物。

历史承认那些为共同目标劳动因而自己变得高尚的人是伟大人物；经验赞美那些为大多数人带来幸福的人是最幸福的人；宗教本身也教诲我们，人人敬仰的理想人物，就曾为人类牺牲了自己——有谁敢否定这类教诲呢？

如果我们选择了最能为人类福利而劳动的职业，那么，重担就不能把我们压倒，因为这是为大家而献身；那时我们所感到的就不是可怜的、有限的、自私的乐趣，我们的幸福将属于千百万人，我们的事业将默默地、但是永恒发挥作用地存在下去，而面对我们的骨灰，高尚的人们将洒下热泪。

在纪念马克思诞辰 200 周年大会上的讲话
习近平
2018 年 5 月 4 日

同志们：

今天，我们怀着十分崇敬的心情，在这里隆重集会，纪念马克思诞辰 200 周年，缅怀马克思的伟大人格和历史功绩，重温马克思的崇高精神和光辉思想。

马克思是全世界无产阶级和劳动人民的革命导师，是马克思主义的主要创始人，是马克思主义政党的缔造者和国际共产主义的开创者，是近代以来最伟大的思想家。两个世纪过去了，人类社会发生了巨大而深刻的变化，但马克思的名字依然在世界各地受到人们的尊敬，马克思的学说依然闪烁着耀眼的真理光芒！

1818 年 5 月 5 日，马克思诞生在德国特里尔城的一个律师家庭。早在中学时代，他就树立了为人类幸福而工作的志向。大学时代，马克思广泛钻研哲学、历史学、法学等知识，探寻人类社会发展的奥秘。在《莱茵报》工作期间，马克思犀利抨击普鲁士政府的专制统治，维护人民权利。1843 年移居巴黎后，马克思积极参与工人运动，在革命实践和理论探索的结合中完成了从唯心主义到唯物主义、从革命民主主义到共产主义的转变。1845 年，马克思、恩格斯合作撰写了《德意志意识形态》，第一次比较系统地阐述了历史唯物主义基本原理。1848 年，马克思、恩格斯合作撰写了《共产党宣言》，一经问世就震动了世界。恩格斯说，《共产党宣言》是"全部社会主义文献中传播最广和最具有国际性的著作，是从西伯利亚到加利福尼亚的千百万工人公认的共同纲领"。

1848 年，席卷欧洲的资产阶级民主革命爆发，马克思积极投入并指导这场革命斗争。革命失败后，马克思深刻总结革命教训，力求通过系统研究政治经济学，揭示资本主义的本质和规律。1867 年问世的《资本论》是马克思主义最厚重、最丰富的著作，被誉为"工人阶级的圣经"。晚年，马克思依然密切关注世界发展新趋势和工人运动新情况，努力从更宏大的视野思考人类社会发展问题。

——马克思的一生，是胸怀崇高理想、为人类解放不懈奋斗的一生。1835 年，17 岁的马克思在他的高中毕业作文《青年在选择职业时的考虑》中这样写道："如果我们选择了最能为人类而工作的职业，那么，重担就不能把我们压倒，因为这是为大家作出的牺牲；那时我们所享受的就不是可怜的、有限的、自私的乐趣，我们的幸福将属于千百万人，我们的事业将悄然无声地存在下去，但是它会永远发挥作用，而面对我们的骨灰，高尚的人们将洒下热泪。"马克思一生饱尝颠沛流离的艰辛、贫病交加的煎熬，但他初心不改、矢志不渝，为人类解放的崇高理想而不懈奋斗，成就了伟大人生。

——马克思的一生，是不畏艰难险阻、为追求真理而勇攀思想高峰的一生。马克思曾经写道："在科学上没有平坦的大道，只有不畏劳苦沿着陡峭山路攀登的人，才有希望达到光辉的顶点。"马克思为创立科学理论体系，付出了常人难以想象的艰辛，最终达到了光辉的顶点。他博览群书、广泛涉猎，不仅深入了解和研究哲学社会科学各个学科知识，而且深入了解和研究各种自然科学知识，努力从人类创造的一切文明成果中汲取养料。马克思毕生忘我工作，经常每天工作 16 个小时。马克思在给友人的信中谈到，为了《资本论》的写作，"我一直在坟墓的边缘徘徊。因此，我不得不利用我还能工作的每时每刻来完成我的著作"。即使在多病的晚年，马克思仍然不断迈向新的科学领域和目标，写下了数量庞大的历史学、人类学、数学等学科笔记。正如恩格斯所说："马克思在他所研究的每一个领域，甚至在数学领域，都有独到的发现，这样的领域是很多的，而且其中任何一个领域他都不是浅尝辄止。"

——马克思的一生，是为推翻旧世界、建立新世界而不息战斗的一生。恩格斯说，"马克思首先是一个革命家"，"斗争是他的生命要素。很少有人像他那样满腔热情、坚韧不拔和卓有成效地进行斗争"。马克思毕生的使命就是为人民解放而奋斗。为了改变人民受剥削、受压迫的命运，马克思义无反顾投身轰轰烈烈的工人运动，始终站在革命斗争最前沿。他领导创建了世界上第一个无产阶级政党——共产主义者同盟，领导了世界上第一个国际工人组织——国际工人协会，热情支持世界上第一次工人阶级夺取政权的革命——巴黎公社革命，满腔热情、百折不挠推动各国工人运动发展。

马克思是顶天立地的伟人，也是有血有肉的常人。他热爱生活，真诚朴实，重情重义。马克思、恩格斯的革命友谊长达40年。正如列宁所说："古老传说中有各种非常动人的友谊故事"，但马克思、恩格斯的友谊"超过了古人关于人类友谊的一切最动人的传说"。马克思无私资助革命事业，即使在自己生活极度困难的情况下仍然尽最大努力帮助革命战友。马克思和妻子燕妮患难与共，谱写了理想和爱情的命运交响曲。

同志们！

马克思给我们留下的最有价值、最具影响力的精神财富，就是以他名字命名的科学理论——马克思主义。这一理论犹如壮丽的日出，照亮了人类探索历史规律和寻求自身解放的道路。

马克思有一句名言："批判的武器当然不能代替武器的批判，物质力量只能用物质力量来摧毁；但是理论一经掌握群众，也会变成物质力量。"马克思主义主要由哲学、政治经济学、科学社会主义三大组成部分构成。这三大组成部分分别来源于德国古典哲学、英国古典政治经济学、法国空想社会主义，然而，最终升华为马克思主义的根本原因，是马克思对所处的时代和世界的深入考察，是马克思对人类社会发展规律的深刻把握。马克思说："共产党人的理论原理，决不是以这个或那个世界改革家所发明或发现的思想、原则为根据的。""这些原理不过是现存的阶级斗争、我们眼前的历史运动的真实关系的一般表述。"

只有在整个人类发展的历史长河中，才能透视出历史运动的本质和时代发展的方向。马克思的科学研究，就像列宁所说的那样，"凡是人类社会所创造的一切，他都有批判地重新加以探讨，任何一点也没有忽略过去。凡是人类思想所建树的一切，他都放在工人运动中检验过，重新加以探讨，加以批判，从而得出了那些被资产阶级狭隘性所限制或被资产阶级偏见束缚住的人所不能得出的结论。"马克思的思想理论源于那个时代又超越了那个时代，既是那个时代精神的精华又是整个人类精神的精华。

——马克思主义是科学的理论，创造性地揭示了人类社会发展规律。在马克思提出科学社会主义之前，空想社会主义者早已存在，他们怀着悲天悯人的情感，对理想社会有很多美好的设想，但由于没有揭示社会发展规律，没有找到实现理想的有效途径，因而也就难以真正对社会发展发生作用。马克思创建了唯物史观和剩余价值学说，揭示了人类社会发展的一般规律，揭示了资本主义运行的特殊规律，为人类指明了从必然王国向自由王国飞跃的途径，为人民指明了实现自由和解放的道路。

——马克思主义是人民的理论，第一次创立了人民实现自身解放的思想体系。马克思主义博大精深，归根到底就是一句话，为人类求解放。在马克思之前，社会上占统治地位的理论都是为统治阶级服务的。马克思主义第一次站在人民的立场探求人类自由解放的道路，以科学的理论为最终建立一个没有压迫、没有剥削、人人平等、人人自由的理想社会指明了方向。马克思主义之所以具有跨越国度、跨越时代的影响力，就是因为它植根人民之中，指明了依靠人民推动历史前进的人间正道。

——马克思主义是实践的理论，指引着人民改造世界的行动。马克思说，"全部社会生活在本质上是实践的"，"哲学家们只是用不同的方式解释世界，问题在于改变世界"。实践的观点、生活的观点是马克思主义认识论的基本观点，实践性是马克思主义理论区别于其他理论的显著特征。马克思主义不是书斋里的学问，而是为了改变人民历史命运而创立的，是在人民求解放的实践中形成的，也是在人民求解放的实践中丰富和发展的，为人民认识世界、改造世界提供了强大精神力量。

——马克思主义是不断发展的开放的理论，始终站在时代前沿。马克思一再告诫人们，马克思主义理论不是教条，而是行动指南，必须随着实践的变化而发展。一部马克思主义发展史就是马克思、恩格斯以及他们的后继者们不断根据时代、实践、认识发展而发展的历史，是不断吸收人类历史上一切优秀思想文化成果丰富自己的历史。因此，马克思主义能够永葆其美妙之青春，不断探索时代发展提出的新课题、回应人类社会面临的新挑战。

同志们！

《共产党宣言》发表170年来，马克思主义在世界上得到广泛传播。在人类思想史上，没有一种思想理论像马克思主义那样对人类产生了如此广泛而深刻的影响。

在马克思亲自领导下，在马克思主义指导下，"第一国际"等国际工人组织相继创立和发展，在不同时期指导和推动了国际工人运动的联合和斗争。在马克思主义影响下，马克思主义政党在世界范围内如雨后春笋般建立和发展起来，人民第一次成为自己命运的主人，成为实现自身解放和全人类解放的根本政治力量。

列宁领导的十月革命取得胜利，社会主义从理论变为现实，打破了资本主义一统天下的世界格局。第二次世界大战结束后，一大批社会主义国家诞生，特别是中华人民共和国成立，极大壮大了世界社会主义力量。尽管世界社会主义在发展中也会出现曲折，但人类社会发展的总趋势没有改变，也不会改变。

马克思、恩格斯积极支持被压迫民族和人民的解放斗争。进入20世纪后，以列宁为代表的马克思主义者继承和发展马克思主义民族理论，指导和支持殖民地半殖民地国家民族解放运动。第二次世界大战结束后，一大批获得独立和解放的民族国家建立起来，彻底瓦解了帝国主义的殖民体系，世界各民族平等交往、共同发展展现出光明前景。

今天，马克思主义极大推进了人类文明进程，至今依然是具有重大国际影响的思想体系和话语体系，马克思至今依然被公认为"千年第一思想家"。

同志们！

马克思主义不仅深刻改变了世界，也深刻改变了中国。中华民族在几千年的历史进程中创造了灿烂的中华文明，为人类文明进步作出了重大贡献。1840年鸦片战争以后，西方列强凭着坚船利炮野蛮轰开了中国的大门，中华民族陷入内忧外患的悲惨境地。

帝国主义的野蛮侵略和中国人民的深重苦难引起了马克思高度关注。第二次鸦片战争期间，马克思撰写了十几篇关于中国的通讯，向世界揭露西方列强侵略中国的真相，为中国人民伸张正义。马克思、恩格斯高度肯定中华文明对人类文明进步的贡献，科学预见了"中国社会主义"的出现，甚至为他们心中的新中国取了靓丽的名字——"中华共和国"。

近代以后，争取民族独立、人民解放和实现国家富强、人民幸福就成为中国人民的历史任务。在旧式的农民战争走到尽头，不触动封建根基的自强运动和改良主义屡屡碰壁，资产阶级革命派领导的革命和西方资本主义的其他种种方案纷纷破产的情况下，十月革命一声炮响，为中国送来了马克思列宁主义，给苦苦探寻救亡图存出路的中国人民指明了前进方向、提供了全新选择。

在这个历史大潮中，一个以马克思主义为指导、一个勇担民族复兴历史大任、一个必将带领中国人民创造人间奇迹的马克思主义政党——中国共产党应运而生。

中国共产党诞生后，中国共产党人把马克思主义基本原理同中国革命和建设的具体实际结合起来，团结带领人民经过长期奋斗，完成新民主主义革命和社会主义革命，建立起中华人民共和国和社会主义基本制度，进行了社会主义建设的艰辛探索，实现了中华民族从东亚病夫到站起来的伟大飞跃。这一伟大飞跃以铁一般的事实证明，只有社会主义才能救中国！

改革开放以来，中国共产党人把马克思主义基本原理同中国改革开放的具体实际结合起来，团结带领人民进行建设中国特色社会主义新的伟大实践，使中国大踏步赶上了时代，实现了中华民族从站起来到富起来的伟大飞跃。这一伟大飞跃以铁一般的事实证明，只有中国特色社会主义才能发展中国！

在新时代，中国共产党人把马克思主义基本原理同新时代中国具体实际结合起来，团结带领人民进行伟大斗争、建设伟大工程、推进伟大事业、实现伟大梦想，推动党和国家事业取得全方位、开创性历史成就，发生深层次、根本性历史变革，中华民族迎来了从富起来到强起来的伟大飞跃。这一伟大飞跃以铁一般的事实证明，只有坚持和发展中国特色社会主义才能实现中华民族伟大复兴！

实践证明，马克思主义的命运早已同中国共产党的命运、中国人民的命运、中华民族的命运紧紧连在一起，它的科学性和真理性在中国得到了充分检验，它的人民性和实践性在中国得到了充分贯彻，它的开放性和时代性在中国得到了充分彰显！

实践还证明，马克思主义为中国革命、建设、改革提供了强大思想武器，使中国这个古老的东方大国创造了人类历史上前所未有的发展奇迹。历史和人民选择马克思主义是完全正确的，中国共产党把马克思主义写在自己的旗帜上是完全正确的，坚持马克思主义基本原理同中国具体实际相结合、不断推进马克思主义中国化时代化是完全正确的！

可以告慰马克思的是，马克思主义指引中国成功走上了全面建设社会主义现代化强国的康庄大道，中国共产党人作为马克思主义的忠诚信奉者、坚定实践者，正在为坚持和发展马克思主义而执着努力！

同志们！

恩格斯说过："一个民族要想站在科学的最高峰，就一刻也不能没有理论思维。"中华民族要实现伟大复兴，也同样一刻不能没有理论思维。马克思主义始终是我们党和国家的指导思想，是我们认识世界、把握规律、追求真理、改造世界的强大思想武器。

马克思主义思想理论博大精深、常学常新。新时代，中国共产党人仍然要学习马克思、学习和实践马克思主义，不断从中汲取科学智慧和理论力量，在统筹推进"五位一体"总体布局、协调推进"四个全面"战略布局中，更有定力、更有自信、更有智慧地坚持和发展新时代中国特色社会主义，确保中华民族伟大复兴的巨轮始终沿着正确航向破浪前行。

——学习马克思，就要学习和实践马克思主义关于人类社会发展规律的思想。马克思科学揭示了人类社会最终走向共产主义的必然趋势。马克思、恩格斯坚信，未来社会"将是这样一个联合体，在那里，每个人的自由发展是一切人的自由发展的条件"，"无产者在这个革命中失去的只是锁链。他们获得的将是整个世界。"马克思坚信历史潮流奔腾向前，只要人民成为自己的主人、社会的主人、人类社会发展的主人，共产主义理想就一定能够在不断改变现存状况的现实运动中一步一步实现。马克思主义奠定了共产党人坚定理想信念的理论基础。我们要全面掌握辩证唯物主义和历史唯物主义的世界观和方法论，深刻认识实现共产主义是由一个一个阶段性目标逐步达成的历史过程，把共产主义远大理想同中国特色社会主义共同理想统一起来、同我们正在做的事情统一起来，坚定中国特色社会主义道路自信、理论自信、制度自信、文化自信，坚守共产党人的理想信念，像马克思那样，为共产主义奋斗终身。

——学习马克思，就要学习和实践马克思主义关于坚守人民立场的思想。人民性是马克思主义最鲜明的品格。马克思说，"历史活动是群众的活动"。让人民获得解放是马克思毕生的追求。我们要始终把人民立场作为根本立场，把为人民谋幸福作为根本使命，坚持全心全意为人民服务的根本宗旨，贯彻群众路线，尊重人民主体地位和首创精神，始终保持同人民群众的血肉联系，凝聚起众志成城的磅礴力量，团结带领人民共同创造历史伟业。这是尊重历史规律的必然选择，是共产党人不忘初心、牢记使命的自觉担当。

——学习马克思，就要学习和实践马克思主义关于生产力和生产关系的思想。马克思主义认为，物质生产力是全部社会生活的物质前提，同生产力发展一定阶段相适应的生产关系的总和构成社会经济基础。生产力是推动社会进步最活跃、最革命的要素。"人们所达到的生产力的总和决定着社会状况。"生产力和生产关系、经济基础和上层建筑相互作用、相互制约，支配着整个社会发展进程。解放和发展社会生产力是社会主义的本质要求，是中国共产党人接力探索、着力解决的重大问题。新中国成立以来特别是改革开放以来，在不到70年的时间内，我们党带领人民坚定不移解放和发展社会生产力，走完了西方几百年的发展历程，推动我国快速成为世界第二大经济体。我们要勇于全面深化改革，自觉通过调整生产关系激发社会生产力发展活力，自觉通过完善上层建筑适应经济基础发展要求，让中国特色社会主义更加符合规律地向前发展。

——学习马克思，就要学习和实践马克思主义关于人民民主的思想。马克思、恩格斯指出，"无产阶级的运动是绝大多数人的，为绝大多数人谋利益的独立的运动"，"工人阶级一旦取得统治权，就不能继续运用旧的国家机器来进行管理"，必须"以新的真正民主的国家政权来代替"。国家机关必须由社会主人变为社会公仆，接受人民监督。我们要坚定不移走中国特色社会主义政治发展道路，在坚持党的领导、人民当家作主、依法治国有机统一中推进社会主义民主政治建设，不断加强人民当家作主的制度保障，加快推进国家治理体系和治理能力现代化，充分调动人民的积极性、主动性、创造性，更加切实、更有成效地实施人民民主。

——学习马克思，就要学习和实践马克思主义关于文化建设的思想。马克思认为，在不同的经济和社会环境中，人们生产不同的思想和文化，思想文化建设虽然决定于经济基础，但又对经济基础发生反作用。先进的思想文化一旦被群众掌握，就会转化为强大的物质力量;反之,落后的、错误的观念如果不破除,就会成为社会发展进步的桎梏。理论自觉、文化自信,是一个民族进步的力量;价值先进、思想解放,是一个社会活力的来源。国家之魂,文以化之,文以铸之。我们要立足中国,面向现代化、面向世界、面向未来,巩固马克思主义在意识形态领域的指导地位,发展社会主义先进文化,加强社会主义精神文明建设,把社会主义核心价值观融入社会发展各方面,推动中华优秀传统文化创造性转化、创新性发展,不断提高人民思想觉悟、道德水平、文明素养,不断铸就中华文化新辉煌。

——学习马克思,就要学习和实践马克思主义关于社会建设的思想。马克思、恩格斯设想,在未来社会中,"生产将以所有的人富裕为目的","所有人共同享受大家创造出来的福利"。恩格斯结合马克思在《共产党宣言》、《哥达纲领批判》、《资本论》等著作中提出的一系列主张,阐明在社会主义条件下,社会应该"给所有的人提供健康而有益的工作,给所有的人提供充裕的物质生活和闲暇时间,给所有的人提供真正的充分的自由"。人民对美好生活的向往就是我们的奋斗目标。我们要坚持以人民为中心的发展思想,抓住人民最关心最直接最现实的利益问题,不断保障和改善民生,促进社会公平正义,在更高水平上实现幼有所育、学有所教、劳有所得、病有所医、老有所养、住有所居、弱有所扶,让发展成果更多更公平惠及全体人民,不断促进人的全面发展,朝着实现全体人民共同富裕不断迈进。

——学习马克思,就要学习和实践马克思主义关于人与自然关系的思想。马克思认为,"人靠自然界生活",自然不仅给人类提供了生活资料来源,如肥沃的土地、鱼产丰富的江河湖海等,而且给人类提供了生产资料来源。自然物构成人类生存的自然条件,人类在同自然的互动中生产、生活、发展,人类善待自然,自然也会馈赠人类,但"如果说人靠科学和创造性天才征服了自然力,那么自然力也对人进行报复"。自然是生命之母,人与自然是生命共同体,人类必须敬畏自然、尊重自然、顺应自然、保护自然。我们要坚持人与自然和谐共生,牢固树立和切实践行绿水青山就是金山银山的理念,动员全社会力量推进生态文明建设,共建美丽中国,让人民群众在绿水青山中共享自然之美、生命之美、生活之美,走出一条生产发展、生活富裕、生态良好的文明发展道路。

——学习马克思,就要学习和实践马克思主义关于世界历史的思想。马克思、恩格斯说:"各民族的原始封闭状态由于日益完善的生产方式、交往以及因交往而自然形成的不同民族之间的分工消灭得越是彻底,历史也就越是成为世界历史。"马克思、恩格斯当年的这个预言,现在已经成为现实,历史和现实日益证明这个预言的科学价值。今天,人类交往的世界性比过去任何时候都更深入、更广泛,各国相互联系和彼此依存比过去任何时候都更频繁、更紧密。一体化的世界就在那儿,谁拒绝这个世界,这个世界也会拒绝他。万物并育而不相害,道并行而不相悖。我们要站在世界历史的高度审视当今世界发展趋势和面临的重大问题,坚持和平发展道路,坚持独立自主的和平外交政策,坚持互利共赢的开放战略,不断拓展同世界各国的合作,积极参与全球治理,在更多领域、更高层面上实现合作共赢、共同发展,不依附别人,更不掠夺别人,同各国人民一道努力构建人类命运共同体,把世界建设得更加美好。

——学习马克思,就要学习和实践马克思主义关于马克思主义政党建设的思想。马克思认为,"在无产阶级和资产阶级的斗争所经历的各个发展阶段上,共产党人始终代表整个运动的利益","他们没有任何同整个无产阶级的利益不同的利益",而是要"为绝大多数人谋利益",为建设共产主义社会而奋斗。共产党要"在全世界面前树立起可供人们用来衡量党的运动水平的里程碑"。始终同人民在一起，为人民利益而奋斗，是马克思主义政党同其他政党的根本区别。我们要统揽伟大斗争、伟大工程、伟大事业、伟大梦想，增强政治意识、大局意识、核心意识、看齐意识，持之以恒推进全面从严治党，坚持把党的政治建设摆在首位，坚持和加强党的全面领导，坚决维护党中央权威和集中统一领导，做到坚持真理、修正错误，永远保持共产党人政治本色，把党建设成为始终走在时代前列、人民衷心拥护、勇于自我革命、经得起各种风浪考验、朝气蓬勃的马克思主义执政党！

　　同志们！

　　中国共产党是用马克思主义武装起来的政党，马克思主义是中国共产党人理想信念的灵魂。1938年，毛泽东同志指出："如果我们党有一百个至二百个系统地而不是零碎地、实际地而不是空洞地学会了马克思列宁主义的同志，就会大大地提高我们党的战斗力量。"

　　回顾党的奋斗历程可以发现，中国共产党之所以能够历经艰难困苦而不断发展壮大，很重要的一个原因就是我们党始终重视思想建党、理论强党，使全党始终保持统一的思想、坚定的意志、协调的行动、强大的战斗力。

　　当前，改革发展稳定任务之重、矛盾风险挑战之多、治国理政考验之大都是前所未有的。我们要赢得优势、赢得主动、赢得未来，必须不断提高运用马克思主义分析和解决实际问题的能力，不断提高运用科学理论指导我们应对重大挑战、抵御重大风险、克服重大阻力、化解重大矛盾、解决重大问题的能力，以更宽广的视野、更长远的眼光来思考把握未来发展面临的一系列重大问题，不断坚定马克思主义信仰和共产主义理想。

　　从《共产党宣言》发表到今天，170年过去了，人类社会发生了翻天覆地的变化，但马克思主义所阐述的一般原理整个来说仍然是完全正确的。我们要坚持和运用辩证唯物主义和历史唯物主义的世界观和方法论，坚持和运用马克思主义立场、观点、方法，坚持和运用马克思主义关于世界的物质性及其发展规律，关于人类社会发展的自然性、历史性及其相关规律，关于人的解放和自由全面发展的规律，关于认识的本质及其发展规律等原理，坚持和运用马克思主义的实践观、群众观、阶级观、发展观、矛盾观，真正把马克思主义这个看家本领学精悟透用好。

　　全党同志特别是各级领导干部要更加自觉、更加刻苦地学习马克思列宁主义，学习毛泽东思想、邓小平理论、"三个代表"重要思想、科学发展观，学习新时代中国特色社会主义思想。要深入学、持久学、刻苦学，带着问题学、联系实际学，更好把科学思想理论转化为认识世界、改造世界的强大物质力量。共产党人要把读马克思主义经典、悟马克思主义原理当作一种生活习惯、当作一种精神追求，用经典涵养正气、淬炼思想、升华境界、指导实践。

　　对待科学的理论必须有科学的态度。恩格斯深刻指出："马克思的整个世界观不是教义，而是方法。它提供的不是现成的教条，而是进一步研究的出发点和供这种研究使用的方法。"恩格斯还指出，我们的理论"是一种历史的产物，它在不同的时代具有完全不同的形式，同时具有完全不同的内容"。科学社会主义基本原则不能丢，丢了就不是社会主义。同时，科学社会主义也绝不是一成不变的教条。我说过，当代中国的伟大社会变革，不是简单延续我国历史文化的母版，不是简单套用马克思主义经典作家设想的模板，不是其他国家社会主义实践的再版，也不是国外现代化发展的翻版。社会主义并没有定于一尊、一成不变的套路，只有把科学社会主义基本原则同本国具体实际、历史文化传统、时代要求紧密结合起来，在实践中不断探索总结，才能把蓝图变为美好现实。

理论的生命力在于不断创新，推动马克思主义不断发展是中国共产党人的神圣职责。我们要坚持用马克思主义观察时代、解读时代、引领时代，用鲜活丰富的当代中国实践来推动马克思主义发展，用宽广视野吸收人类创造的一切优秀文明成果，坚持在改革中守正出新、不断超越自己，在开放中博采众长、不断完善自己，不断深化对共产党执政规律、社会主义建设规律、人类社会发展规律的认识，不断开辟当代中国马克思主义、21世纪马克思主义新境界！

同志们！

今天，我们纪念马克思，是为了向人类历史上最伟大的思想家致敬，也是为了宣示我们对马克思主义科学真理的坚定信念。

恩格斯说："只要进一步发挥我们的唯物主义论点，并且把它应用于现时代，一个强大的、一切时代中最强大的革命远景就会立即展现在我们面前。"前进道路上，我们要继续高扬马克思主义伟大旗帜，让马克思、恩格斯设想的人类社会美好前景不断在中国大地上生动展现出来！

八、课后思考

（1）中华民族伟大复兴中国梦与青春梦的关系。
（2）如何理解"国之大者"，青年在实现第二个百年奋斗目标中应担负什么历史使命。

专题二：中国共产党人精神谱系的内涵

一、教学主题

本专题根据"思想道德与法治"第三章第一节内容进行设计。教学主题围绕深刻理解中国共产党人精神谱系的内涵展开，按照虚仿中心沉浸体验教学＋智慧教师深度理论研讨模式展开。虚仿中心的沉浸体验教学由五部分组成，包括："知课堂"互动交流讨论室通过中国共产党人精神谱系"知识图谱"和AR图片识别墙自主学习精神谱系总体架构；"情课堂"沉浸式数字长廊包括两个专题，即精神谱系"事件篇"和精神谱系"人物篇"，通过党百年以来四个历史阶段的重要历史事件和历史人物感悟中国共产党人精神谱系的内涵；"信课堂"全息数字剧场通过聆听数字人徐特立先生的课程讲授，回忆延安自然科学院的办学历程和真实故事，领悟延安精神；"行课堂"VR多人协同体验教学区通过沉浸式VR"重走长征路"，深刻体悟长征精神。

二、教材知识点

课程第三章"继承优良传统 弘扬中国精神"第一节"中国精神是兴国强国之魂"第三目"中国共产党是中国精神的忠实继承者和坚定弘扬者"要求理解中国共产党人精神谱系。教材指出"中国共产党人的精神谱系，由一个个鲜明具体的'坐标'组成，犹如鲜活生动的历史链条，展示了中国共产党人崇高的精神风范。这一精神谱系，是中国共产党领导人民在团结奋斗中共同创造的，集中体现了党的坚定信念、根本宗旨、优良作风，凝聚着中国共产党人艰苦奋斗、牺牲奉献、开拓进取的伟大品格，深深融入党、国家、民族、人民的血脉之中，极大丰富了中国精神的内涵，鼓舞和激励中国人民攻坚克难，不断从胜利走向新的胜利。"这个知识点包含的内容丰富，体系性强，影像资料多，情感体验性强，适合以虚拟仿真沉浸式教学方式展开。

三、虚仿场景设计

核心教学内容中通过虚拟仿真场景体验"重走长征路"。此部分设计有两种，包括PC端虚拟仿真实验和VR眼镜沉浸式体验。PC端核心仿真要素设计思路如下。

根据历史史实及环境，完成情景的再现与交互的拓展。实验中，虚拟场景及实物教学内容选自中国人民革命军事博物馆"纪念中国工农红军长征胜利80周年展览"第一部分至第五部分内容，把真实的史料数字化，用于虚拟仿真实验内容的制作。

虚拟仿真的角色情节选自：《红小鬼：打开尘封半个多世纪的红色档案》（王一楠，2007年1月1日，中共党史出版社）、《跟党走，就能实现我的革命理想"——访98岁老红军、毛主席在延安时期的卫士顾昌华》（徐林，中国军网）、《红军长征的故事：扛起指导员的枪来》、《雪山草地行军记》（杨定华）、《长征：前所未闻的故事》（美国记者索尔兹伯里），设计根据这些能够体现长征精神的事实进行合理的拓展，并结合教材思考题进行作业和讨论的设计。

为了让学生更好地体悟长征精神，实验中设计了指导员、老班长、红小鬼、卫生部部长等若干角色。学生可以选择其中的任一角色，来体会雪山行进中发生的不同故事，体会坚定革命的理想和信念，坚信正义事业必然胜利的精神，不怕任何艰难险阻，不惜付出一切的牺牲精神和患难与共、艰苦奋斗的精神，达到从不同视角体会、理解坚定理想信念在长征过程中发挥的作用和意义。

实验预设学生角色之一——"指导员"，在虚拟环境中扮演红军队伍中思想引导者的角色，通过语言和行动实践对长征队伍的进行鼓舞，理解长征中理想信念对人的支撑作用，体会并实践如何在危急情况下通过理想信念引导队伍。

实验预设学生角色之一——"老班长"，在虚拟环境中扮演红军队伍中长辈的角色，通过行动实践对新兵进行帮助，以及通过语言对新兵解惑，理解长征中信念对人素养的养成，体会并理解危机情况下乐观的革命精神。

实验预设学生角色之一——"红小鬼"，在虚拟环境中扮演红军队伍中新兵的角色，通过主动询问的方式，以普通新兵的视角，理解感受长征中理想信念对年轻人的影响力。

实验预设学生角色之一——"卫生部部长"，通过在虚拟环境中扮演红军队伍中卫生部部长的角色，实践面对艰苦的条件时如何保障革命大目标的完成，体会乐观的革命主义精神。

VR眼镜沉浸式体验设计如下。

现有条件下，在教室或教学场地建设了长征主题场景（包括长征真实环境中的石块和铁链、草鞋等）和专用VR体验场地（包括凹凸不平的地面/山路、设计出风口营造刮风的效果等），以营造更好的教学氛围，便于导入课程，辅助虚拟仿真实验教学。

在VR沉浸式眼镜中跟随队伍走夹金山、过悬崖、面对挑战等真实体验长征精神。

四、沉浸体验问题链

本专题学习过程中,让学生围绕"中国共产党人精神谱系的内涵"这一主题设计问题的前后测,即体验前同学们回答"中国共产党人精神谱系的内涵",形成词云图,教师进行分析;体验课程结束后,再次回答"中国共产党人精神谱系的内涵",再次形成词云图,教师对比分析。体验过程中通过手机 APP 设计系列问题,引导学生自主学习、反思性观察。问题链的设计包括:在"知课堂"通过知识图谱、AR 墙等内容思考"中国共产党人精神谱系"可分为哪几个类型,印象最深的精神是什么;在"情课堂"通过沉浸体验人物篇和事件篇数字长廊,回答模范人物的精神特质和形成这些精神的核心要素;在"意课堂"通过与数字人徐特立先生的对话,思考创办延安自然科学院的初心,引导学生思考科技自立自强和科技报国的意义,从而激发学生的爱国使命,具象化对延安精神的理解;在"行课堂"通过 VR 沉浸式体验"重走长征路",思考长征精神的内涵与要素,引导学生联想学习生活中遇到困难应该如何克服。

五、教学详案

(一)教学专题介绍

1. 教学内容

"思想道德与法治"第三章 第一节 中国精神是兴国强国之魂。

2. 教学主题

中国共产党人精神谱系的内容。

3. 教学时间

50 分钟。

4. 授课地点

全国高校思政课虚仿中心。

5. 教学对象

大一学生,40 人。

6. 教学目标

知识目标:通过沉浸体验和理论研讨相结合,深刻理解中国共产党人精神谱系的产生及发展,深刻认识精神谱系的内涵及其新时代表达。

能力目标:通过信息技术和多媒体环境的创设实现高阶思维的训练,提升认知能力、理解能力和实践能力。

素养目标:通过大量新媒体技术的运用,提升学生对于大数据、虚拟仿真、数字人等最新科技手段的媒介素养。

价值观目标:通过沉浸体验实现内心触动,通过理论研讨实现感性认识向理性认识转化,通过中国精神与学生实际相结合引导同学们树立崇高的科学价值观,建立科学信仰。

(二)参考书目及文章

《马克思恩格斯文集》(第 1 卷)(北京:人民出版社,2009)

《习近平谈治国理政》(第三卷)(北京:外文出版社,2020)

《高举中国特色社会主义伟大旗帜为全面建设社会主义现代化国家而团结奋斗——在中

国共产党第二十次全国代表大会上的报告》（北京：人民出版社，2022）

《习近平在庆祝中国共产党成立 100 周年大会上的讲话》（2021.7.1）

《在党史学习教育动员大会上的讲话》（北京：人民出版社，2021）

《中共中央关于党的百年奋斗重大成就和历史经验的决议》（北京：人民出版社，2021）

《中国共产党人精神谱系第一批伟大精神正式发布》（2021.9.29）

（三）学情分析

本专题的设计，旨在吸收沉浸体验教学的核心思想，重视学生在学习过程中的作用与角色，增加学生自主学习、体验、思考的比重，充分考虑学生的学习特点和学习需求，增加个性化的引导和教育，尽可能使教学过程符合学生的认知规律，增强学生在课堂中的参与认同感。因此授课团队通过质性研究方法，全面调研学生认知现状，总结学生的思想特征有以下几方面。

（1）新时代大学生主要特点包括阶层流动性降低、物质生活优越、移动互联网和内容大爆发、家校管教更民主、课业负担重等。

（2）学生三观表现为人生观方面凸显主体意识；世界观方面部分学生开始扩大视域，关注全球；价值观上对于健康、幸福、个人成长、美好生活和更丰富的精神世界有更多追求。

（3）有关中国精神主题，学生提出的困惑较多。其中共性问题如下。

①中国精神体现在哪里？在当代中国精神有什么价值、内涵和意义。

②中华民族的优秀传统有哪些？相比于其他优秀传统，中国精神的独特意义在哪里？

③实现中国梦，应该怎么弘扬中国精神？

综合上述学情分析，可以得出，对中国精神的理解要化抽象为具体，要丰富学生的沉浸体验，并在此基础上进行理论引导。学生的理论困惑要在感性认知基础上结合时代背景，通过国际比较和深度的理论进行分析，同时要丰富课堂教学形式，让学生参与进来，与学生共同分析问题、解答问题。

（四）教学重难点

（1）如何理解中国共产党人百年精神谱系：从哪来？内涵是什么？

（2）中国共产党人精神谱系如何助力青年成长？

（五）教学设计

1. 设计理念

（1）技术赋能，科学认知。借助信息技术实现从感性认识到理性认识，从沉浸体验到理论研讨，最后实现升华和行动转化；实现对中国共产党百年精神谱系从入眼、入耳到入脑、入心，并转化为实际生活中的精神动力。

（2）教师主导，学生主体。教师主导，以学生为中心，注重个性化需求和引导。在虚拟仿真沉浸体验教学中心，充分运用信息技术，教师和团队设计好教学场景，学生沉浸式体验，进行反思性观察，教师在整个过程中关注并记录学生感受，进行个性化引导和交流。

（3）精神构建，价值引领。注重结合学生实际，回应学生的真实问题。当前大学生最大的问题是缺想法、缺思路，精神层面的引领比较匮乏。中国精神专题的教学要实现从抽象到具体、从历史到未来、从他者到自我的迁移，最终实现精神世界的建构和践行。

2. 创新点

（1）教学理念上沉浸体验与理论研讨相结合达到教学效果。运用新媒体技术，先组织同学们在虚仿中心对中国精神形成感性认识，再到智慧教室进行理论讲授，从感性认识上升到理性认知，破解中国精神抽象、不好教授的难点问题。

（2）教学内容上从大历史观讲精神谱系。一方面从传统文化、革命文化分析精神谱系的深刻内涵，另一方面结合新时代讲述中国精神的新时代内涵，并落脚到每一个学生的行动之上。

（3）教学方法上实现多种新媒体技术融合创新。授课过程充分运用多种新媒体，如手机APP、AR识别、VR虚拟仿真技术、数字人、数字长廊、知识图谱、智慧教室电子屏等综合实现教学效果。

3. 教学思路与环节

	教学内容	教学手段	教学效果
虚拟仿真沉浸体验教学中心（沉浸体验30分钟）	精神谱系知识图谱	知识图谱沉浸体验与互动答题	了解中国共产党人精神谱系全貌
	精神谱系-人物篇/事件篇	数字长廊沉浸体验+与老师互动交流	对精神谱系中的人物和事件有更深入的认识并在与老师的交流中对照自身进行反思
	VR沉浸体验长征精神	虚拟仿真重走长征路	切身感受长征的艰难与不易，直击灵魂
	数字人讲述延安精神	数字人徐特立对话，与老师探讨交流	深刻领悟延安精神与反思新时代青年使命
互动交流室（理论研讨20分钟）	中国共产党人精神谱系的历史脉络	教师理论讲授+学生参与式互动	在沉浸体验基础搭建体系，深度认知
	中国共产党人精神谱系的精髓要义	结合学生虚拟仿真沉浸体验前后测提取关键词，阐释内涵，总结精髓	深刻理解内涵，总结出历史主动精神，并内化
	中国共产党人精神谱系的赓续发展	教师理论讲授+学生通过电子屏实现参与式互动	传好"基因链"，用好"传家宝"，画好"路线图"，将精神谱系内化到个人的人生规划上来

（六）教学进程（50分钟）

1. 导入和任务分配（2分钟）

【导入】精神系列图片展播，请同学们回答这些图片背后呈现的是什么？

今天我们在虚仿中心让大家身临其境地了解这些图片背后的故事和所有故事背后的中国

精神。

【课前测】请同学们拿出手机 APP 完成课前测——"中国共产党人百年精神谱系的内涵是……"

【课程内容介绍】接下来我们的两节课将按照沉浸体验+理论教授的方式进行，在虚仿中心同学们充分地沉浸体验和感受中国共产党百年精神谱系的丰富内容。在"情课堂"，有知识图谱的体验。在"信课堂"，数字长廊有精神谱系的全貌呈现以及按照"人物篇"和"事件篇"对谱系进行深入理解。在"行课堂"，我们有关于长征精神的 VR 沉浸式体验。在"知课堂"，我们有关于延安精神的数字人对话。

现在将同学们分为 4 组，请大家打开"知行健"手机 APP，根据任务在不同的功能区进行体验、思考并记录下感受，在体验过程中请大家围绕"中国共产党人精神谱系的内涵"进行深度思考，我将在不同的地方与每位同学进行讨论和互动。

2. 互动交流室"知课堂"——知识图谱+AR 学习（8 分钟）（见图 12.1、图 12.2）

同学们通过触摸式有声电子屏绘制的中国精神知识图谱和文字、图片、视频等对每个精神有初步的认识，进行互动答题，加强印象。在延安记忆的 AR 墙上通过手机 APP 上 AR 识别，了解到延安精神中的小故事（杨家岭的雷声、毛泽东的"代耕员"、周恩来的旧大衣、兄妹开荒、拥军花鼓、中国人民的老朋友、徐老身边的陈康白）。

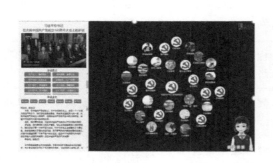
图 12.1　中国精神知识图谱

图 12.2　延安记忆 AR 墙

3. 数字长廊"情课堂"——人物篇+事件篇（12 分钟）

地面以文字呈现中央宣传部梳理的第一批纳入中国共产党人精神谱系的伟大精神：建党精神；井冈山精神、苏区精神、长征精神、遵义会议精神、延安精神、抗战精神、红岩精神、西柏坡精神、照金精神、东北抗联精神、南泥湾精神、太行精神（吕梁精神）、大别山精神、沂蒙精神、老区精神、张思德精神；抗美援朝精神、"两弹一星"精神、雷锋精神、焦裕禄精神、大庆精神（铁人精神）、红旗渠精神、北大荒精神、塞罕坝精神、"两路"精神、老西藏精神（孔繁森精神）、西迁精神、王杰精神；改革开放精神、特区精神、抗洪精神、抗击"非典"精神、抗震救灾精神、载人航天精神、劳模精神（劳动精神、工匠精神）、青藏铁路精神、女排精神；脱贫攻坚精神、抗疫精神、"三牛"精神、科学家精神、企业家精神、探月精神、新时代北斗精神、丝路精神。

9 块电子屏呈现 2 个专题的谱系

（1）人物篇（8 块电子屏　第 9 块屏放字幕背景和音乐）。

时期	精神	代表人物	人物介绍
新民主主义革命时期	东北抗联精神	杨靖宇	东北抗日联军的主要创建者和领导人之一，1932年，受党中央委托到东北组织抗日联军，任抗日联军总指挥政委等职。率领东北军民与日寇血战于白山黑水之间，他在冰天雪地，弹尽粮绝的紧急情况下，孤身一人与大量日寇周旋战斗几昼夜后壮烈牺牲
	张思德精神	张思德	共产主义战士，全心全意为人民服务的典范。在一次反六路围攻的战斗中，他右腿先后两次负伤仍强忍剧痛，冲入敌阵，缴获了敌人两挺机枪。在长征途中，他曾两度经过人迹罕至的雪山、草地，历尽千辛万苦。1944年9月5日，他带领战士们在陕北安塞县执行烧炭任务时，即将挖成的窑洞突然塌方，他奋力把战友推出洞去，自己却被埋在窑洞中，牺牲时年仅29岁。张思德成了为人民服务的代名词
社会主义革命和建设时期	"两弹一星"精神	钱学森	世界著名科学家，空气动力学家，中国载人航天奠基人，"中国科技之父"和"火箭之王"，由于钱学森回国效力，中国导弹、原子弹的发射至少向前推进了20年
	焦裕禄精神	焦裕禄	焦裕禄同志1962年12月到河南省兰考县工作，1964年5月积劳成疾病故。兰考县饱受风沙、盐碱、内涝之患，他身先士卒、以身作则，带领全县人民开展封沙、治水、改地的斗争
改革开放和社会主义建设新时期	孔繁森精神	孔繁森	1979年，国家要从内地抽调一批干部到西藏工作，时任地委宣传部副部长的孔繁森主动报名，并写下了"是七尺男儿生能舍己，作千秋鬼雄死不还乡"的条幅。在孔繁森的勤奋工作下，阿里经济有了较快的发展。他为了制定能把阿里地区的经济带上新台阶的规划，准备在最有潜力的边贸、旅游等方面下功夫。为此，他率领相关单位，亲自去新疆西南部的塔城进行边境贸易考察。1994年11月29日，他在完成任务返回阿里途中，不幸发生车祸，以身殉职，时年50岁
	杨善洲精神	杨善洲	1951年5月参加工作，1952年11月入党，曾任云南省保山地委书记。1988年3月退休以后，主动放弃进省城安享晚年的机会，扎根大亮山，带领大家植树造林建成面积5.6万亩（37.33 km^2），价值3亿元的林场，并将林场无偿捐赠给国家。 杨善洲在退休之后，获得"全国绿化十大标兵""全国绿化奖章""全国老有所为先进个人"等众多荣誉，被誉为"活着的孔繁森"

续表

时期	精神	代表人物	人物介绍
中国特色社会主义进入新时代	李保国精神	李保国	李保国先后出版专著5部，发表学术论文100余篇，完成山区开发研究成果28项，推广了36项林业技术，示范推广总面积1 080万亩（7 200 km^2），累计应用面积1 826万亩（12 173.33 km^2），累计增加农业产值35亿元，纯增收28.5亿元，建立了太行山板栗集约栽培、优质无公害苹果栽培、绿色核桃栽培等技术体系，培育出多个全国知名品牌，走出了一条经济、社会、生态效益同步提升的扶贫新路，被村民誉为"太行山上的新愚公"
	科学家精神	袁隆平、吴孟超、南仁江等	一项项举世瞩目的科学成就不断书写着中华民族辉煌的创新史诗。科学成就离不开科学精神支撑，科学家精神是科技工作者在长期实践中积累的宝贵精神财富

提示同学们注意看这8个人的精神面貌，让同学们通过观察和比较，总结出5个共同的精神气质，深入思考我想活成什么样的人。

（2）事件篇。

时期	精神	代表事件	事件介绍
新民主主义革命时期	建党精神	南陈北李相约建党	一百年前，中国共产党的先驱们创建了中国共产党，形成了坚持真理、坚守理想，践行初心、担当使命，不怕牺牲、英勇斗争，对党忠诚、不负人民的伟大建党精神，这是中国共产党的精神之源
	抗战精神	抗日战争	在中国人民抗日战争的壮阔进程中，形成了伟大的抗战精神，中国人民向世界展示了天下兴亡、匹夫有责的爱国情怀，视死如归、宁死不屈的民族气节，不畏强暴、血战到底的英雄气概，百折不挠、坚韧不拔的必胜信念。伟大的抗战精神，是中国人民弥足珍贵的精神财富，永远是激励中国人民克服一切艰难险阻、为实现中华民族伟大复兴而不懈奋斗的强大精神动力
社会主义革命和建设时期	抗美援朝精神	抗美援朝	1950年10月19日，中国人民志愿军6个军共18个师，雄赳赳，气昂昂，跨过鸭绿江，奔赴抗美援朝前线。在极不对称、极为艰难的条件下，1950年10月25日至1951年6月10日，中国人民志愿军同朝鲜人民军密切配合，连续进行了5次战役，把侵略军从鸭绿江和图们江边赶回到三八线附近，一举收复了朝鲜北部广大土地。经过艰苦卓绝的战斗，最终迫使帝国主义侵略者于1953年7月27日在停战协定上签字
	塞罕坝精神	塞罕坝林场的建造	1962年，塞罕坝机械林场正式组建成立，拉开了在塞罕坝艰苦创业的序幕。到1978年，塞罕坝基本实现了造林初期的主要目标。从1983年开始，塞罕坝建设者的主要任务由造林为主转向森林抚育和经营。塞罕坝林场成为世界上最大的集中连片的人工森林。1993年5月，塞罕坝经批准正式成为国家森林公园。成为我国推进生态文明建设的一个生动范例

续表

时期	精神	代表事件	事件介绍
改革开放和社会主义建设新时期	抗震救灾精神	2008年汶川地震抗震救灾	2008年5月12日，四川汶川发生里氏8.0级特大地震。在党中央、国务院和中央军委领导下，我们开展了历史上救援速度最快、动员范围最广、投入力量最大的抗震救灾斗争，最大限度地挽救了受灾群众生命，最大限度地降低了灾害造成的损失，夺取了抗震救灾斗争的重大胜利，形成了万众一心、众志成城，不畏艰险、百折不挠，以人为本、尊重科学的伟大抗震救灾精神
	载人航天精神	2003年"神舟五号"飞船首次载人飞行	几十年来，航天人艰苦创业、奋力攻关，取得了连战连捷的辉煌战绩，使我国空间技术发展跨入了国际先进行列。从2003年10月中国第一艘载人飞船"神舟五号"成功发射，到实现我国太空出舱、交会对接、在轨补加等多项核心技术"零"的突破，再到"天和"核心舱发射成功，标志我国空间站建造进入全面实施阶段……载人航天事业的巨大成就
中国特色社会主义进入新时代	丝路精神	"一带一路"倡议	2013年9月和10月，中华人民共和国主席习近平在出访中亚和东南亚国家期间，先后提出共建"丝绸之路经济带"和"21世纪海上丝绸之路"的重大倡议（即"一带一路"）。丝绸之路作为人文社会的交往平台，多民族、多种族、多宗教、多文化在此交汇融合，在长期交往过程中各个国家之间形成了"团结互信、平等互利、包容互鉴、合作共赢，不同种族、不同信仰、不同文化背景的国家可以共享和平，共同发展"的丝路精神
	脱贫攻坚精神	全面消除绝对贫困	数百万扶贫干部倾力奉献、苦干实干，同贫困群众想在一起、过在一起、干在一起；广大脱贫群众激发了奋发向上的精气神，努力用自己的双手创造幸福生活；社会各界关爱贫困群众、关心减贫事业、投身脱贫行动，弘扬和衷共济、团结互助美德，生动彰显了脱贫攻坚精神

提示同学们把自己置于这些历史事件中，思考我会怎么做，得出认识——在任何时代、任何时候最能支撑自己的都是精神。教师在与学生互动过程中引导大家结合自己的专业和人生规划思考中国精神。

4. 数字剧场"意课堂"——数字人徐特立（4分钟）

同学们在全息数字剧场通过聆听数字人徐特立先生讲述实现"知红色党史，悟延安精神"。组织同学们讨论：如果我生在那个年代，作为青年学子，我会不会奔赴延安？在没有教室、没有教材、没有设备的条件下，我应该如何学习、解决边区的困难？面临技术封锁，我们应该怎么办？

5. 沉浸体验"行课堂"——VR体验"重走长征路"（6分钟）

教师首先简单介绍：夹金山是中央红军长征中翻越的第一座大雪山，藏语意为"又高又陡的山"。它位于四川省雅安市宝兴县西北，主峰海拔4 000多米，终年积雪，空气稀薄，天气变化无常，常人难以攀越。中国工农红军第一方面军强渡大渡河、飞夺泸定桥之后，计划翻越夹金山。"夹金山上终年积雪，山顶空气稀薄。必须在每天下午4时前走过，上下30

公里中途不能停留，否则，大风雪来了就会冻死在山上。""有些红军光着脚板，衣服都烂了，吃不饱穿不暖。""有的同志太累了，坐下去想休息一会儿，可是一坐下就再也起不来了""山上没有路，全靠踩着前面部队的脚印走，两旁是笔陡的大山沟，要是一失脚摔下去，别说活，恐怕连成块的骨头也难剩下。"

同学们戴上VR眼镜沉浸体验爬雪山的艰难，沉浸体验完后与老师进行交流。

6. 回到"知课堂"理论研讨（18分钟）

根据同学们沉浸体验前后对"中国共产党人精神谱系内涵"理解的差异，引导同学们自己定义中国共产党人精神谱系的内涵（6个方面）。（见图12.3～图12.5）

图12.3 沉浸体验前

图12.4 沉浸体验后

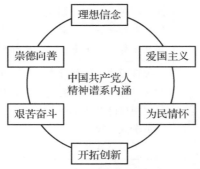
图12.5 中国共产党人精神谱系内涵

【讨论分享】与老师交流互动

【理论讲授】历史主动精神

【理论解读】历史主动精神是唯物史观的内在要求，是遵循客观规律与发挥主观能动性的统一，是推动历史发展合规律性与合目的性的统一。

【板书】唯物史观中关于精神的反作用力图示（见图12.6）

带领学生认识精神对经济基础和生产力的反作用力。

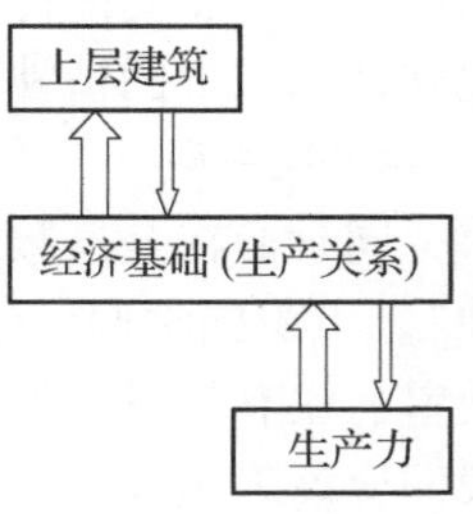

图12.6 精神的反作用力

【课程内容】赓续发展

（1）传好"基因链"，为人民谋幸福。（见图12.7）

引导同学们认识中国共产党人精神谱系的实质不是牺牲，而是为更多人更好地生活。

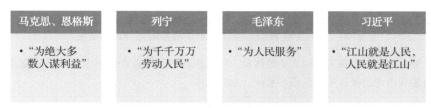

图 12.7　传好"基因链"

（2）用好"传家宝"，直面新时代的风险与挑战。

【经典】习近平总书记指出："我们现在所处的，是一个船到中流浪更急、人到半山路更陡的时候，是一个愈进愈难、愈进愈险而又不进则退、非进不可的时候。"

【交流分享】

结合同学们实际生活学习中的内卷焦虑等问题，交流我们处于特殊的年代，要如何用好中国共产党人精神谱系这个"传家宝"直面新时代的风险与挑战

（3）画好"路线图"，助力中国梦。

【课堂活动】每位同学拿出一张白纸，通过沉浸体验和理论讲授，结合自己的人生目标画出和自己当下成长状态相关的精神路线图。教师随堂挑选同学到电子屏上画图并分享。

【总结】中国共产党人精神谱系的内涵

【思考题】中国共产党人精神谱系的世界价值

【作业】丰富并完善我的"精神谱系"图，作业完成后拍照，APP 提交

【延伸阅读】《共产党宣言》《马克思恩格斯论中国》

（七）课程评价

几年来通过课程改革，同学们对"思想道德与法治"这门课程评价优秀率达98%，5分制评分达4.9，同学们纷纷表示"收获颇丰，思想提升了，能力提升了，原来思修课还可以这么有趣！""通过课程，我们明确了自己的人生目标"。本次课程同学们的评价反馈如下。

序号	学生参与沉浸体验教学活动的部分反馈意见
1	先在虚仿中心进行感性体验，然后再在智慧教室进行理性课程学习的设计非常优秀！在虚仿中心我能身临其境地"重走长征路"，和徐特立老先生面对面，体会中国共产党人的精神谱系的内涵。在智慧教室通过老师的教学以及同学们的讨论分享，我对中国共产党人精神谱系内涵有了更加深入地了解，有很大的收获
2	对中国精神有了更深刻地理解，课堂形式焕然一新，科技与传统并存，理性与感性并重，满满的收获感
3	虚仿中心的教学有很多科技元素，将中国精神这一抽象元素通过科技具体展现出来，更加便于理解。在智慧教室的课程基于仿真中心的感性体验使得理论教学更加深刻。教室的理论教学互动环节很多，每个人都可以参与其中，上课内容结构清晰，并且与仿真中心的案例有机结合。本次课程感觉非常新颖
4	可以身临其境地体验到老一辈革命家的精神风貌，对深入理解共产党人的精神谱系内涵十分有帮助

续表

序号	学生参与沉浸体验教学活动的部分反馈意见
5	在虚仿中心实现了身临其境地体验，印象很深刻，要比在课本上看到认识更清晰。智慧教室的理论课也很扎实，讲得很系统，总之很棒
6	在虚仿中心对中国精神的感性体验给我留下了深刻印象，数字长廊、VR 体验还有徐特立老先生都让我对中国精神内涵有了更丰富更深刻地感受。智慧教室里老师的讲解让我在中国共产党人精神谱系理论上学到了更多相关知识，受益匪浅
7	在虚仿中心的体验对我而言是一种对中国精神更为感性真实的理解过程，体验了和历史人物面对面，在长廊中沉浸式重温这些百年人物和百年大事，在 VR 体验中和红军战士共赴雪山，所有这些体验都让我切身体会到了中国精神的内涵和强大力量
8	感性与理性的结合，对于知识有更加深入的理解，对于理解整个精神，对于自己的生涯规划有极大的帮助
9	下午在智慧教室里，老师讲述的理论和帮助我们构建的精神图谱是引导我们更清晰地把握中国精神发展脉络和组成的关键。总之，这种理论与体验相结合的授课模式令我感触颇深，受益匪浅
10	课堂是在用不同的形式给我们传达中国精神的深厚内涵。数字长廊、AR、VR 给我们带来的是全新的课堂体验和身临其境的精神感受，而理论课则进一步引发我们的思考，让我们从心底巩固中国精神留下的深刻印记
11	在虚仿中心的长廊，当精神长廊亮起的那一刻，我感觉自己在朝圣
12	收获满满，这一次的体验令我印象深刻，让我从多角度、全方位对中国精神以及中国共产党精神谱系有了更加深入的了解。此外，智慧教室以及虚拟仿真教学中心是思政课教学模式的重要创新，能够让我们以沉浸式的模式感受课堂，让枯燥的知识变得生动
13	在虚仿中心，看着张思德、袁隆平、钟南山等前辈，在老师的介绍下，我眼睛湿润了，更加理解了"为什么我的眼里常含泪水"这句话。在课堂上，理论方面的介绍让我对中国共产党人的精神有了更具体的认知，也发现了当代年轻人有报国之志者不在少数
14	虚仿中心的数字走廊、VR 等，让人身临其境，令人记忆深刻。智慧教室的讲解让我对中国精神有了进一步的认识
15	虚仿中心的教学更有代入感和体验感，很震撼；课堂的教学生动形象
16	非常有科技感与代入感的虚仿中心，丰富多彩的课堂内容，感性与理性相结合，让我更好地理解了中国共产党人的精神谱系
17	体验很棒，体会到了中国精神的伟大内涵

六、小组讨论

教师引导学生们共同思考六种精神内涵。

（一）理想信念（结合学生沉浸体验的长征精神展开论述）

李昌禹《人民日报》：没有理想信念，红军连一千里都走不了！

【引导式教学】结合长征过程中的统计数据（见图12.8），引导同学们认识到长征精神中的理想信念

年龄	时间	路程	战斗
将领的平均年龄仅25岁	一共368天	共两万五千里①	共380次战斗
战士平均年龄不足20岁	白天行军235天	平均走182公里休息1天 日均行军37公里②	15天大决战
14~18岁的战士至少占40%	夜晚行军18天	每走300米就有1人牺牲	突破10个地方军阀封锁
甚至还有9岁到12岁的少年	平均每天都有一次遭遇战	翻过20座山脉，5座终年积雪， 平均海拔5000米 渡过江河24条(血染湘江)	穿越11个省，占领62个城市， 经过6个少数民族地区

——中央红军长征数据统计

图12.8　中央红军长征数据统计

（二）爱国主义

【思考】中国共产党人的爱国主义与外国人的爱国主义区别是什么？

通过对于"爱国主义"一词的翻译引导同学们思考，中国共产党人的爱国主义是patriotism还是nationalism？

【讲授】中国共产党人的爱国主义具有五个方面的深刻统一性：文化统一性、历史统一性、理论统一性、主体统一性和制度统一性

（三）为民情怀

【讲授】通过图片讲故事。张思德为人民服务；延安时期：只见公仆不见官；焦裕禄："心中装着全体人民、唯独没有他自己"；沂蒙红嫂把最后一块布、最后一粒米、最后一个儿子交给中国共产党，诠释着水乳交融的军民鱼水情

（四）开拓创新

【举例】"两弹一星"精神—北斗精神—载人航天精神

【互动讨论】与学生实际相结合

（五）艰苦奋斗（见图12.9）

见图12.9　艰苦奋斗的精神

---

① 1里 = 500米。

② 1公里 = 1 000米。

【互动】让同学们猜猜这四幅图是什么，有什么共同点。

延安精神——开发南泥湾、塞罕坝精神——沙漠变绿洲、大庆精神——开发油田、红旗渠精神——开山挖渠，引导同学们思考这些精神都源于愚公精神，引导大家意识到中国共产党人精神谱系的传承性。

（六）崇德向善

【案例】不吃一个苹果的故事

辽宁锦州出苹果，辽西战役的时候，正是秋天，老百姓家里很多苹果，我们战士一个都不去拿。战士们自觉地认为：不吃是很高尚的，吃了是很卑鄙的，因为这是人民的苹果。毛主席说："我们的纪律就是建筑在这个自觉性上边"，此外，还有"不改变兰考的面貌，我绝不离开这里"的焦裕禄精神，"人的生命是有限的，可是，为人民服务是无限的"雷锋精神以及"缺氧不缺精神"的老西藏精神。

【小组讨论】请同学们思考这六种精神内涵共同的精神标识

七、延伸课堂

弘扬以伟大建党精神为源头的中国共产党人精神谱系
中共中央党史和文献研究院院务会理论学习中心组
2023年2月1日

精神是一个民族赖以长久生存的灵魂，唯有精神上达到一定的高度，这个民族才能在历史的洪流中屹立不倒、奋勇向前。党的二十大站在党和国家事业发展全局的战略高度，把"弘扬伟大建党精神"写进大会主题，强调"弘扬以伟大建党精神为源头的中国共产党人精神谱系"，将"弘扬坚持真理、坚守理想，践行初心、担当使命，不怕牺牲、英勇斗争，对党忠诚、不负人民的伟大建党精神"写入党章。新征程上，要深入学习习近平总书记关于党的伟大精神的重要论述，认真落实党的二十大的部署要求，大力弘扬以伟大建党精神为源头的中国共产党人精神谱系，为全面建设社会主义现代化国家、全面推进中华民族伟大复兴提供强大精神支撑。

一、党的百年历史是伟大奋斗史和伟大精神史的有机统一

历史从哪里开始，精神就从哪里产生。在庆祝中国共产党成立一百周年大会上，习近平总书记鲜明提出伟大建党精神："一百年前，中国共产党的先驱们创建了中国共产党，形成了坚持真理、坚守理想，践行初心、担当使命，不怕牺牲、英勇斗争，对党忠诚、不负人民的伟大建党精神，这是中国共产党的精神之源。"一百多年来，一代又一代中国共产党人弘扬伟大建党精神，不畏艰难险阻、直面风险挑战，顽强拼搏、不懈奋斗，展现出伟大的历史主动精神，构筑起中国共产党人的精神谱系。

新民主主义革命时期，党面临的主要任务是，反对帝国主义、封建主义、官僚资本主义，争取民族独立、人民解放，为实现中华民族伟大复兴创造根本社会条件。党团结带领人民经过北伐战争、土地革命战争、抗日战争、解放战争，以武装的革命反对武装的反革命，建立了人民当家作主的中华人民共和国，书写了"中国人民从此站起来了"的奋斗史诗。在这一伟大历史进程中，形成了井冈山精神、苏区精神、长征精神、遵义会议精神、延安精神、抗战精神、红岩精神、西柏坡精神、照金精神、东北抗联精神、南泥湾精神、太行精神（吕梁精神）、大别山精神、沂蒙精神、老区精神、张思德精神等伟大精神。浴血奋战、百

折不挠，是这些伟大精神的时代特征，也是这一时期伟大奋斗的历史特点。

社会主义革命和建设时期，党面临的主要任务是，实现从新民主主义到社会主义的转变，进行社会主义革命，推进社会主义建设，为实现中华民族伟大复兴奠定根本政治前提和制度基础。党团结带领人民消灭在中国延续几千年的封建剥削压迫制度，战胜帝国主义、霸权主义的颠覆破坏和武装挑衅，实现了中华民族有史以来最为广泛而深刻的社会变革，实现了一穷二白、人口众多的东方大国大步迈进社会主义社会的伟大飞跃，书写了"建设一个新世界"的奋斗史诗。在这一伟大历史进程中，形成了抗美援朝精神、"两弹一星"精神、雷锋精神、焦裕禄精神、大庆精神（铁人精神）、红旗渠精神、北大荒精神、塞罕坝精神、"两路"精神、老西藏精神、西迁精神、王杰精神等伟大精神。自力更生、发愤图强，是这些伟大精神的时代特征，也是这一时期伟大奋斗的历史特点。

改革开放和社会主义现代化建设新时期，党面临的主要任务是，继续探索中国建设社会主义的正确道路，解放和发展社会生产力，使人民摆脱贫困、尽快富裕起来，为实现中华民族伟大复兴提供充满新的活力的体制保证和快速发展的物质条件。党团结带领人民战胜来自各方面的风险挑战，开创、坚持、捍卫、发展中国特色社会主义，实现了从生产力相对落后的状况到经济总量跃居世界第二的历史性突破，实现了人民生活从温饱不足到总体小康、奔向全面小康的历史性跨越，书写了"中国大踏步赶上了时代"的奋斗史诗。在这一伟大历史进程中，形成了改革开放精神、特区精神、抗洪精神、抗击"非典"精神、抗震救灾精神、载人航天精神、劳模精神（劳动精神、工匠精神）、青藏铁路精神、女排精神等伟大精神。解放思想、锐意进取，是这些伟大精神的时代特征，也是这一时期伟大奋斗的历史特点。

中国特色社会主义进入新时代，党面临的主要任务是，实现第一个百年奋斗目标，开启实现第二个百年奋斗目标新征程，朝着实现中华民族伟大复兴的宏伟目标继续前进。以习近平同志为核心的党中央团结带领全党全军全国各族人民，全面贯彻党的基本理论、基本路线、基本方略，采取一系列战略性举措，推进一系列变革性实践，实现一系列突破性进展，取得一系列标志性成果，经受住了来自政治、经济、意识形态、自然界等方面的风险挑战考验，党和国家事业取得历史性成就、发生历史性变革，推动我国迈上全面建设社会主义现代化国家新征程，书写了"推进中华民族从站起来、富起来到强起来"的奋斗史诗。在这一伟大历史进程中，形成了脱贫攻坚精神、抗疫精神、"三牛"精神、科学家精神、企业家精神、探月精神、新时代北斗精神、丝路精神、北京冬奥精神等伟大精神。自信自强、守正创新，是这些伟大精神的时代特征，也是这一时期伟大奋斗的历史特点。

伟大事业孕育伟大精神，伟大精神引领伟大事业。我们党团结带领人民走过的百年光辉历程，是为实现中华民族伟大复兴而不懈奋斗的历史，也是弘扬伟大建党精神并构建起中国共产党人精神谱系的历史。伟大奋斗史和伟大精神史有机统一，党的伟大精神是奋斗历史的升华，党的奋斗历史是伟大精神的展开。随着新时代中国特色社会主义事业的发展，我们必将创造新的奋斗成就、铸就新的伟大精神。

二、以伟大建党精神为源头的中国共产党人精神谱系是百年大党风华正茂的基因密码

历史川流不息，精神代代相传。以伟大建党精神为源头的中国共产党人精神谱系，跨越时空、历久弥新，集中体现了党的坚定信念、根本宗旨、优良作风，凝聚着中国共产党人艰苦奋斗、牺牲奉献、开拓进取的伟大品格，深深融入我们党、国家、民族、人民的血脉之

中，为我们立党兴党强党提供了丰厚滋养。我们党之所以历经百年而风华正茂、饱经磨难而生生不息，就是凭着那么一股革命加拼命的强大精神。

以伟大建党精神为源头的中国共产党人精神谱系，集中体现了中国共产党思想先进、信仰坚定的鲜明特质。马克思主义是我们立党立国、兴党兴国的根本指导思想。近代以来，我们党之所以能够完成中国其他各种政治力量不可能完成的艰巨任务，就在于始终把马克思主义作为行动指南，坚持把马克思主义基本原理同中国具体实际相结合、同中华优秀传统文化相结合，不断推进马克思主义中国化时代化；之所以能够经受一次次挫折而又一次次奋起，就在于始终把实现共产主义作为远大理想和崇高追求，坚定不移沿着中国特色社会主义道路前进。革命理想高于天，理想信念之火一经点燃就会产生巨大的精神力量。对马克思主义、共产主义的信仰，对中国特色社会主义的信念，是中国共产党人精神谱系的理论基石，是我们党历经百年而风华正茂的思想优势。

以伟大建党精神为源头的中国共产党人精神谱系，集中体现了中国共产党初心不改、本色依旧的鲜明特质。中国共产党从登上中国政治舞台的那一刻起，就把为中国人民谋幸福、为中华民族谋复兴确立为自己的初心使命。回顾党的历史，为什么我们党在那么弱小的情况下能够逐步发展壮大起来，在腥风血雨中能够一次次绝境重生，在攻坚克难中能够不断从胜利走向胜利，根本原因就在于不管是处于顺境还是逆境，我们党始终坚守为中国人民谋幸福、为中华民族谋复兴这个初心使命，义无反顾向着这个目标前进，从而赢得了人民衷心拥护和坚定支持。我们党在不同历史时期有不同奋斗目标和工作任务，但这些目标和任务总体上都服从服务于为中国人民谋幸福、为中华民族谋复兴。始终坚持为中国人民谋幸福、为中华民族谋复兴，是中国共产党人精神谱系的实践价值，是我们党历经百年而风华正茂的政治优势。

以伟大建党精神为源头的中国共产党人精神谱系，集中体现了中国共产党意志顽强、作风优良的鲜明特质。"人生天地间，长路有险夷。"我们党在内忧外患中诞生、在历经磨难中成长、在攻坚克难中壮大，为了人民、国家、民族，为了理想信念，无论敌人如何强大、道路如何艰险、挑战如何严峻，总是绝不畏惧、绝不退缩，不怕牺牲、百折不挠。据不完全统计，从1921年至1949年，我们党领导的革命队伍中，仅有名可查的烈士就达三百七十多万人。在抗美援朝战场上，中国人民志愿军以"钢少气多"力克"钢多气少"，涌现出三十多万名英雄功臣和近六千个功臣集体。在脱贫攻坚斗争中，一千八百多名同志将生命定格在了脱贫攻坚征程上。世界上没有哪个党像中国共产党这样，遭遇过如此多的艰难险阻，经历过如此多的生死考验，付出过如此多的惨烈牺牲。不畏强敌、不惧风险、敢于斗争、勇于胜利，是中国共产党人精神谱系的风骨品质，是我们党历经百年而风华正茂的精神优势。

以伟大建党精神为源头的中国共产党人精神谱系，集中体现了中国共产党品德高尚、情系人民的鲜明特质。"天下至德，莫过于忠。"对党忠诚，是共产党人首要的政治品质。我们党一路走来，经历了无数艰险和磨难，但任何困难都没有压垮我们，任何敌人都没能打倒我们，靠的就是千千万万党员的忠诚。我们党代表中国最广大人民根本利益，没有任何自己特殊的利益，党性和人民性从来都是一致的、统一的。对党忠诚的本质要求是不负人民，不负人民是对党最大的忠诚。在一百多年的非凡奋斗历程中，一代又一代中国共产党人为党和人民的事业顽强拼搏、不懈奋斗，涌现了一大批视死如归的革命烈士、一大批顽强奋斗的英雄人物、一大批忘我奉献的先进模范，以实际行动诠释了共产党人对党无限忠诚、对人民无限热爱。在党爱党、在党为党，心系人民、情系人民，忠诚一辈子、奉献一辈子，是中国共产党人精神谱系的家国情怀，是我们党历经百年而风华正茂的道德优势。

历史和现实告诉我们，只有具有伟大精神的政党才能领导人民赢得伟大斗争、开创伟大事业。以伟大建党精神为源头的中国共产党人精神谱系，充分彰显了中国共产党区别于其他任何政党的显著优势和鲜明特征，集中体现了中华民族和中国人民的伟大创造精神、伟大奋斗精神、伟大团结精神、伟大梦想精神，是我们党不断从胜利走向胜利的基因密码。

三、把伟大精神转化为全面建设社会主义现代化国家的强大精神力量

全面建设社会主义现代化国家，是一项伟大而艰巨的事业，前途光明，任重道远。新征程上，要大力弘扬以伟大建党精神为源头的中国共产党人精神谱系，使之转化为全面建设社会主义现代化国家的强大精神力量。

从伟大精神中汲取真理力量，以信仰之光照亮新征程。正是基于对马克思主义科学性和真理性的深刻认识，中国共产党人认定"马克思的学说真是拯救中国的导星"，坚信"我们信仰的主义，乃是宇宙的真理"。我们党的奋斗历程昭示，拥有马克思主义科学理论指导是我们党坚定信仰信念、把握历史主动的根本所在。习近平总书记指出："中国共产党为什么能，中国特色社会主义为什么好，归根到底是马克思主义行，是中国化时代化的马克思主义行。"以伟大建党精神为源头的中国共产党人精神谱系是中国共产党人追求真理、揭示真理、笃行真理光辉历程的集中体现。实践没有止境，理论创新也没有止境。在新征程上弘扬伟大精神，就要坚持不懈用习近平新时代中国特色社会主义思想凝心铸魂，把握好这一思想的世界观和方法论，坚持好、运用好贯穿其中的立场观点方法，把习近平新时代中国特色社会主义思想转化为坚定理想、锤炼党性和指导实践、推动工作的强大力量。

从伟大精神中汲取实践力量，以顽强斗争奋进新征程。敢于斗争、敢于胜利，是党和人民不可战胜的强大精神力量。党和人民取得的一切成就，不是天上掉下来的，不是别人恩赐的，而是通过不断斗争取得的。习近平总书记指出："建立中国共产党、成立中华人民共和国、实行改革开放、推进新时代中国特色社会主义事业，都是在斗争中诞生、在斗争中发展、在斗争中壮大的。"以伟大建党精神为源头的中国共产党人精神谱系是中国共产党人不畏艰险、百折不挠、敢于斗争、敢于胜利的真实写照。中华民族伟大复兴，绝不是轻轻松松、敲锣打鼓就能实现的。越是接近民族复兴越不会一帆风顺，越充满风险挑战乃至惊涛骇浪。在新征程上弘扬伟大精神，就要坚持发扬斗争精神，不信邪、不怕鬼、不怕压，知难而进、迎难而上，敢于斗争、善于斗争，全力战胜前进道路上各种困难和挑战，依靠顽强斗争打开事业发展新天地。

从伟大精神中汲取人格力量，以赤子之心投身新征程。中国共产党作为马克思主义执政党，不仅有强大的真理力量，还有强大的人格力量。习近平总书记指出："共产党人拥有人格力量，才能无愧于自己的称号，才能赢得人民赞誉。"我们党提出全心全意为人民服务的根本宗旨并写入党章，强调共产党"这个队伍完全是为着解放人民的，是彻底地为人民的利益工作的"，要求党的干部"把屁股端端地坐在老百姓的这一面"。无数中国共产党人用他们的人格力量，感召亿万人民群众跟党走，万众一心为中国革命、建设、改革而团结奋斗。以伟大建党精神为源头的中国共产党人精神谱系是中国共产党人人格力量的生动反映。一个政党最难的就是历经沧桑而初心不改、饱经风霜而本色依旧。在新征程上弘扬伟大精神，就要牢记中国共产党是什么、要干什么这个根本问题，继承和发扬革命传统和优良作风，站稳人民立场，践行党的宗旨，始终与人民风雨同舟、与人民心心相印，想人民之所想，行人民之所嘱，不断把人民对美好生活的向往变为现实。

从伟大精神中汲取智慧力量，以历史主动走好新征程。对历史进程的认识越全面，对历史规律的把握越深刻，党的历史智慧越丰富，对前途的掌握就越主动。习近平总书记指出："历史发展有其规律，但人在其中不是完全消极被动的。只要把握住历史发展规律和大势，抓住历史变革时机，顺势而为，奋发有为，我们就能够更好前进。"一百多年来，我们党始终以马克思主义基本原理分析把握历史大势，正确处理中国和世界的关系，善于抓住和用好各种历史机遇。以伟大建党精神为源头的中国共产党人精神谱系是我们党顺应历史大势、把握历史规律、掌握历史主动的充分展现。了解历史才能看得远，理解历史才能走得远。在新征程上弘扬伟大精神，就要胸怀"两个大局"，树立大历史观，从历史长河、时代大潮、全球风云中分析演变机理、探究历史规律，提出因应的战略策略，增强工作的系统性、预见性、创造性。

恩格斯说："一个知道自己的目的，也知道怎样达到这个目的的政党，一个真正想达到这个目的并且具有达到这个目的所必不可缺的顽强精神的政党——这样的政党将是不可战胜的。"党的二十大闭幕不到一周，习近平总书记带领中共中央政治局常委专程从北京前往陕西延安，瞻仰延安革命纪念地，重温革命战争时期党中央在延安的峥嵘岁月，缅怀老一辈革命家的丰功伟绩，宣示新一届中央领导集体赓续红色血脉、传承奋斗精神，在新的赶考之路上向历史和人民交出新的优异答卷的坚定信念。习近平总书记强调："要弘扬伟大建党精神，弘扬延安精神，坚定历史自信，增强历史主动，发扬斗争精神，为实现党的二十大提出的目标任务而团结奋斗。"蓝图已经绘就，号角已经吹响。让我们更加紧密地团结在以习近平同志为核心的党中央周围，全面贯彻习近平新时代中国特色社会主义思想，大力弘扬以伟大建党精神为源头的中国共产党人精神谱系，向着新的奋斗目标，出发！

八、课后思考

本次课程同学们的评价反馈如下。

序号	学生参与沉浸体验教学活动的部分反馈意见
1	先在虚仿中心进行感性体验，然后再在智慧教室进行理性的课程学习的设计非常优秀！在虚仿中心我能身临其境地"重走长征路"，和徐特立老先生面对面，体会中国共产党人的精神谱系的内涵；在智慧教室通过老师的教学以及同学们的讨论分享，我对中国共产党人精神谱系内涵有了更加深入的了解，有很大的收获
2	对中国精神有了更深刻的理解，课堂形式焕然一新，科技与传统并存，理性与感性并重，满满的收获感
3	虚拟仿真中心的教学有很多科技元素，将中国精神这一抽象元素通过科技具体化展现出来，更加便于理解。在教室的上课基于仿真中心的感性体验使得理论教学更加深刻。教室地理论教学的互动环节很多，每个人都可以参与其中，然后上课内容也结构清晰，并且与仿真中心的案例有机结合。本次课程感觉非常新颖

续表

序号	学生参与沉浸体验教学活动的部分反馈意见
4	可以身临其境地体验到老一辈革命家的精神风貌，对深入理解共产党人的精神图谱十分有帮助
5	在虚仿中心实现了身临其境的体验，印象很深刻，要比在课本上看到有更清晰的认识。智慧教室的理论课也很扎实，讲得很系统，总之很棒
6	在虚仿中心对中国精神的感性体验给我留下了深刻印象，数字长廊、VR 体验还有徐特立老先生都让我对中国精神内涵有了更丰富更深刻的感受。智慧教室里老师的讲解让我在中国共产党人精神谱系理论上学到了更多相关知识，受益匪浅
7	在虚仿中心的体验对我而言是一种对中国精神更为感性真实的理解过程，体验了和历史人物面对面，在长廊中沉浸式重温这些百年人物和百年大事，在 VR 体验中和红军战士共赴雪山，所有这些体验都让我切身体会到了中国精神的内涵和强大力量
8	感性与理性的结合，对于知识有更加深入的理解，对于理解整个精神，对于自己的生涯规划有极大的帮助
9	下午在智慧教室里，老师理论的讲述和帮助我们构建的精神图谱是引导我们更清晰地把握中国精神的发展脉络和组成关键。总之，这种理论与体验相结合的授课模式令我感触颇深，受益匪浅
10	课堂是在用不同的形式给我们传达中国精神的深厚内涵。数字长廊、AR、VR 给我们的是全新的课堂体验和身临其境的精神感受，而理论课则进一步引发我们的思考，让我们从心底巩固中国精神留下的深刻印记
11	在虚仿中心的长廊，当精神长廊亮起的那一刻，我感觉自己仿佛在朝圣
12	收获满满，这一次的体验令我印象深刻，让我多角度、全方位地对中国精神以及中国共产党精神谱系有了更加深入的了解。此外，智慧教室以及虚拟仿真教学中心是思政课教学模式的重要创新，能够使我们以更加沉浸式的模式感受课堂，让枯燥的知识变得生动
13	在虚仿中心的时候，看着张思德以及当代的袁隆平，钟南山等前辈，在投屏和老师的介绍下，我眼睛湿润了，更加理解了"为什么我的眼里常含泪水"。在课堂上，理论方面的介绍让我对中国共产党人的精神有了更具体的认知，也发现了当代的年轻人有报国之志者又岂在少数
14	虚仿中心的数字走廊、VR 等，身临其境，令人记忆深刻。智慧教室的讲解让我对中国精神有了进一步的认识
15	虚仿中心的教学更有代入感和体验感，很震撼，而课堂的教学生动形象
16	非常有科技感与代入感的虚仿中心，丰富多彩的课堂内容，感性与理性相结合，让我更好地理解了中国共产党的精神谱系
17	体验很棒，体会到了中国精神的伟大内涵

专题三：自觉维护国家安全

一、教学主题

本专题根据"思想道德与法治"第三章第二节内容进行设计。教学主题围绕"新时代如何做捍卫国家安全的忠诚爱国者"展开。课程由五部分组成："知课堂"总体国家安全观内容学习；"情课堂"我国成功捍卫国家安全与其他国家捍卫国家安全失败的案例进行对应比较；"意课堂"探寻北理人捍卫国家安全的校史；"行课堂"沉浸式学习总体国家安全观内在逻辑关系；"信课堂"现实情境应对。课程亮点：（1）以政治安全、经济安全、科技安全为比较点，将国内成功案例和其他国家失败案例相互对照，彰显我国在捍卫国家安全上的能力与成就；展现预判风险、管控风险对人民美好生活的重大意义；帮助学生理解发展与安全的辩证关系。（2）在强力视觉冲击激活认知兴趣后，以小组研讨形式帮助学生形成思考国家安全问题时的基本思维框架，从而达到理解知识内核、掌握思考方法的目的。（3）结合北京理工大学校史校情特点，深入挖掘校友为我国国家安全作出的重要贡献，激发学生的自豪感和爱国报国行动意愿。（4）注重场景转化，将所学理论与学生可能面对的现实情况进行迁移，起到精准助力现实生活实践的育人效果。

二、教材知识点

教材第三章第二节的主题是"做新时代的忠诚爱国者"，在此主题下，教材围绕中国特色社会主义进入新时代，实现中华民族伟大复兴的中国梦是新时代爱国主义展开，并从四个角度展开论述讨论如何大力弘扬新时代爱国主义。新时代的忠诚爱国者必须坚持爱国爱党爱社会主义相统一、维护祖国统一和民族团结、尊重和传承中华民族历史文化、坚持立足中国又面向世界。在立足中国又面向世界这一目标中，两个大局相互激荡的当下，大学生如何更好地理解国家安全，如何更好地捍卫国家安全，既是教学的重点、难点、也是学生在现实生活中特别关心的热点。

国家安全是民族复兴的根基，社会稳定是国家强盛的前提。当前，世界百年未有之大变局加速演进，新一轮科技革命和产业变革深入发展，国际力量对比深刻调整，我国发展面临新的战略机遇。同时，疫情影响深远，逆全球化思潮抬头，单边主义、保护主义明显上升，世界经济复苏乏力，局部冲突和动荡频发，全球性问题加剧，世界进入新的动荡变革期。在国家安全形势越来越复杂的今天，大学生要增强国家安全意识，对境内外敌对势力的渗透、颠覆、破坏活动保持高度警惕，切实履行维护国家安全的义务，确立总体国家安全观。国家安全是指一个国家不受内部和外部的威胁、破坏而保持稳定有序的状态。当前，我国国家安全内涵和外延比历史上任何时候都要丰富，时空领域比历史上任何时候都要宽广，内外因素比历史上任何时候都要复杂，必须坚持总体国家安全观，坚持国家利益至上，以人民安全为宗旨，以政治安全为根本，以经济安全为基础，以军事、科技、文化、社会安全为保障，以促进国际安全为依托，走出一条中国特色国家安全道路。确立总体国家安全观，必须既重视外部安全，又重视内部安全；既重视国土安全，又重视国民安全；既重视传统安全，又重视非传统安全；既重视发展问题，又重视安全问题。要坚持走和平发展道路，既重视自身安全，又重视共同安全，推动世界朝着互利互惠、共同安全的目标相向而行。

三、虚仿场景设计

鉴于学校大多数学生为理工科学生，且毕业生过半数服务于国防、军工相关领域的特点，在自觉维护国家安全这一部分，设计虚拟仿真场景以充分运用虚拟仿真技术优势、激发学生爱国情感和学习热情、精准对标学生关注星辰大海的认知取向为原则进行设计。

场景1：一位中国宇航员乘坐在宇宙飞船中迅速上升，他回头看到了美丽的蓝色地球。宇航员在飞船中进行作业，视野里很多精密设备上都有 made in China 的标示，同时旁白介绍宇航员视线所及之处的设备均为我国自主研发。这时美国星链计划中的一颗卫星突然改变运行轨迹，即将对体验者所在的飞行器造成影响，耳畔响起舱内紧急提示，同时看到飞行器中飞行员临危不乱进行操作并成功避险的视觉效果。此时画外音介绍星链近年来对其他国家航空飞行器造成的数次太空风险，飞行器向前飞行 10 s 后，看到我国的太空空间站（复原我国实际的空间站景象），此时传来画外音，提到人类的长久发展离不开对太空的探索，而对太空安全的捍卫离不开科研领域的攻关和尖端技术的发展。

场景2：视野由飞行器内部推向飞船外，看到一枚星体，此时屏幕出现对星体的介绍：该星体为国际永久编号第9442号的小行星1997GQ27，位于木星和火星之间，轨道周期4.18年。这枚小行星被命名为"北理工星"，以表彰纪念北理工研制了新中国第一台大型天象仪，并为 500 m 口径球面射电望远镜（FAST）预研作出的贡献。同时眼前景象也迅速变化，先后看到有代表性的不同星系的美丽星体，最后看到一颗全新的星球，视觉感受逐渐拉近，渐渐看到那里有最初的星际移民在进行建设，一面鲜艳的五星红旗就飘扬在建设项目最显眼的地方。

四、沉浸体验问题链

总体国家安全观是当代大学生普遍关心的课程内容。整体来看，对这个经常听到的概念进行超越日常经验感受的理论介绍，并上升到价值认同和行为建议的层面需要基于学生认知的盲点、弱点，对核心概念、思维框架、实践策略进行针对性教学。所以沉浸体验的整体思路是从概念内涵、思维框架、实践应用三个维度共同展开。课程设计从核心概念出发，以介绍分析框架为主干，旨在通过具体情境式问题引发学生深度思考。

第一，在概念内涵维度，通过沉浸式视频体验，帮助学生打开思路，理解总体国家安全观的主要领域，从当下安全状态和保障未来安全的安全能力，国家安全与公民生活三个方面理解国家安全。

核心问题1：国家安全包含哪些主要领域？

中国国家安全领域主要包括政治安全、国土安全、军事安全、经济安全、文化安全、社会安全、科技安全、网络安全、生态安全、资源安全、核安全、海外利益安全、生物安全、太空安全、极地安全和深海安全领域。通过沉浸学习，运用影像方式帮助学生理解这些主要领域，帮助学生运用系统思维进行课程设置，充分呈现总体国家安全观的"总体"，让学生理解社会生活的方方面面，每一个公民个体的行为都会影响到国家安全。

核心问题2：这些领域满足怎样的条件，我们可以认为国家处于安全之中？

通过对比性视频，以政治安全、经济安全、科技安全等为主要视角，呈现出安全状态与捍卫安全能力的辩证关系。帮助学生看到国家安全不只是讨论当下的状态，更是关于未来向度的、关于是否具有持续能力捍卫安全的问题。以此激发学生的学习热情，将爱国情转化为强国志和报国行，具备在未来专业学习和工作中捍卫国家安全的意识与能力。

核心问题3：总体国家安全与作为个体的我有什么关系？

通过沉浸式影像学习体验，帮助学生理解国家安全为了人民，国家安全依靠人民的关系。以粮食安全、防范"颜色革命"、香港金融保卫战等视频案例和国家安全日宣传片为教学素材，帮助学生理解：总体国家安全观强调坚持以人民安全为宗旨，表明新时代国家安全工作归根到底是保障人民权益，必须坚持国家安全一切为了人民、一切依靠人民，为群众安居乐业提供坚强保障。我国的总体国家安全观以人民为中心，人民至上、生命至上，始终把人民作为国家安全的基础性力量。国家安全为人民美好生活提供底层支持，而每一个中国人的安全意识和捍卫国家安全的生活实践是实现国家安全的强大力量。总之，通过沉浸式学习和讨论交流帮助学生能够深层次看到大国安全与小我幸福之间的内在联系，意识到小我幸福总是以大国安全为必要前提。

第二，在思维框架维度上，以辩证唯物主义和历史唯物主义的立场帮助学生建立起立体、科学的认知逻辑。

核心问题4：科学、全面地思考国家安全问题需要哪些视角？

理解新时代的总体国家安全，需要在安全与发展、安全与和平、安全与风险三组概念的辩证关系中加以理解。其一，安全与发展是一个问题的两个方面，以经济安全的实现为例，一个国家完全隔离于世界经济体系会获得更高的经济确定性，但是会带来国家发展滞后的负面效应，最终导致总体国家安全陷于被动。其二，时代发展的主题是和平与发展，但是和平更多描述的当下的非战争状态，而当代人类社会和平的国家中也面临着多维度、多类型的安全挑战。以沉浸学习的粮食安全为例，和平状态的国家如果丧失了粮食安全，仍然要面临国家利益受制于人的挑战。其三，社会学中的风险社会理论指出，安全与风险是一组辩证矛盾，安全是通过预判风险、处置风险来得以持续性实现。正如习近平总书记指出的，要有风险意识，运用底线思维，从人类社会发展的历史阶段高度，运用安全–风险这一分析框架，建立起科学、立体的安全观。

核心问题5：基于总体国家安全考虑问题时，需要注意哪些主要关系？

青年学子理解总体国家安全，需要抓住五对关系：既重视发展问题，又重视安全问题；既重视外部安全，又重视内部安全；既重视国土安全，又重视国民安全；既重视传统安全，又重视非传统安全；既重视自身安全，又重视共同安全。

第三，从实践能力上看，在学生完成沉浸式学习基础上，提供符合学生未来人生方向的虚拟实践情境，让学生灵活运用学到的知识，对情境进行创造性应对。通过课下作业布置，让学生以小组为单位，调研所学专业的前辈们在工作中如何捍卫国家安全，并在下一次课程中以短剧形式进行课堂展现。

核心问题6：调研你所学专业的前辈们在工作中如何捍卫国家安全，以小组短剧的方式将真实案例加以呈现。

该问题旨在回归到真实的生活实践中，将学生的朴素爱国热情转化为具体的报国行为。培养其斗争意识，帮助其理解如何在学习、工作中切实捍卫国家安全，防止畏战心理和急躁心理，以立大志、明大德、成大才、担大任的思路去捍卫国家安全。

五、教学详案

（一）教学专题介绍

1. 教学内容

"思想道德与法治"第三章 第二节 做新时代的忠诚爱国者。

2. 教学主题

自觉维护国家安全的内容。

3. 教学时间

50分钟。

4. 授课地点

全国高校思政课虚仿中心。

5. 教学对象

大一学生，40人。

6. 教学目标

知识目标：通过沉浸式体验与观点辨析相结合，帮助学生理解总体国家安全观的基本内容和重大意义，并对我们在重点领域面对的挑战有基本了解。

能力目标：通过直观化、比较性教学情境建构，提升运用系统思维、底线思维对国家安全问题进行思考的能力。以捍卫国家安全为聚焦点，帮助学生理解如何在生活中成为忠诚的爱国者。

价值观目标：通过校史人物经历的沉浸式体验，涵育学生爱国情感，让学生对捍卫国家安全产生使命感和责任感。通过对校史内容的精彩呈现，通过荣誉感的传递，培养学生爱校、荣校的意识。

（二）参考书目及文章

《高举中国特色社会主义伟大旗帜 为全面建设社会主义现代化国家而团结奋斗——在中国共产党第二十次全国代表大会上的报告》（北京：人民出版社，2022）

《总体国家安全观学习纲要》（北京：学习出版社、人民出版社，2022）

《习近平关于总体国家安全观论述摘编》（北京：中央文献出版社，2018）

《非传统的总体国家安全观》（国际安全研究，2014（06））

《以总体国家安全观构建国家安全总体布局》（人民论坛，2017（34））

《全球化背景下的总体国家安全研究》（人民论坛·学术前沿，2018（08））

（三）学情分析

本专题的设计，旨在吸收沉浸式体验教学的核心思想，重视学生在学习过程中的作用与角色，增加学生自主学习、体验、思考的比重，充分考虑学生的学习特点和学习需求，增加个性化的引导和教育，尽可能使教学过程符合学生的认知规律，增强学生在课堂中的参与认同感。因此授课团队通过质性研究方法，全面调研学生认知现状，总结学生的思想特征如下：

（1）新时代大学生的知识摄取方式多元，对影像类学习素材的适应度高，单纯文字类素材难以长时间吸引其注意力。而且，学生对课程形成情感共鸣有期待。

（2）学生对探究性学习的期待高，倾向于通过自身的思考形成对问题的观点、看法。希望课程对自己产生思想启示，培养有效的思维框架和思维方法来更好地理解世界、改造世界。

基于上述分析，以影像化信息呈现为手段进行总体国家安全观基本内容的介绍，基于国际对比性案例和小组研讨，引导学生自主搭建基本的思考国家安全的框架，运用校史校情中提炼出的人物案例素材，唤醒学生情感，引导其形成作为公民的国家安全责任意识。

（四）教学重难点

（1）在百年未有之大变局与中华民族伟大复兴战略全局相互激荡的当下，应该建立起怎样的思维框架去思考总体国家安全。

（2）作为一名忠诚的爱国者，在捍卫国家安全的问题上，应该具备怎样的意识与能力。

（五）教学设计

1. 设计理念

一是通过信息技术，运用底线思维，凸显总体国家安全重要性。新时代大学生生活在国家繁荣发展的时代，对国家安全面临的系统挑战缺乏感性认知。通过信息技术，对比式、影像化将国内外相同领域的案例进行对比，让学生意识到我国在捍卫国家安全上取得的重要成就，并通过其他国家在国家安全上面临的困境及由此引发的对该国公民生活的破坏性影响，帮助学生了解国家安全问题的重要性。

二是组织小组研讨，运用系统思维，建构国家安全的思考框架。教学素材的选取以既重视发展问题，又重视安全问题；既重视外部安全，又重视内部安全；既重视国土安全，又重视国民安全；既重视传统安全，又重视非传统安全；既重视自身安全，又重视共同安全为逻辑。在小组研讨过程中，引导学生意识到五组基本关系，帮助学生在以后的生活、学习、工作中能够系统地思考和理解国家安全问题。

三是选取校史案例，运用创新思维，唤醒爱国情感和责任意识。结合我校在国防、科技领域为国家安全做出重要贡献的校史校情优势，选取典型案例。通过展现学生可学、可追的模范人物的人生经历，高强度唤醒学生的爱国情感，以助其实现对自身责任的担当意识。

2. 创新点

一是教学理念上注重学生诉求，强调思维能力培养。随着我国教育质量的不断提升，学生群体的综合能力不断提升，对知识探索式学习的愿望日益凸显。课程不但对总体国家安全的基本内容和重要性进行展示，更通过思维引导和小组讨论，帮助学生搭建思维框架、训练思维能力。将老师以"是什么、为什么、怎么办"为常见逻辑的传授式教学改为给素材、给线索的引导式教学，引导学生自主探究，综合调用、培养其底线思维、系统思维、创新思维能力，实现思维能力的整体提升。

二是教学内容上选取有效案例，扩容课程信息容量。信息化时代的到来，让海量信息的瞬时输入成为学生日常面对世界的常态。学生对教学内容的挑剔度、对内容有效信息容量的要求越来越高。本专题精选具有代表性但学生群体中了解度不高的案例，以影像方式进行高强度输出，帮助学生在有限时间里获取更多的认知素材，方便其通过对认知素材的快速了解，为后续的理论思考提供感性认知基础。

三是教学方法上运用信息技术，解决内容重要与学时有限的矛盾。在"两个大局"相互激荡的当下，树立总体国家安全观对培养忠诚的爱国者而言非常重要。从内容上看，这部分内容应该让学生对主要的安全领域有所了解，同时搭建起基本的思考框架，最终引导学生有意识做忠诚爱国者去捍卫国家安全。但是，这部分内容学时有限。为更好地解决这个矛盾，课程从政治安全、经济安全、科技安全等角度，以国内外案例对比为思路设计数字长廊、VR 体验等环节，运用信息手段实现教学内容的高效率呈现，更好地满足教学目的，是具备明显教学优势的方案。

3. 教学思路与环节

	教学内容	教学手段	教学效果
虚拟仿真沉浸体验教学中心（沉浸体验30 分钟）	重要国家安全领域中国内外案例的对比	数字长廊沉浸体验 + 师生互动 + 自主知识探索	对总体国家安全观的内容和国家安全的重要性有初步理解
	北京理工大学校友的重要贡献	数字电影院 + 观影后师生互动	通过对校友案例的了解，实现充分的情感唤起
	学生通过沉浸体验星际之旅	虚拟仿真沉浸式体验 + 师生互动	帮助学生意识到太空安全、科技安全的重要性，增强学习使命感，深刻理解发展与安全的关系
互动交流室（理论研讨 20 分钟）	明确总体国家观以人民安全为宗旨的价值取向	教师理论讲授 + 国家安全宣传片播放 + 学生参与式互动	对沉浸体验的内容进行认知要素提取，增强对我国总体国家安全观的认同，升华爱国情感
	明确进行国家安全思考时需要具备的五维框架	小组讨论 + 教师理论总结	自主探究基础上形成思考国家安全问题的基本框架，具有运用系统思维、底线思维理解国家安全问题的基本能力

（六）教学进程（45 分钟）

导入和学习任务说明

【导入】欢迎来到"思想道德与法治"课堂，今天我们在虚仿中心，带大家以总体国家安全观为视角，思考如何成为新时代的爱国者。

党的十八大以来，习近平总书记从人类发展大潮流、世界变化大格局、中国发展大历史的高度和视野，深刻指出世界百年未有之大变局进入加速演变期、中华民族伟大复兴进入关键时期。习近平总书记强调，"实现中华民族伟大复兴的中国梦，保证人民安居乐业，国家安全是头等大事"。在我们所处的历史时期，客观、准确地理解我国国家安全面对的可能风险挑战，运用科学的思维方法，培养识别风险、管理风险、应对风险的能力，是新时代忠诚的爱国者需要具备的重要能力。我们今天的课程就针对这样一个目标，运用沉浸体验、小组讨论的学习过程，来走进总体国家安全观。

【学习任务说明】接下来我们的课程将按照沉浸体验 + 理论教授的方式进行，在虚仿中心同学们在"信课堂"数字长廊对国内外一些经典的国家安全案例进行了解。长廊以国内与国际两个线索进行对比设计，大家会先后看到外国和我国在政治安全、经济安全、科技安全等方面抵御重大风险的视频资料。沉浸观看过程中，请大家对国内案例进行对比，思考为何我国在国家安全的捍卫过程中取得了重大成就。在"情课堂"，有我校杰出校友案例群的数字电影，请大家想想我们目前所学的专业对国家安全可以起到怎样的助益作用。在"行课堂"，我们有关于星际旅行的 VR 沉浸体验，请大家注意从安全与发展的辩证角度去体验和思考。在"知课堂"，教师在组织讨论、问答等活动基础上，帮助学生理解思考国家安全问题的主要思维框架。

现在将同学们分为 4 组，请大家打开"知行健"手机 APP，根据任务在不同的功能区进行体验、思考并记录下感受，在体验过程中我将在不同的地方与每位同学进行讨论和互动。

1. "信课堂"数字长廊沉浸学习（10 分钟）

运用视频长廊，以左侧为国外案例，右侧为国内案例的思路，对应选取政治安全、经济安全和科技安全方面的案例。通过国外之乱和国内之治的对比，强化学生爱国情感，并凸显国家安全的重要性。

案例选取从政治安全（阿富汗与中国香港的对比）、经济安全 1 组（98 年亚洲金融危机中的东南亚国家与香港）、经济安全 2 组（叙利亚粮食危机背后的经济安全问题与我国粮食安全）、太空安全与科技安全（美国星链计划卫星对其他国家航空器、空间站的威胁，我国北斗系统捍卫国家安全）等角度进行国内外视频对比，形成视觉冲击。

通过视频案例，相信同学们已经发现，国家安全是一个复杂的系统，是多领域系统共同作用实现的国家稳定、不受内外部威胁破坏的状态。在"颜色革命"、金融危机、粮食安全、科技安全面前，一个国家能否做出正确的风险预判和风险管理，最终将会对人民生活和国家发展产生重要影响。在学习过程中，请同学们思考，我们捍卫国家安全必须处理好哪些基本关系呢？请大家带着问题观看视频，稍后我们会进行小组研讨，来形成理解国家安全问题的基本思维框架。

在长廊地板上，大家可以看到当前我国总体安全体系的 16 个重要维度，同时，墙壁案例的拓展知识内容便于同学们根据自身知识储备情况进行必要的补充。引导学生理解国家安全与每个人息息相关，我国在捍卫国家安全上面对巨大风险挑战并取得了巨大的历史成就。

2. "情课堂"校史人物全息投影（10 分钟）

结合我校校史校情，从四个重要的空间维度：太空、深海、高原、网络，对我校校友、师生为国家安全作出的重要贡献进行集锦式全息展示。以全息投影方式介绍我校科技研究对我国国土安全（15 式轻型坦克）、深海安全（我国第一代潜水艇之父彭士禄院士）、太空安全（神舟十二号航天员刘伯明）、网络安全（孙逢春院士与新能源汽车国家大数据平台）的贡献，进行校史教育与国家安全教育。一方面，强化学生作为北理工学生的归属感、荣誉感；另一方面，唤起用自身力量捍卫国家安全的爱国情感，强化学生在捍卫国家安全事业上的责任感、使命感。

3. "行课堂"星际旅行虚拟仿真体验（10 分钟）

设计初衷：结合北京理工大学在太空领域探索的科研优势，运用先进手段展示太空安全对我国未来发展的意义。同时契合青年人"我们的征途是星辰大海"的豪情与追求，实现入眼、入脑、入心。利用北理工技术赋能的优势，打造关注时代发展前沿、拓宽学生视野胸怀、强化科技报国的项目。

VR 眼镜呈现内容具体见前文详述。

4. 理论讲授环节 1（5 分钟）

通过前面的沉浸体验，同学们对国家安全的丰富内涵和重要意义一定有了更深入的了解和思考。下面请同学们思考：新的历史时期，我国捍卫国家安全的宗旨是什么呢？

请同学发言，并对学生答案进行简要点评。

播放2021年由国安宣工作室和新华网联合制作的"国家安全日"宣传片，进行认知强化。视频播放完成后，进行理论总结：视频中老百姓的安居乐业，是我国捍卫国家安全、维护社会稳定的根本目标。我国社会当前的主要矛盾是人民日益增长的美好生活需要和不平衡不充分的发展之间的矛盾。而人民美好生活需要的重要内容之一就是安全需要。"国家安全一切为了人民、一切依靠人民"，通过"一切为了人民"表达了人民和人民安全、人民利益在国家安全体系中的宗旨地位，又通过"一切依靠人民"表达了人民安全在国家安全体系中的基石作用。

5. 理论讲授环节2（5分钟）

身处"两个大局"相互激荡的时代背景中，国家安全作为国家发展、民族复兴的重要基础，是我们谈到爱国行为时必然涉及的主题。党的二十大报告中，以专章阐述和部署国家安全，这是有史以来的第一次。报告明确指出国家安全是民族复兴的根基，社会稳定是国家强盛的前提，必须坚定不移贯彻总体国家安全观，把维护国家安全贯穿党和国家工作各方面全过程，确保国家安全和社会稳定，以新安全格局保障新发展格局。在安全领域越来越丰富，国内外安全互动越来越复杂，新的安全挑战不断出现的今天，我们在思考国家安全时需要注意哪些基本关系，来完成对国家安全系统、科学的思考呢？请同学们进行小组讨论。

学生发言完成后，进行理解总结。

贯彻落实总体国家安全观，必须既重视外部安全，又重视内部安全；既重视国土安全，又重视国民安全；既重视传统安全，又重视非传统安全；既重视发展问题，又重视安全问题；既重视自身安全，又重视共同安全。

6. 课程总结（5分钟）

随着中国逐渐走近世界舞台中央，我们要在变局中把握规律、在乱局中趋利避害、在斗争中争取主动，切实维护我国主权、安全、发展利益。维护国家安全，要立足国际秩序的大变局来把握，立足防范风险的大前提来统筹，立足我国发展仍面临的新战略机遇来谋划，保持战略定力、战略自信、战略耐心，把战略主动权牢牢掌握在自己手中。同时要看到，塑造是更高层次、更具前瞻性的维护，要充分发挥负责任大国作用，引导国际社会共同塑造更加公正合理的国际新秩序。塑造国家安全，不是要走国强必霸之路，而是坚定不移走地和平发展道路；不是对现有国际秩序推倒重来、另起炉灶，而是在维护以联合国宪章宗旨和原则为核心的国际秩序基础上，与世界各国一起与时俱进，完善全球治理体制机制；不是零和博弈，而是坚持合作共赢，坚持多边主义和国际关系民主化，推动构建人类命运共同体，为世界和平与发展注入强大正能量。塑造国家安全，不只是党和政府的事，更是全国人民共同的责任和事业。希望同学们在未来的学习、工作中，能以国安路上，必定有我的心态，捍卫国家安全，做新时代忠诚的爱国者。

谢谢大家，下课。

（七）课程评价

1. 教师自评

课程设计结合了近年新的历史形势，在爱国主义讲述中着重突出了重要性越来越凸显的总体国家安全观，并结合学校特点和学生未来发展实际进行了内容建构。实现了思想政治理论课提高学生政治素质和助推学生未来发展的双重目标。同时，注重以凸显学生体验、探究的教学理念进行设计，并综合运用现代信息技术的新型教学方法进行组织，获得了很好的教学效果。因素材需要出自主流媒体，所以案例的新颖性还有待进一步加强，后续将持续更新、完善相关视频案例素材库。

2. 学生评价

序号	学生参与沉浸体验教学活动的部分反馈意见
1	中国非常强大，我为我的祖国感到无比的自豪。面临错综复杂的国际形势，要捍卫国家安全，需要每一个人的守护，同时感受到国家安全的重要性，我要更加有担当，虽千万人吾往矣，为天下人谋永福
2	国家发展日益强大，才能保障人民的生产生活。我深刻学习了国家安全对国家、社会、人民的重要性，立志为国家安全贡献自己的一份力
3	走廊的视频中，习近平总书记和农民对话，如今中国人已经能吃得饱，能吃上白面、猪肉，现在中国人要吃得更好，吃五谷杂粮，可见中国人的生活已经发生了翻天覆地的变化，人民的日子越来越好，没有共产党就没有新中国
4	视频长廊不仅能以视频方式呈现有关国家安全方面的知识，还能扫码对相关知识有进一步了解。虽然时间较短，但收获颇丰，让我对总体国家安全观有了更清晰的认知
5	视频长廊中看到了国家的发展与危机，验证书本所学内容，对国家形势有了更深的了解。捍卫国家安全，我辈义不容辞
6	徐特立老先生数字人体验中身临其境，仿佛与徐特立老先生进行真实对话，明白我国应走自己的道路，经验可取但不可一味模仿。震撼且进一步坚定理想信念，做有能力捍卫国家安全的新时代人才
7	我们国家在一次次困难中保持团结一致，共克时艰。无数人为了同一个和平美好的未来共同努力的场景让人感动
8	长廊参观让我认识到我国国家安全面临的严峻考验，要保障长远发展，我们每个人都需要作出贡献。新颖的教学模式能极大地提升教学效果，课后印象也很深刻
9	徐特立老先生数字人体验中，徐特立老先生说搞学术不能守株待兔，要结合实际，将理论和实践结合起来。身临其境地感受更能体验到国家安全的重要性
10	虚拟空间的仿真度与长廊的信息量让人印象深刻。震撼的同时对国家安全有了更深刻的认知
11	将现代技术实践与课程结合，用生动形象的方式让人体会到了国家安全的重要性。国家安全十分重要，我们也要为国家安全作出贡献
12	互动式、沉浸式，高科技的体验形式很棒。希望能有更加逼真的形式和多元的手段走进高校思政课，让同学们贴近德法

续表

序号	学生参与沉浸体验教学活动的部分反馈意见
13	世界仍然处于局部的动荡与战乱中，而我生在一个强大且和平的国家，至今仍有国家试图阻碍中国发展，威胁他国国家安全，挑起世界矛盾与动乱，维护自身的霸主地位，我一定会为维护国家安全添砖加瓦，并且让我国也更有能力与底气维护世界的和平与安全
14	体验方式具有新意，让我更切实地感受到我国对国家安全的重视和坚持总体国家安全观的必要性，身临其境，感触颇深
15	我国在面临危机时，以超强的魄力来化解危机，反观国外危机时，社会更加动荡，我由衷的为国家感到自豪。我的总体国家安全观得到了巩固，使命感和责任感不断加强
16	国家安全是国家利益最根本的保障，我看到了中国在面对威胁、挑战时做出了迅速准确的行动来捍卫国家安全，这是令人记忆深刻的一节德法课
17	VR眼镜观感真实，沉浸式体验，看了多个视频，了解国家安全，认识到每个人都是捍卫国家安全的主体，我们应该承担起维护国家安全的责任
18	让自己完全投入、100%参与了知识的输入过程。课程激发了我努力学习科学知识的热情，因为这样才能保护国家安全
19	数字人徐特立先生生动地向我展示了那个年代发展的机遇与挑战，让我反观当下局势，坚定了和他一样为人民教育做贡献的信念。深深地感受到科技与安全的结合，很震撼，学到了很多知识
20	唯有前辈的守护和平，我们才能守护安全。国家安全与每一个人息息相关

六、小组讨论

问题1：新的历史时期，我国捍卫国家安全的宗旨是什么呢？

"国家安全一切为了人民"是对"以人民安全为宗旨"重要命题的通俗解释，也必然得出"国家安全工作归根结底是保障人民利益""为群众安居乐业提供坚强保障"的结论；而"国家安全一切依靠人民"则是夯实国家安全群众基础的必然要求，也蕴含了"人民安全是国家安全的基石"的重要思想。是社会主义国家人民立场的又一次强力表达。

国家安全为每个人的生存发展提供坚实基础，也希望同学们能发挥自身的聪明才智，切实承担自身的公民义务，为捍卫我国的国家安全贡献力量。

问题2：我们捍卫国家安全必须处理好哪些基本关系呢？

贯彻落实总体国家安全观，必须既重视外部安全，又重视内部安全，对内求发展、求变革、求稳定、建设平安中国，对外求和平、求合作、求共赢、建设和谐世界；既重视国土安全，又重视国民安全，坚持以民为本、以人为本，坚持国家安全一切为了人民、一切依靠人民，真正夯实国家安全的群众基础；既重视传统安全，又重视非传统安全，构建集政治安全、国土安全、军事安全、经济安全、文化安全、社会安全、科技安全、信息安全、生态安全、资源安全、核安全等于一体的国家安全体系；既重视发展问题，又重视安全问题，发展是安全的基础，安全是发展的条件，富国才能强兵，强兵才能卫国；既重视自身安全，又重视共同安全，打造命运共同体，推动各方朝着互利互惠、共同安全的目标相向而行。

七、延伸课堂

坚持党对国家安全工作的绝对领导[①]

习近平

2018年4月17日

要加强党对国家安全工作的集中统一领导，正确把握当前国家安全形势，全面贯彻落实总体国家安全观，努力开创新时代国家安全工作新局面，为实现"两个一百年"奋斗目标、实现中华民族伟大复兴的中国梦提供牢靠安全保障。

中央国家安全委员会成立4年来，坚持党的全面领导，按照总体国家安全观的要求，初步构建了国家安全体系主体框架，形成了国家安全理论体系，完善了国家安全战略体系，建立了国家安全工作协调机制，解决了许多长期想解决而没有解决的难题，办成了许多过去想办而没有办成的大事，国家安全工作得到全面加强，牢牢掌握了维护国家安全的全局性主动。

前进的道路不可能一帆风顺，越是前景光明，越是要增强忧患意识，做到居安思危，全面认识和有力应对一些重大风险挑战。要聚焦重点，抓纲带目，着力防范各类风险挑战内外联动、累积叠加，不断提高国家安全能力。全面贯彻落实总体国家安全观，必须坚持统筹发展和安全两件大事，既要善于运用发展成果夯实国家安全的实力基础，又要善于塑造有利于经济社会发展的安全环境；坚持人民安全、政治安全、国家利益至上的有机统一，人民安全是国家安全的宗旨，政治安全是国家安全的根本，国家利益至上是国家安全的准则，实现人民安居乐业、党的长期执政、国家长治久安；坚持立足于防，又有效处置风险；坚持维护和塑造国家安全，塑造是更高层次更具前瞻性的维护，要发挥负责任大国作用，同世界各国一道，推动构建人类命运共同体；坚持科学统筹，始终把国家安全置于中国特色社会主义事业全局中来把握，充分调动各方面积极性，形成维护国家安全合力。

国家安全工作要适应新时代新要求，一手抓当前、一手谋长远，切实做好维护政治安全、健全国家安全制度体系、完善国家安全战略和政策、强化国家安全能力建设、防控重大风险、加强法治保障、增强国家安全意识等方面工作。

要坚持党对国家安全工作的绝对领导，实施更为有力的统领和协调。中央国家安全委员会要发挥好统筹国家安全事务的作用，抓好国家安全方针政策贯彻落实，完善国家安全工作机制，着力在提高把握全局、谋划发展的战略能力上下功夫，不断增强驾驭风险、迎接挑战的本领。要加强国家安全系统党的建设，坚持以政治建设为统领，教育引导国家安全部门和各级干部增强"四个意识"、坚定"四个自信"，坚决维护党中央权威和集中统一领导，建设一支忠诚可靠的国家安全队伍。

[①] 习近平在十九届中央国家安全委员会第一次会议上的讲话要点。

坚持底线思维，着力防范化解重大风险[①]

习近平

2019 年 1 月 21 日

坚持以新时代中国特色社会主义思想为指导，全面贯彻落实党的十九大和十九届二中、三中全会精神，深刻认识和准确把握外部环境的深刻变化和我国改革发展稳定面临的新情况新问题新挑战，坚持底线思维，增强忧患意识，提高防控能力，着力防范化解重大风险，保持经济持续健康发展和社会大局稳定，为决胜全面建成小康社会、夺取新时代中国特色社会主义伟大胜利、实现中华民族伟大复兴的中国梦提供坚强保障。

当前，我国形势总体上是好的，党中央领导坚强有力，全党"四个意识"、"四个自信"、"两个维护"显著增强，意识形态领域态势积极健康向上，经济保持着稳中求进的态势，全国各族人民同心同德、斗志昂扬，社会大局保持稳定。

面对波谲云诡的国际形势、复杂敏感的周边环境、艰巨繁重的改革发展稳定任务，我们必须始终保持高度警惕，既要高度警惕"黑天鹅"事件，也要防范"灰犀牛"事件；既要有防范风险的先手，也要有应对和化解风险挑战的高招；既要打好防范和抵御风险的有准备之战，也要打好化险为夷、转危为机的战略主动战。

各级党委和政府要坚决贯彻总体国家安全观，落实党中央关于维护政治安全的各项要求，确保我国政治安全。要持续巩固壮大主流舆论强势，加大舆论引导力度，加快建立网络综合治理体系，推进依法治网。要高度重视对青年一代的思想政治工作，完善思想政治工作体系，不断创新思想政治工作内容和形式，教育引导广大青年形成正确的世界观、人生观、价值观，增强中国特色社会主义道路、理论、制度、文化自信，确保青年一代成为社会主义建设者和接班人。

当前我国经济形势总体是好的，但经济发展面临的国际环境和国内条件都在发生深刻而复杂的变化，推进供给侧结构性改革过程中不可避免会遇到一些困难和挑战，经济运行稳中有变、变中有忧，我们既要保持战略定力，推动我国经济发展沿着正确方向前进；又要增强忧患意识，未雨绸缪、精准研判、妥善应对经济领域可能出现的重大风险。各地区各部门要平衡好稳增长和防风险的关系，把握好节奏和力度。要稳妥实施房地产市场平稳健康发展长效机制方案。要加强市场心理分析，做好政策出台对金融市场影响的评估，善于引导预期。要加强市场监测，加强监管协调，及时消除隐患。要切实解决中小微企业融资难融资贵问题，加大援企稳岗力度，落实好就业优先政策。要加大力度妥善处理"僵尸企业"处置中启动难、实施难、人员安置难等问题，加快推动市场出清，释放大量沉淀资源。各地区各部门要采取有效措施，做好稳就业、稳金融、稳外贸、稳外资、稳投资、稳预期工作，保持经济运行在合理区间。

科技领域安全是国家安全的重要组成部分。要加强体系建设和能力建设，完善国家创新体系，解决资源配置重复、科研力量分散、创新主体功能定位不清晰等突出问题，提高创新体系整体效能。要加快补短板，建立自主创新的制度机制优势。要加强重大创新领域战略研判和前瞻部署，抓紧布局国家实验室，重组国家重点实验室体系，建设重大创新基地和创新平台，完善产学研协同创新机制。要强化事关国家安全和经济社会发展全局的重大科技任务

[①] 习近平在省部级主要领导干部坚持底线思维着力防范化解重大风险专题研讨班开班式上的讲话要点。

的统筹组织，强化国家战略科技力量建设。要加快科技安全预警监测体系建设，围绕人工智能、基因编辑、医疗诊断、自动驾驶、无人机、服务机器人等领域，加快推进相关立法工作。

维护社会大局稳定，要切实落实保安全、护稳定各项措施，下大气力解决好人民群众切身利益问题，全面做好就业、教育、社会保障、医药卫生、食品安全、安全生产、社会治安、住房市场调控等各方面工作，不断增加人民群众获得感、幸福感、安全感。要坚持保障合法权益和打击违法犯罪两手都要硬、都要快。对涉众型经济案件受损群体，要坚持把防范打击犯罪同化解风险、维护稳定统筹起来，做好控赃控人、资产返还、教育疏导等工作。要继续推进扫黑除恶专项斗争，紧盯涉黑涉恶重大案件、黑恶势力经济基础、背后"关系网"、"保护伞"不放，在打防并举、标本兼治上下功夫。要创新完善立体化、信息化社会治安防控体系，保持对刑事犯罪的高压震慑态势，增强人民群众安全感。要推进社会治理现代化，坚持和发展"枫桥经验"，健全平安建设社会协同机制，从源头上提升维护社会稳定能力和水平。

当前，世界大变局加速深刻演变，全球动荡源和风险点增多，我国外部环境复杂严峻。我们要统筹国内国际两个大局、发展安全两件大事，既聚焦重点、又统揽全局，有效防范各类风险连锁联动。要加强海外利益保护，确保海外重大项目和人员机构安全。要完善共建"一带一路"安全保障体系，坚决维护主权、安全、发展利益，为我国改革发展稳定营造良好外部环境。

党的十八大以来，我们以自我革命精神推进全面从严治党，清除了党内存在的严重隐患，成效是显著的，但这并不意味着我们就可以高枕无忧了。党面临的长期执政考验、改革开放考验、市场经济考验、外部环境考验具有长期性和复杂性，党面临的精神懈怠危险、能力不足危险、脱离群众危险、消极腐败危险具有尖锐性和严峻性，这是根据实际情况作出的大判断。全党要增强"四个意识"、坚定"四个自信"、做到"两个维护"，自觉在思想上政治上行动上同党中央保持高度一致，自觉维护党的团结统一，严守党的政治纪律和政治规矩，始终保持同人民的血肉联系。中华民族正处在伟大复兴的关键时期，我们的改革发展正处在克难攻坚、闯关夺隘的重要阶段，迫切需要锐意进取、奋发有为、关键时顶得住的干部。党的十八大以来，我们取得了反腐败斗争压倒性胜利，但反腐败斗争还没有取得彻底胜利。反腐败斗争形势依然严峻复杂，零容忍的决心丝毫不能动摇，打击腐败的力度丝毫不能削减，必须以永远在路上的坚韧和执着，坚决打好反腐败斗争攻坚战、持久战。

防范化解重大风险，是各级党委、政府和领导干部的政治职责，大家要坚持守土有责、守土尽责，把防范化解重大风险工作做实做细做好。要强化风险意识，常观大势、常思大局，科学预见形势发展走势和隐藏其中的风险挑战，做到未雨绸缪。要提高风险化解能力，透过复杂现象把握本质，抓住要害、找准原因，果断决策，善于引导群众、组织群众，善于整合各方力量、科学排兵布阵，有效予以处理。领导干部要加强理论修养，深入学习马克思主义基本理论，学懂弄通做实新时代中国特色社会主义思想，掌握贯穿其中的辩证唯物主义的世界观和方法论，提高战略思维、历史思维、辩证思维、创新思维、法治思维、底线思维能力，善于从纷繁复杂的矛盾中把握规律，不断积累经验、增长才干。要完善风险防控机制，建立健全风险研判机制、决策风险评估机制、风险防控协同机制、风险防控责任机制，主动加强协调配合，坚持一级抓一级、层层抓落实。

防范化解重大风险，需要有充沛顽强的斗争精神。领导干部要敢于担当、敢于斗争，保持斗争精神、增强斗争本领，年轻干部要到重大斗争中去真刀真枪干。各级领导班子和领导干部要加强斗争历练，增强斗争本领，永葆斗争精神，以"踏平坎坷成大道，斗罢艰险又出发"的顽强意志，应对好每一场重大风险挑战，切实把改革发展稳定各项工作做实做好。

八、课后思考

2024年是习近平总书记创造性提出总体国家安全观10周年。10年来，在以习近平同志为核心的党中央坚强领导下，在习近平新时代中国特色社会主义思想特别是总体国家安全观科学指引下，新时代国家安全工作取得历史性成就，国家主权、安全、发展利益得到全面维护。实践表明，总体国家安全观推动中国特色国家安全理论和实践实现历史性飞跃，是新时代国家安全工作的根本遵循和行动指南。新时代新征程，我们一定要深刻学习领会、全面贯彻落实总体国家安全观。

在"思想道德与法治"课程中讲授总体国家安全观，是以帮助学生理解如何做新时代的忠诚爱国者为教学目标的。因而，不能空泛地谈论国家安全，需要结合教材的人生观、价值观教学内容进行阐发。在具体教学中，需要着重凸显以下几个方面。

（1）总体国家安全观体现着党一贯的人民立场。总体国家安全观坚持以人民安全为宗旨，坚持"国家安全一切为了人民、一切依靠人民"，为群众安居乐业提供坚强保障，汇聚起维护国家安全的强大力量。

（2）从马克思主义立场、观点、方法的引导上看，要突出国家安全的中心任务，强调坚持底线思维和极限思维，做到居安思危、未雨绸缪，防范化解国家安全风险，准备经受风高浪急甚至惊涛骇浪的重大考验。

（3）结合学校特点和学生群体未来的主要就业服务方向，充分挖掘校史中为国家安全做出重要贡献的校友案例，引导学生意识到推进国家安全体系和能力现代化，推动新质生产力同新质战斗力高效融合、双向拉动，打造新质生产力和新质战斗力增长的重要性。呈现总体国家安全观重视科技赋能，强化科技自立自强作为国家安全和发展的战略支撑作用，大力推动自主创新，强化国家战略科技力量建设，依靠科技创新保障国家安全，提高运用科学技术维护国家安全的能力，提高学生的专业认同感和荣誉感。

（4）结合课程法治教育目标，供给与捍卫国家安全相关法律的信息，帮助学生理解健全完善国家安全法治体系，综合利用立法、执法、司法等手段开展斗争，不断提高运用法治思维和法治方式维护国家安全的重要性。

（5）帮助学生建立敢于斗争、善于斗争的意识，助其确立战胜前进道路上各种困难和挑战，依靠顽强斗争打开事业发展新天地的志气。

专题四：推动构建人类命运共同体

一、教学主题

本专题适用于"思想道德与法治"第三章第二节也可用于第四章第一节和第二节，教材拓展知识点中都有提到"构建人类命运共同体"的相关内容。按照虚仿中心沉浸体验教学+智慧教室深度理论研讨模式展开。虚仿中心的沉浸体验教学由五部分组成，包括："知课堂"互动交流讨论室通过人类命运共同体专题"知识图谱"和 AR 图片识别墙自主学习人类命运共同体理念的提出和背景；"情课堂"沉浸式数字长廊通过数字化呈现我国推动构建人类命运共同体的典型人物和事件，深刻理解我国践行人类命运共同体的担当与实践；"信课堂"全息数字剧场通过数字还原中国医疗队抗击埃博拉病毒的情景，引导学生切实体会中国人民的开放精神与天下情怀；"行课堂" VR 多人协同体验教学区通过沉浸式 VR 感受人类命运共同体虚拟社区和进行社会仿真实验模拟未来社会、践行人类命运共同体理念。

二、教材知识点

教材第三章第二节第四目"坚持立足中国又面向世界"，强调新时代的爱国主义要坚持立足中国又面向世界，在理解爱国主义为什么要面向世界这一问题时，可以引导学生沉浸式体验和理解人类命运共同体理念，从而树立面向世界的、开放的爱国主义情怀。也可用于第四章第一节和第二节，关于"社会主义核心价值观"相关知识点的讲授，教材拓展知识点中都有提到"构建人类命运共同体"的相关内容。培育和践行社会主义核心价值观是提高国家文化软实力的迫切要求。我国提出的"构建人类命运共同体"被写入联合国决议。这一理念已经得到国际社会的广泛认同，彰显了中国的文化软实力及其对全球治理的巨大贡献。在理解"社会主义核心价值观的显著特质"这部分内容时，"社会主义核心价值观因真实可信而具有强大的道义力量"这一知识点的理解要求"认清西方'普世价值'的实质"要求明辨"全人类共同价值与所谓'普世价值'存在根本不同"，我国提出的人类命运共同体理念与全人类共同价值相符。所以有必要借助数字技术引导学生全面理解认识人类命运共同体理念。

三、虚仿场景设计

此专题可设计多个场景的切换。第一个是战乱场景，主要是 21 世纪世界范围内发生的武装冲突、断壁残垣、武装士兵以及呐喊的普通人民。第二个是凸显人类命运共同体理念的场景，这里有来自世界各地的不同国家或民族的活动区域。中国区域的整体建筑风格为中国传统文化中的古典园林，体现中国传统文化中"天人合一"的思想，突出人与自然和谐相处的理念。在园林的正中央，是开放式活动区域，来自世界各地、不同肤色和着装的小朋友们手拉手，讲述本国或本民族的现代生活，所有的小朋友相互依偎，走向未来。

此外，通过社会仿真系统可以对人类命运共同体的场景进行预测和感受，把中国经过实践证明的智慧和经验，以虚拟仿真的形式传达给各国，包括中国脱贫攻坚、国家安全、政党建设、全球生态四个主题的虚拟仿真模块，以此增强同学们的感受力。

四、沉浸体验问题链

本专题学习过程中，让学生围绕"人类命运共同体理念的内涵"这一主题设计的问题进行前后测，即体验前同学们回答"人类命运共同体理念的内涵"，形成词云图，教师进行分析。体验课程结束后，再次回答"人类命运共同体理念的内涵"，再次形成词云图，教师对比分析。整个过程中，"知课堂"围绕"为什么提出人类命运共同体理念"；"情课堂"围绕"形成人类命运共同体理念的核心要素"；"意课堂"围绕"践行人类命运共同体理念的中国担当";"行课堂"围绕"如何践行人类命运共同体理念"展开思考。

五、教学详案

（一）教学专题介绍

1. 教学内容

"思想道德与法治"第四章 第一节 全体人民共同的价值追求。

2. 教学主题

推动构建人类命运共同体的中国担当。

3. 教学时间

50分钟。

4. 授课地点

全国高校思政课虚仿中心。

5. 教学对象

大一学生，40人。

6. 教学目标

知识目标：通过沉浸体验和理论研讨相结合，深刻理解人类命运共同体这一理念的提出和发展，深刻认识人类命运共同体所彰显的中国文化软实力及其对全球治理的巨大贡献。

能力目标：通过现代信息技术的介入，提升学生的理论思维能力、理论联系实际能力、创新能力和人际沟通能力。

素养目标：通过大量新媒体技术的运用，提升学生对于大数据、虚拟仿真、数字人等最新科技手段的媒介素养；通过理论研讨和课程讲解，提升学生对人类命运共同体理念的知识素养。

价值观目标：通过沉浸体验帮助学生在愉快轻松的氛围中理解人类命运共同体的理论知识，在此基础上培养学生的国家荣誉感和自豪感，通过呈现人类命运共同体与时代新人之间的关联，引导学生用人类命运共同体的理念指导未来发展。

（二）参考书目及文章

《马克思恩格斯文集》（第2卷）（北京：人民出版社，2009）

《习近平谈治国理政》（第四卷）（北京：外文出版社，2022）

《高举中国特色社会主义伟大旗帜为全面建设社会主义现代化国家而团结奋斗——在中国共产党第二十次全国代表大会上的报告》（北京：人民出版社，2022）

《共同构建人类命运共同体》（求是，2021（1））

《坚持和弘扬全人类共同价值》（求是，2021（16））

《正确认识和深刻理解构建人类命运共同体的科学内涵》（新华社，2019（11））

《论全人类共同价值与人类命运共同体的辩证关系》（马克思主义研究，2021（11））

（三）学情分析

本专题的设计，旨在充分发挥沉浸体验教学的优势和作用，通过调动学生在学习过程中的积极性、主动性和参与性，增加学生自主学习、体验和思考的成分，结合当代青年大学生的学习特点和需求，采取有针对性地教学和引导，使教学过程符合学生的认知规律，增强学生对教学内容的认同感和收获感。为提升本专题设计的针对性和有效性，授课团队通过质性研究方法,全面调研学生对人类命运共同体相关知识的认知状况,调查结果如下。

(1) 新时代大学生出生和成长于21世纪,物质生活比较富足,对互联网世界比较熟悉,在不同层面接触到了更加多元的价值观。

(2) 经济基础决定上层建筑,物质生活的充裕也决定了新时代青年大学生对和谐、平等、自由、幸福等美好的价值观有了更多的追求和期待。

(3) 有关人类命运共同体主题,学生提出的困惑较多。其中共性问题如下。

①人类命运共同体的提出、内涵和意义。

②人类命运共同体与全人类共同价值之间的关系是什么?

③新时代青年如何参与构建人类命运共同体?

综合上述学情分析,可以发现,学生对人类命运共同体的认知需求很强,并且超越了一般意义上的现象认知,大多数学生都希望能够深入认识人类命运共同体的理论内涵。同时,当代青年大学生的时代特点决定了人类命运共同体教学内容的表达需要化抽象为具体,让学生在亲身实践和沉浸体验中感受人类命运共同体理念的现实性和超越性。授课教师还将通过国际比较和理论阐释引导提升学生的理论思维能力,引导学生在课堂上参与问题回答。

(四) 教学重难点

(1) 如何阐释人类命运共同体的内涵和意义?

(2) 如何分析人类命运共同体与全人类共同价值的关系?

(3) 如何引导青年大学生自觉践行人类命运共同体理念?

(五) 教学设计

1. 设计理念

一是技术赋能,讲好故事。以虚拟仿真技术生动展现、宣传人类命运共同体理念,讲好中国共产党领导中国人民推进构建人类命运共同体的故事,传播好党和人民的声音,将中国美好形象以生动、立体的形式展现出来。引导学生对人类命运共同体的认知逐渐从感性认识上升为理性认识,最终转化为自己的行为实践。

二是教师主导,学生主体。教学过程始终坚持以教师为主导,同时充分尊重学生的主体地位,坚持以学生为中心,高度重视学生学习的个性化需求,并注重引导学生主动学习、自主学习。授课教师通过提前设计教学场景参与学生自主学习过程,同时在教学过程中记录学生学习状态,及时引导、干预和交流。

三是宣扬价值,凸显效能。在教学过程中促使学生理解中国共产党提出人类命运共同体的愿景,中华民族致力于各国人民共同福祉、推动人类文明发展进步。引导学生自觉践行人类命运共同体理念,推动中国智慧和中国方案真正落地生根。

2. 创新点

一是教学理念上促进现代信息技术与思政课教学深度融合。运用新媒体技术开展人类命运共同体相关知识点的教学,让学生在感受科技魅力中形成对人类命运共同体的感性认识,再结合比较深入的理论探讨,引导学生形成理论思维,提升教学效果。

二是教学内容上讲清楚全人类共同价值与人类命运共同体的关系。人类命运共同体知识点在内容逻辑上是属于价值观层面的问题,因此需要讲清楚全人类共同价值与人类命运共同体之间的关联，从而深化人类命运共同体理念的学术性、思想性和理论性。

三是教学方法上运用现代信息技术的同时融入国际比较。授课过程充分运用多种新媒体，如手机 APP、AR 识别、VR 虚拟仿真技术、数字人、数字长廊、知识图谱、智慧教室电子屏等综合实现教学效果。同时在教学过程中运用国际比较方式阐明人类命运共同体理念的先进性。

3. 教学思路与环节

	教学内容	教学手段	教学效果
虚拟仿真沉浸体验教学中心（沉浸体验30分钟）	人类命运共同体知识图谱	知识图谱沉浸体验与互动答题	了解人类命运共同体理念的提出发展
	人类命运共同体——中国担当的"言"与"行"	数字长廊沉浸体验+与老师互动交流	对推动构建人类命运共同体的人物和事件有更深入的认识，并在与老师的交流中对照自身进行反思
	VR 沉浸体验人类命运共同体的实践	人类命运共同体虚拟社区	切身体验人类命运共同体中的生活及其所传递的价值
	观看中国医疗队抗击埃博拉病毒的小电影	体会中国人民推动构建人类命运共同体的努力与付出	深刻领悟人类命运共同体理念和图景的深厚文化底蕴
互动交流室（理论研讨20分钟）	人类命运共同体的理论内涵和意义	教师理论讲授+学生参与式互动	沉浸体验基础搭建体系，深度认知

（六）教学进程（45分钟）

1. 课堂导入和学习任务说明（3分钟）

【导入】欢迎同学们来到"思想道德与法治"课堂，今天我们在虚仿中心，带大家深入认识人类命运共同体理念的深刻内涵和重要意义，同时进一步思考新时代青年如何以实际行动践行人类命运共同体理念。

当代中国可以说有两个梦想：一个是中国梦，就是实现中华民族伟大复兴，建成富强、民主、文明、和谐、美丽的社会主义现代化强国；另一个就是推动构建人类命运共同体的"世界梦"。两者相辅相成，互为机遇。习近平总书记在 2016 年新年贺词中指出："世界那么大，问题那么多，国际社会期待听到中国声音、看到中国方案，中国不能缺席。"这深刻揭示了人类命运共同体理念出场的重要时代背景。党的十八大以来，以习近平同志为核心的党中央站在新的历史起点上，观大势、谋大事，不认同"国强必霸"逻辑，积极倡导构建以全人类共同价值为核心的人类命运共同体。2013 年 3 月，习近平总书记在莫斯科国际关系学院发表演讲，首次在国际场合向世界提出命运共同体概念。他指出："这个世界，各国相互联系、相互依存的程度空前加深，人类生活在同一个地球村里，生活在历史和现实交汇的同一个时空里，越来越成为你中有我、我中有你的命运共同体。"深入认识人类命运共同体，了解当代中国对人类社会和世界人民的态度，是新时代青年必备的能力素质，也是新时代青年开阔国际视野，在更广阔的世界领域有所作为的必要条件。因此，我们今天的课程就针对这样一个目标，运用沉浸体验、理论探讨、小组研学的方式，共同认识人类命运共同体。

【学习任务说明】接下来我们的两节课将按照沉浸体验+理论教授的方式进行。虚仿中心一共有四个课堂，即"知课堂、情课堂、信课堂、行课堂"。我们当前所处区域即"知课堂"，并将在此处完成沉浸式体验前的课堂导入和沉浸式体验后的理论研讨。在"情课堂"，通过知识图谱、AR故事和数字电影，请同学们深入感受中国和中国人民在推动构建人类命运共同体过程中的艰辛付出和无私奉献。在"信课堂"，以数字长廊配合电子屏幕的方式体现人类命运共同体理念的全貌，从"言"与"行"两个方面呈现推动构建人类命运共同体的中国担当。在"行课堂"，通过元宇宙场景设计，让同学们切身体验一个共同繁荣、开放包容、清洁美丽、普遍安全、持久和平的人类命运共同体。

现在将同学们分为4组，请大家打开"知行健"手机APP，根据任务在不同的功能区进行体验、思考并记录下感受，在体验过程中我将在不同的地方与每位同学进行讨论和互动。

2. 互动交流"知课堂"——知识图谱+AR学习（6分钟）

同学们通过触摸式有声电子屏绘制的人类命运共同体知识图谱，通过文字、图片、视频对人类命运共同体理念的提出以及其中所蕴含的文化特质形成初步认识。通过点击知识图谱上的特定知识点，超链接至"互动答题"，从而加深同学们对人类命运共同体相关知识点的认知。同时，引导同学们用"知行健"APP扫描AR墙，识别"推动构建人类命运共同体的中国担当"（在新冠疫情肆虐全球时开放医疗防护设备出口、以高质量共建"一带一路"、为发展中国家提供近200个减贫项目、积极参与全球气候行动、为消除全球治理赤字贡献智慧等）。

3. 数字长廊"情课堂"——新时代推动构建人类命运共同体的言与行（8分钟）

地面：以文字呈现中国特色社会主义发展进入新时代的十年里，中国在推动构建人类命运共同体过程中的"言"与"行"。具体包括：2013年3月，习近平在俄罗斯演讲提及"命运共同体"；2013年4月，习近平在博鳌亚洲论坛2013年年会上发表演讲时提到"树立命运共同体意识"；2015年3月，习近平在亚洲博鳌论坛2015年年会上发表演讲，对"通过迈向亚洲命运共同体，推动建设人类命运共同体"进行了系统论述，提出迈向"命运共同体"必须坚持的四项基本原则：各国相互尊重、平等相待；坚持合作共赢、共同发展；坚持实现共同、综合、合作、可持续的安全；坚持不同文明兼容并蓄、交流互鉴；2017年1月，习近平在联合国日内瓦总部发表题为《共同构建人类命运共同体》的主旨演讲，指出"让和平的薪火代代相传，让发展的动力源源不断，让文明的光芒熠熠生辉，是各国人民的期待，也是我们这一代政治家应有的担当。中国方案是：构建人类命运共同体，实现共赢共享。"2018年4月，习近平在博鳌亚洲论坛2018年年会开幕式上发表主旨演讲，指出"当今世界，开放融通的潮流滚滚向前。人类社会发展的历史告诉我们，开放带来进步，封闭必然落后。世界已经成为你中有我、我中有你的地球村，各国经济社会发展日益相互联系、相互影响，推进互联互通、加快融合发展成为促进共同繁荣发展的必然选择。"2019年1月，习近平在《告台湾同胞书》发表40周年纪念会上的讲话中指出，"中国的统一，不会损害任何国家的正当利益包括其在台湾的经济利益,只会给各国带来更多发展机遇,只会给亚太地区和世界繁荣稳定注入更多正能量,只会为构建人类命运共同体、为世界和平发展和人类进步事业作出更大贡献。"2020年5月,习近平在第七十三届世界卫生大会视频会议开幕式上的致辞中指出,"中国始终秉持构建人类命运共同体理念,既对本国人民生命安全和身体健康负责,也对全球公共卫生事业尽责。"2021年,习近平在庆祝中国共产党成立100周年大会的重要讲话中,深刻总结了中国共产党百年非凡历程的经验启示,强调"以史为鉴、开创未来,必须不断推动构建人类命运共同体。"2022年10月,在中国共产党第二十次全国代表大会上的报告中,"人类命运共同体"这一词汇多次出现,它是中国式现代化本质要求的题中应有之义,习近平指出:"中国始终坚持维护世界和平、促进共同发展的外交政策宗旨,致力于推动构建人类命运共同体。"

屏幕:中心共有9块屏幕,其中8块屏幕分别呈现4个方面及相关故事,第9块屏幕播放字幕和音乐。

屏幕	内容		内容	屏幕
屏幕一	脱贫事业	长廊	袁隆平的杂交水稻技术为解决全球粮食短缺发挥突出作用	屏幕二
屏幕三	生态环境		推动《巴黎协定》的达成、签署;《生物多样性公约》第十五次缔约方大会的第一阶段会议在昆明召开,发布《昆明宣言》;在"一带一路"沿线推进生态文明建设	屏幕四
屏幕五	人类健康		援助世界各国抗击新冠疫情	屏幕六
屏幕七	反恐事业		打击境内外恐怖分子在新疆的活动纪实	屏幕八

4. 数字电影"意课堂"——观看中国医疗队抗击埃博拉病毒的故事(7分钟)

埃博拉病毒肆虐西非,中国在第一时间向非洲伸出援助之手。2014年9月12日,中央军委下达命令至解放军第302医院,抽调30名同志组成中国人民解放军援塞医疗队,赴塞拉利昂执行抗击埃博拉疫情任务。在几内亚执行任务的曹广,亲自接诊了几内亚的第一例埃博拉病毒患者,打响了中国医疗队与埃博拉病毒之间的"遭遇战"。2015年,中国援非医疗队被评为"感动中国2014年度人物",当时的颁奖词是"这些都是远渡重洋到非洲大陆上抗击埃博拉的中国医生,他们在那里以勇气和科学铸铜墙铁壁,我们以这座奖杯向他们致以崇高的敬意。"实际上,自1963年以来,中国援非医疗已有超过半个世纪的历史,长期以来,非洲的贫困地区常驻有中国医疗队,一些中国医护人员甚至将生命永远留在了非洲。请同学们在观看电影的时候思考,是何种价值观驱使像曹广这样的医护人员不顾生命安危去援助非洲?中国为何要耗费巨大的人力、物力和财力去帮助非洲人民发展?

5. 沉浸体验"行课堂"——VR体验人类命运共同体元宇宙场景(10分钟)

虚拟实验室与沉浸式学习元宇宙:利用VR/AR技术,创建数学、物理、化学、生物等学科的虚拟实验室。学生可以在虚拟环境中进行实验操作,获得更加真实和沉浸的学习体验,这有助于加深对"人类命运共同体"中科技合作和共享的理解。

语言文化与历史情境体验元宇宙：通过虚拟仿真技术，为语文、英语、历史、地理等学科提供沉浸式情境体验。例如，学生可以在虚拟环境中"亲身"体验不同文化和历史背景，增进对全球多元文化和历史的认识，从而理解构建人类命运共同体的重要性。

虚拟学习社区与社会互动元宇宙：建立虚拟学习社区，让学生在元宇宙中进行社会互动和交流。这样的社区可以模拟全球不同地区的社会环境，让学生在虚拟的国际环境中学习和实践跨文化交流，增强全球意识。

情境化教学与个性化学习元宇宙：教育元宇宙的应用场景包括情境化教学和个性化学习。在思政课中，可以通过元宇宙技术重现历史事件或模拟国际合作场景，让学生在特定情境中学习"人类命运共同体"的理论与实践。

游戏化学习与教学研训元宇宙：利用教育元宇宙进行游戏化学习，通过互动游戏让学生参与到全球治理和国际合作的模拟中。这种学习方式可以提高学生的参与度和兴趣，同时加深对"人类命运共同体"理念的理解和应用。

6. 回到"知课堂"——进行理论研讨（10 分钟）

通过前面的沉浸体验，同学们对人类命运共同体的丰富内涵和重要意义有了比较深入的了解和思考。接下来通过回顾沉浸体验的相关教学内容，引导同学们继续思考：全人类共同价值与人类命运共同体之间有何关系？

当今世界正经历百年未有之大变局，世界多极化、经济全球化、社会信息化、文化多样化深入发展，人类社会发展的不确定性增强。面对人类向何处去的时代之问，习近平总书记创造性地提出了全人类共同价值和构建人类命运共同体的重要理念。弘扬全人类共同价值和推动构建人类命运共同体相辅相成、相得益彰。理论是实践的先导，思想是行动的指南，要推动构建人类命运共同体，必须弘扬和平、发展、公平、正义、民主、自由的全人类共同价值。全人类共同价值"凝聚了人类不同文明的价值共识，反映了世界各国人民普遍认同的价值理念的最大公约数，超越了意识形态、社会制度和发展水平差异"，为推动构建人类命运共同体提供了价值认同基础。而人类命运共同体顺应了历史潮流、契合了时代需要、回答了时代之问，为全人类共同价值提供了实践场域。总结起来：第一，全人类共同价值为构建人类命运共同体奠定价值认同基础；第二，人类命运共同体为全人类共同价值提供实践场域；第三，要从"两个大局"出发把握全人类共同价值与人类命运共同体的辩证关系。

下面请同学们思考：作为新时代青年，如何践行人类命运共同体理念？

请同学发言，并对学生答案进行简要点评。

7. 课堂总结（1 分钟）

当今世界，文化越来越成为综合国力竞争的重要因素，成为经济发展的重要支撑，文化软实力越来越成为争夺发展制高点、道义制高点的关键所在。宣传人类命运共同体的理念，积极参与推动构建人类命运共同体的实践，有利于增强国际社会对中国的理解，扩大中国文化的影响力，展示社会主义中国的良好形象；有利于增强社会主义意识形态的竞争力，掌握国际治理的话语权、赢得主动权，逐步打破西方的话语垄断、舆论垄断，维护国家利益和意识形态安全，提高我国的文化软实力。最终，通过中国人民和世界人民的一道努力，真正把人类社会建成一个共同繁荣、开放包容、清洁美丽、普遍安全、持久和平的人类命运共同体。

请各位同学课后进一步思考，中国主张的"全人类共同价值"及其指导下的人类命运共同体,与西方国家所宣扬的"普世价值"有何本质区别?

谢谢大家,下课。

(七)课程评价

1. 教师自评

本堂课是推进习近平新时代中国特色社会主义思想进课堂、进教材、进学生头脑的实际行动,在课程内容呈现中着重体现了习近平总书记关于人类命运共同体的重要论述,同时展现了中国特色社会主义新时代10年来推进人类命运共同体发展建设的伟大成就。学生在课堂上通过沉浸式体验加深了对人类命运共同体的认识,同时授课教师的理论引导提升了学生的理论思维。总体来看,本堂课是推动现代信息技术深度融入思政课教学实践的典型示范,取得了良好的教学效果。同时,就目前而言,"知""情""意""行"课堂的设计,还需要进一步完善和丰富,案例的新颖性还有待进一步加强,后续将持续更新、完善相关视频案例素材库。

2. 学生评价

学生对本堂课的评价普遍偏高。学生反映,之前从未想过思政课还能以这样"先进"和有趣的方式进行。很多同学表示,在这堂课上不仅了解到人类命运共同体在新时代的生动实践,还学到了很多理论知识。关于几个课堂的满意度,大多数学生都认为数字长廊"情课堂"和VR体验"行课堂"最为生动,能够激发共鸣。同时也提出,数字电影的形式可以更丰富一些。

六、小组讨论

(1)理解"人类命运共同体"的概念和内涵:小组讨论可以围绕"人类命运共同体"的定义、历史背景,以及其在全球治理中的重要性进行。小组成员可以分享各自对这一概念的理解,并探讨其对个人、国家乃至全球层面的意义。

(2)全球化对"人类命运共同体"的影响和挑战:论全球化如何影响"人类命运共同体"的构建,包括经济、文化、环境等方面的影响。小组成员可以提出具体的全球性问题,如气候变化、贫困问题、疾病大流行等,并探讨这些问题对构建"人类命运共同体"的挑战。

(3)多元文化背景下的共通性和差异性:小组成员可以探讨不同国家、地区和文化背景下的多元性与共通性,以及如何在尊重差异性的同时寻找共同点,促进全球合作。

七、延伸课堂

共同构建人类命运共同体

习近平

2021年1月1日

尊敬的联合国大会主席汤姆森先生,

尊敬的联合国秘书长古特雷斯先生,

尊敬的联合国日内瓦总部总干事穆勒先生,

女士们,先生们,朋友们:

一元复始,万象更新。很高兴在新年伊始就来到联合国日内瓦总部,同大家一起探讨构建人类命运共同体这一时代命题。

我刚刚出席了世界经济论坛年会。在达沃斯，各方在发言中普遍谈到，当今世界充满不确定性，人们对未来既寄予期待又感到困惑。世界怎么了、我们怎么办？这是整个世界都在思考的问题，也是我一直在思考的问题。

我认为，回答这个问题，首先要弄清楚一个最基本的问题，就是我们从哪里来、现在在哪里、将到哪里去？

回首最近100多年的历史，人类经历了血腥的热战、冰冷的冷战，也取得了惊人的发展、巨大的进步。上世纪上半叶以前，人类遭受了两次世界大战的劫难，那一代人最迫切的愿望，就是免于战争、缔造和平。上世纪五六十年代，殖民地人民普遍觉醒，他们最强劲的呼声，就是摆脱枷锁、争取独立。冷战结束后，各方最殷切的诉求，就是扩大合作、共同发展。

这100多年全人类的共同愿望，就是和平与发展。然而，这项任务至今远远没有完成。我们要顺应人民呼声，接过历史接力棒，继续在和平与发展的马拉松跑道上奋勇向前。

人类正处在大发展大变革大调整时期。世界多极化、经济全球化深入发展，社会信息化、文化多样化持续推进，新一轮科技革命和产业革命正在孕育成长，各国相互联系、相互依存，全球命运与共、休戚相关，和平力量的上升远远超过战争因素的增长，和平、发展、合作、共赢的时代潮流更加强劲。

同时，人类也正处在一个挑战层出不穷、风险日益增多的时代。世界经济增长乏力，金融危机阴云不散，发展鸿沟日益突出，兵戎相见时有发生，冷战思维和强权政治阴魂不散，恐怖主义、难民危机、重大传染性疾病、气候变化等非传统安全威胁持续蔓延。

宇宙只有一个地球，人类共有一个家园。霍金先生提出关于"平行宇宙"的猜想，希望在地球之外找到第二个人类得以安身立命的星球。这个愿望什么时候才能实现还是个未知数。到目前为止，地球是人类唯一赖以生存的家园，珍爱和呵护地球是人类的唯一选择。瑞士联邦大厦穹顶上刻着拉丁文铭文"人人为我，我为人人"。我们要为当代人着想，还要为子孙后代负责。

女士们、先生们、朋友们。

让和平的薪火代代相传，让发展的动力源源不断，让文明的光芒熠熠生辉，是各国人民的期待，也是我们这一代政治家应有的担当。中国方案是：构建人类命运共同体，实现共赢共享。

理念引领行动，方向决定出路。纵观近代以来的历史，建立公正合理的国际秩序是人类孜孜以求的目标。从360多年前《威斯特伐利亚和约》确立的平等和主权原则，到150多年前日内瓦公约确立的国际人道主义精神；从70多年前联合国宪章明确的四大宗旨和七项原则，到60多年前万隆会议倡导的和平共处五项原则，国际关系演变积累了一系列公认的原则。这些原则应该成为构建人类命运共同体的基本遵循。

主权平等，是数百年来国与国规范彼此关系最重要的准则，也是联合国及所有机构、组织共同遵循的首要原则。主权平等，真谛在于国家不分大小、强弱、贫富，主权和尊严必须得到尊重，内政不容干涉，都有权自主选择社会制度和发展道路。在联合国、世界贸易组织、世界卫生组织、世界知识产权组织、世界气象组织、国际电信联盟、万国邮政联盟、国际移民组织、国际劳工组织等机构，各国平等参与决策，构成了完善全球治理的重要力量。

新形势下，我们要坚持主权平等，推动各国权利平等、机会平等、规则平等。

日内瓦见证了印度支那和平问题最后宣言的通过，见证了冷战期间两大对峙阵营国家领导人首次和解会议，见证了伊朗核、叙利亚等热点问题对话和谈判。历史和现实给我们的启迪是：沟通协商是化解分歧的有效之策，政治谈判是解决冲突的根本之道。只要怀有真诚愿望，秉持足够善意，展现政治智慧，再大的冲突都能化解，再厚的坚冰都能打破。

"法者，治之端也"。在日内瓦，各国以联合国宪章为基础，就政治安全、贸易发展、社会人权、科技卫生、劳工产权、文化体育等领域达成了一系列国际公约和法律文书。法律的生命在于付诸实施，各国有责任维护国际法治权威，依法行使权利，善意履行义务。法律的生命也在于公平正义，各国和国际司法机构应该确保国际法平等统一适用，不能搞双重标准，不能"合则用、不合则弃"，真正做到"无偏无党，王道荡荡"。

"海纳百川，有容乃大。"开放包容，筑就了日内瓦多边外交大舞台。我们要推进国际关系民主化，不能搞"一国独霸"或"几方共治"。世界命运应该由各国共同掌握，国际规则应该由各国共同书写，全球事务应该由各国共同治理，发展成果应该由各国共同分享。

1862年，亨利·杜楠先生在《沙斐利洛的回忆》中追问：能否成立人道主义组织？能否制定人道主义公约？"杜楠之问"很快有了答案，次年，红十字国际委员会应运而生。经过150多年发展，红十字成为一种精神、一面旗帜。面对频发的人道主义危机，我们应该弘扬人道、博爱、奉献的精神，为身陷困境的无辜百姓送去关爱，送去希望；应该秉承中立、公正、独立的基本原则，避免人道主义问题政治化，坚持人道主义援助非军事化。

女士们、先生们、朋友们。

大道至简，实干为要。构建人类命运共同体，关键在行动。我认为，国际社会要从伙伴关系、安全格局、经济发展、文明交流、生态建设等方面作出努力。

——坚持对话协商，建设一个持久和平的世界。国家和，则世界安；国家斗，则世界乱。从公元前的伯罗奔尼撒战争到两次世界大战，再到延续40余年的冷战，教训惨痛而深刻。"前事不忘，后事之师。"我们的先辈建立了联合国，为世界赢得70余年相对和平。我们要完善机制和手段，更好化解纷争和矛盾、消弭战乱和冲突。

瑞士作家、诺贝尔文学奖获得者黑塞说："不应为战争和毁灭效劳，而应为和平与谅解服务。"国家之间要构建对话不对抗、结伴不结盟的伙伴关系。大国要尊重彼此核心利益和重大关切，管控矛盾分歧，努力构建不冲突不对抗、相互尊重、合作共赢的新型关系。只要坚持沟通、真诚相处，"修昔底德陷阱"就可以避免。大国对小国要平等相待，不搞唯我独尊、强买强卖的霸道。任何国家都不能随意发动战争，不能破坏国际法治，不能打开潘多拉的盒子。核武器是悬在人类头上的"达摩克利斯之剑"，应该全面禁止并最终彻底销毁，实现无核世界。要秉持和平、主权、普惠、共治原则，把深海、极地、外空、互联网等领域打造成各方合作的新疆域，而不是相互博弈的竞技场。

——坚持共建共享，建设一个普遍安全的世界。世上没有绝对安全的世外桃源，一国的安全不能建立在别国的动荡之上，他国的威胁也可能成为本国的挑战。邻居出了问题，不能光想着扎好自家篱笆，而应该去帮一把。"单则易折，众则难摧。"各方应该树立共同、综合、合作、可持续的安全观。

近年来，在欧洲、北非、中东发生的恐怖袭击事件再次表明，恐怖主义是人类公敌。反恐是各国共同义务，既要治标，更要治本。要加强协调，建立全球反恐统一战线，为各国人民撑起安全伞。当前，难民数量已经创下第二次世界大战结束以来的历史纪录。危机需要应对，根源值得深思。如果不是有家难归，谁会颠沛流离？联合国难民署、国际移民组织等要发挥统筹协调作用，动员全球力量有效应对。中国决定提供2亿元人民币新的人道主义援助，用于帮助叙利亚难民和流离失所者。恐怖主义、难民危机等问题都同地缘冲突密切相关，化解冲突是根本之策。当事各方要通过协商谈判，其他各方应该积极劝和促谈，尊重联合国发挥斡旋主渠道作用。禽流感、埃博拉、寨卡等疫情不断给国际卫生安全敲响警钟。世界卫生组织要发挥引领作用，加强疫情监测、信息沟通、经验交流、技术分享。国际社会应该加大对非洲等发展中国家卫生事业的支持和援助。

——坚持合作共赢，建设一个共同繁荣的世界。发展是第一要务，适用于各国。各国要同舟共济，而不是以邻为壑。各国特别是主要经济体要加强宏观政策协调，兼顾当前和长远，着力解决深层次问题。要抓住新一轮科技革命和产业变革的历史性机遇，转变经济发展方式，坚持创新驱动，进一步发展社会生产力、释放社会创造力。要维护世界贸易组织规则，支持开放、透明、包容、非歧视性的多边贸易体制，构建开放型世界经济。如果搞贸易保护主义、画地为牢，损人不利己。

经济全球化是历史大势，促成了贸易大繁荣、投资大便利、人员大流动、技术大发展。本世纪初以来，在联合国主导下，借助经济全球化，国际社会制定和实施了千年发展目标和2030年可持续发展议程，推动11亿人口脱贫，19亿人口获得安全饮用水，35亿人口用上互联网等，还将在2030年实现零贫困。这充分说明，经济全球化的大方向是正确的。当然，发展失衡、治理困境、数字鸿沟、公平赤字等问题也客观存在。这些是前进中的问题，我们要正视并设法解决，但不能因噎废食。

我们要从历史中汲取智慧。历史学家早就断言，经济快速发展使社会变革成为必需，经济发展易获支持，而社会变革常遭抵制。我们不能因此踟蹰不前，而要砥砺前行。我们也要从现实中寻找答案。2008年爆发的国际金融危机启示我们，引导经济全球化健康发展，需要加强协调、完善治理，推动建设一个开放、包容、普惠、平衡、共赢的经济全球化，既要做大蛋糕，更要分好蛋糕，着力解决公平公正问题。

去年9月，二十国集团领导人杭州峰会聚焦全球经济治理等重大问题，通过《创新增长蓝图》，首次将发展问题纳入全球宏观政策框架，并制定了行动计划。

——坚持交流互鉴，建设一个开放包容的世界。"和羹之美，在于合异。"人类文明多样性是世界的基本特征，也是人类进步的源泉。世界上有200多个国家和地区、2500多个民族、多种宗教。不同历史和国情，不同民族和习俗，孕育了不同文明，使世界更加丰富多彩。文明没有高下、优劣之分，只有特色、地域之别。文明差异不应该成为世界冲突的根源，而应该成为人类文明进步的动力。

每种文明都有其独特魅力和深厚底蕴，都是人类的精神瑰宝。不同文明要取长补短、共同进步，让文明交流互鉴成为推动人类社会进步的动力、维护世界和平的纽带。

——坚持绿色低碳，建设一个清洁美丽的世界。人与自然共生共存，伤害自然最终将伤及人类。空气、水、土壤、蓝天等自然资源用之不觉、失之难续。工业化创造了前所未有的物质财富，也产生了难以弥补的生态创伤。我们不能吃祖宗饭、断子孙路，用破坏性方式搞发展。绿水青山就是金山银山。我们应该遵循天人合一、道法自然的理念，寻求永续发展之路。

我们要倡导绿色、低碳、循环、可持续的生产生活方式，平衡推进2030年可持续发展议程，不断开拓生产发展、生活富裕、生态良好的文明发展道路。《巴黎协定》的达成是全球气候治理史上的里程碑。我们不能让这一成果付诸东流。各方要共同推动协定实施。中国将继续采取行动应对气候变化，百分之百承担自己的义务。

瑞士军刀是瑞士"工匠精神"的产物。我第一次得到一把瑞士军刀时，我就很佩服人们能赋予它那么多功能。我想，如果我们能为我们这个世界打造一把精巧的瑞士军刀就好了，人类遇到了什么问题，就用其中一个工具来解决它。我相信，只要国际社会不懈努力，这样一把瑞士军刀是可以打造出来的。

女士们、先生们、朋友们。

中国人始终认为，世界好，中国才能好；中国好，世界才更好。面向未来，很多人关心中国的政策走向，国际社会也有很多议论。在这里，我给大家一个明确的回答。

第一，中国维护世界和平的决心不会改变。中华文明历来崇尚"以和邦国""和而不同""以和为贵"。中国《孙子兵法》是一部著名兵书，但其第一句话就讲："兵者，国之大事，死生之地，存亡之道，不可不察也"，其要义是慎战、不战。几千年来，和平融入了中华民族的血脉中，刻进了中国人民的基因里。

数百年前，即使中国强盛到国内生产总值占世界30%的时候，也从未对外侵略扩张。1840年鸦片战争后的100多年里，中国频遭侵略和践踏之害，饱受战祸和动乱之苦。孔子说，己所不欲，勿施于人。中国人民深信，只有和平安宁才能繁荣发展。

中国从一个积贫积弱的国家发展成为世界第二大经济体，靠的不是对外军事扩张和殖民掠夺，而是人民勤劳、维护和平。中国将始终不渝走和平发展道路。无论中国发展到哪一步，中国永不称霸、永不扩张、永不谋求势力范围。历史已经并将继续证明这一点。

第二，中国促进共同发展的决心不会改变。中国有句古语叫"落其实思其树，饮其流怀其源"。中国发展得益于国际社会，中国也为全球发展作出了贡献。中国将继续奉行互利共赢的开放战略，将自身发展机遇同世界各国分享，欢迎各国搭乘中国发展的"顺风车"。

1950年至2016年，中国累计对外提供援款4 000多亿元人民币，今后将继续在力所能及的范围内加大对外帮扶。国际金融危机爆发以来，中国经济增长对世界经济增长的贡献率年均在30%以上。未来5年，中国将进口8万亿美元的商品，吸收6 000亿美元的外来投资，中国对外投资总额将达到7 500亿美元，出境旅游将达到7亿人次。这将为世界各国发展带来更多机遇。

中国坚持走符合本国国情的发展道路，始终把人民权利放在首位，不断促进和保护人权。中国解决了13亿多人口的温饱问题，让7亿多人口摆脱贫困，这是对世界人权事业的重大贡献。

我提出"一带一路"倡议，就是要实现共赢共享发展。目前，已经有100多个国家和国际组织积极响应支持，一大批早期收获项目落地开花。中国支持建设好亚洲基础设施投资银行等新型多边金融机构，为国际社会提供更多公共产品。

第三，中国打造伙伴关系的决心不会改变。中国坚持独立自主的和平外交政策，在和平共处五项原则基础上同所有国家发展友好合作。中国率先把建立伙伴关系确定为国家间交往的指导原则，同 90 多个国家和区域组织建立了不同形式的伙伴关系。中国将进一步联结遍布全球的"朋友圈"。

中国将努力构建总体稳定、均衡发展的大国关系框架，积极同美国发展新型大国关系，同俄罗斯发展全面战略协作伙伴关系，同欧洲发展和平、增长、改革、文明伙伴关系，同金砖国家发展团结合作的伙伴关系。中国将继续坚持正确义利观，深化同发展中国家务实合作，实现同呼吸、共命运、齐发展。中国将按照亲诚惠容理念同周边国家深化互利合作，秉持真实亲诚对非政策理念同非洲国家共谋发展，推动中拉全面合作伙伴关系实现新发展。

第四，中国支持多边主义的决心不会改变。多边主义是维护和平、促进发展的有效路径。长期以来，联合国等国际机构做了大量工作，为维护世界总体和平、持续发展的态势作出了有目共睹的贡献。

中国是联合国创始成员国，是第一个在联合国宪章上签字的国家。中国将坚定维护以联合国为核心的国际体系，坚定维护以联合国宪章宗旨和原则为基石的国际关系基本准则，坚定维护联合国权威和地位，坚定维护联合国在国际事务中的核心作用。

中国—联合国和平与发展基金已经正式投入运营，中国将把资金优先用于联合国及日内瓦相关国际机构提出的和平与发展项目。随着中国持续发展，中国支持多边主义的力度也将越来越大。

女士们、先生们、朋友们。

对中国来讲，日内瓦具有一份特殊的记忆和情感。1954 年，周恩来总理率团出席日内瓦会议，同苏联、美国、英国、法国等共同讨论政治解决朝鲜问题和印度支那停战问题，展现和平精神，为世界和平贡献了中国智慧。1971 年，中国恢复在联合国的合法席位、重返日内瓦国际机构后，逐步参与裁军、经贸、人权、社会等各领域事务，为重大问题解决和重要规则制定提供了中国方案。近年来，中国积极参与伊朗核、叙利亚等热点问题的对话和谈判，为推动政治解决作出了中国贡献。中国先后成功向国际奥委会申办夏季和冬季两届奥运会和残奥会，中国 10 多项世界自然遗产和文化自然双重遗产申请得到世界自然保护联盟支持，呈现了中国精彩。

女士们、先生们、朋友们。

中国古人说："善学者尽其理，善行者究其难。"构建人类命运共同体是一个美好的目标，也是一个需要一代又一代人接力跑才能实现的目标。中国愿同广大成员国、国际组织和机构一道，共同推进构建人类命运共同体的伟大进程。

1 月 28 日，中国人民将迎来农历丁酉新年，也就是鸡年春节。鸡年寓意光明和吉祥。"金鸡一唱千门晓。"我祝大家新春快乐、万事如意。

谢谢大家。

这是习近平总书记 2017 年 1 月 18 日在联合国日内瓦总部的演讲。

八、课后思考

当前国际局势对世界格局和民心的冲击有哪些？全人类共同价值与西方所谓"普世价值"的根本区别是什么？

专题五：从脱贫攻坚看中国特色社会主义道德

一、教学主题

"从脱贫攻坚看中国特色社会主义道德"虚拟仿真思政课根据"思想道德与法治"第五章第一节、第二节内容设计。教学主题围绕"如何以脱贫攻坚为例，理解中国特色社会主义道德的核心与原则"。课程由五部分组成："知课堂"——社会主义道德内容学习；"情课堂"——中华传统美德人物篇/事件篇；"意课堂"——数字人讲述革命道德；"行课堂"——虚拟现实沉浸体验脱贫攻坚精神的社会主义道德；"信课堂"——现实情境应对。课程亮点：（1）以案例教学为主，通过沉浸式体验大凉山脱贫攻坚的艰难险阻，理解社会主义道德的核心是为人民服务，原则是集体主义；（2）利用视觉冲击的方式，在数字长廊、数字人中展现有关中华传统美德、革命道德，体会社会主义道德的组成部分及由来；（3）对知识进行谱系学的梳理，让学生在掌握知识的基础上，从情感上理解社会主义道德的必要性及实践意义。

二、教材知识点

"思想道德与法治"第五章第一节、第二节的主题分别为"社会主义道德的核心与原则""吸收借鉴优秀道德成果"。在百年未有之大变局、中华民族伟大复兴战略全局视角下，重新思考道德是立身兴国之本，对个人和社会都有基础性意义。

以马克思主义理论为指导，首先要明晰道德是反映社会经济关系的特殊意识形态。道德具有阶级性、相对独立性、实践性，是社会利益关系的特殊调节方式，具有认识功能、规范功能、调节功能。其次，社会主义道德具有显著的先进性特征，为人民服务是先进性要求和广泛性要求的统一，社会主义道德坚持以为人民服务为核心。集体主义是调节国家利益、社会整体利益、个人利益关系的基本原则，社会主义道德坚持以集体主义为原则，坚持集体主义的层次性。最后，社会主义道德还要充分吸收借鉴各种优秀道德成果，包括中华传统美德、中国革命道德，吸收借鉴人类文明的优秀道德成果。

三、虚仿场景设计

以凉山彝族自治州阿土列尔村"悬崖村"脱贫攻坚实践为例，通过进行实地调研、拍摄，访问"悬崖村"村长帕查有格——脱贫攻坚"第一书记"等相关人员，以孩童上学之路的变迁为主要视角，对"悬崖村"的"前世今生"进行虚拟仿真场景复刻。

首先出现的场景是脱贫攻坚前的阿土列尔村。在脱贫攻坚之前，适学儿童时常通过攀登800 m高的、用木头和藤条搭建的木梯上下学。之后，场景切换至适学儿童到达田木头搭建的教室中，教学环境不尽如人意。在虚仿课堂上，学生需要通过手柄控制上下木梯，两边尽是悬崖，在攀爬过程中学生会产生眩晕感。其次出现的场景是脱贫攻坚之后的阿土列尔村，村民进行易地搬迁，适学儿童搬到山下平原处学习、生活，新校舍崭新、牢固，且配备高科技设备，让适学儿童的生活发生了翻天覆地的变化。

四、沉浸体验问题链

社会主义道德是社会主义现代化建设的基石性内容。目前，学生对社会主义道德内涵、来源、存在必要性仍有较大思维盲区和困惑。要破除这些困惑，首先应该具备历史唯物主义的理论功底，同时还要站在古代与近现代史的角度，对社会主义道德的来源进行追溯、归纳。

核心问题1：道德具有哪些性质？

马克思主义道德观认为人类社会的实际情况是："物质生活的生产方式制约着整个社会生活、政治生活和精神生活的过程。"首先，劳动是道德起源的首要前提。道德是人类社会的特有现象，动物的本能行为中不存在真正的道德。劳动创造了人、社会和社会关系，也创造了道德。

社会关系是道德赖以产生的客观条件。在生产生活的实践活动中，人类必然要发生各种各样的人际交往和社会关系，各种利益关系更为凸显。随着社会分工的不断发展，个人利益、他人利益和社会利益的界限逐步明晰，要求规范、协调或制约利益冲突的意识更为强烈，由此促进了人类道德的不断进步和发展。

人的自我意识是道德产生的主观条件。人只有在社会实践中，意识到自我作为社会成员与其他动物的根本区别，意识到自我在社会中的角色与地位，意识到自我与他人或集体不同的利益关系，并由此产生调节力与矛盾的迫切要求时，道德才得以产生。

道德是反映社会经济关系的特殊意识形态。道德的产生、发展和变化，归根结底源于社会经济关系。其一，道德的性质和基本原则、规范反映了与之相应的社会经济关系的性质和内容。其二，道德随着社会经济关系的变化而变化。其三，道德作为一种社会意识，具有阶级性。其四，作为社会意识的道德一旦产生，便有相对独立性。

道德是社会利益关系的特殊调节方式。作为一种调整人与人、人与社会、人与自然以及人与自身之间关系的特殊的行为规范，道德是用善恶标准去评价，依靠社会舆论、传统习俗、内心信念来维持的，因此是一种非强制性的规范。

道德是一种实践精神。道德是一种旨在通过把握世界的善恶现象进而规范人们的行为，并通过人们的实践活动体现出来的社会意识。具体来说，道德是一种以指导人的行为为目的，以形成人的正确行为方式为内容的精神，在本质上是知行合一的。

核心问题2：道德的功能和作用？

道德具有认识功能、规范功能、调节功能。道德的认识功能是指道德反映社会关系特别是反映社会经济关系的功效与能力。道德的规范功能是引导人们行为的重要力量。在正确善恶观的指引下，道德规范着社会成员在职业领域、社会公共领域、家庭领域的行为，并深入影响个人品德的养成。与其他社会规范一样，道德也是人类把握世界的特殊实践精神，通过规范人的行为来维护社会秩序和稳定。道德的调节功能是指道德通过评价等方式指导和纠正人们的行为和实践活动、协调社会关系和人际关系的功效和能力。道德的作用是指道德的认识、规范、调节、激励、导向、教育等功能的发挥和实现所产生的社会影响及实际效果。

核心问题3：为什么说社会主义道德是崭新类型的道德？

人类社会先后经历了五种基本社会形态，出现了原始社会的道德、奴隶社会的道德、封建社会的道德、资本主义社会的道德、社会主义社会的道德。人类道德发展的历史过程与社会生产方式的发展进程大体一致，这是道德发展的基本规律。社会主义和共产主义道德，是人类道德合乎规律发展的必然产物，是人类道德发展史上的一种崭新的道德类型，是对人类道德传统的批判与继承，并必然随着社会的进步和实践的发展与时俱进。

与以往社会的道德形态相比，社会主义道德具有显著的先进性特征。这种先进性主要体现在以下几个方面：首先，社会主义道德是社会主义经济基础的反映。在以生产资料公有制为主体的社会主义社会，广大人民不仅在政治上实现了当家作主，而且在道德上实现了由被动到主动的转变。其次，社会主义道德是对人类优秀道德资源的批判继承和创新发展。以当代中国的社会主义道德体系为例，我们今天倡导的社会主义道德规范，不仅与中华传统美德相承接，与中国共产党人在革命战争年代创立的革命道德相延续，同时也是对人类优秀道德成果的吸收和借鉴。最后，社会主义道德克服了以往阶级社会道德的片面性和局限性，坚持以为人民服务为核心，坚持以集体主义为原则，展现出真实而强大的道义力量。

核心问题4：社会主义道德吸收借鉴了哪些优秀道德成果？

弘扬社会主义道德，推进新时代公民道德建设，必须坚持马克思主义道德观，充分吸收借鉴各种优秀道德成果。社会主义道德不是凭空产生的，中华传统美德是中华文化的精髓，蕴含着丰富的思想道德资源；中国革命道德是对中华传统美德的继承和发展，是社会主义道德的红色基因。大学生应当自觉继承并弘扬中华传统美德和中国革命道德，同时以开放的胸怀和视野吸收借鉴人类文明的优秀道德成果，不断深化对社会主义道德的认识。

核心问题5：学生如何将社会主义道德融入日常生活中？

公民道德建设，对于提高人民思想觉悟、道德水准、文明素养，提高全社会文明程度，具有至关重要的作用。弘扬社会主义道德，必须坚持以为人民服务为核心、以集体主义为原则，推进社会公德、职业道德、家庭美德、个人品德建设。大学生要自觉讲道德、尊道德、守道德，做社会主义道德的践行者、示范者和引领者。

五、教学详案

（一）教学专题介绍

1. 教学内容

"思想道德与法治"第五章第一节、第二节："社会主义道德的核心与原则""吸收借鉴优秀道德成果"。

2. 教学主题

从脱贫攻坚看中国特色社会主义道德。

3. 教学时间

50分钟。

4. 授课地点

全国高校思政课虚仿中心。

5. 教学对象

大一学生，40人。

6. 教学目标

知识目标：通过沉浸体验和理论研讨相结合，深刻理解社会主义道德的来源。

能力目标：通过信息技术和多媒体环境的创设实现高阶思维的训练，提升认知能力、理解能力和实践能力。

素养目标：通过大量新媒体技术的运用，提升学生对于大数据、虚拟仿真、数字人等最新科技手段的媒介素养。

价值观目标：通过对脱贫攻坚等伟大社会实践进行沉浸体验，了解社会主义道德如何在实际政策中体现出来，了解社会主义道德的先进性，形成完整而正确的对于道德的认识链，将社会主义道德内化于心，有效应对在生活与工作中遇到的问题与障碍。

（二）参考书目及文章

《马克思恩格斯文集》（第1卷）（北京：人民出版社，2009）

《习近平谈治国理政》（第四卷）（北京：外文出版社，2022）

《高举中国特色社会主义伟大旗帜 为全面建设社会主义现代化国家而团结奋斗——在中国共产党第二十次全国代表大会上的报告》（北京：人民出版社，2022）

《习近平在庆祝中国共产党成立100周年大会上的讲话》（2021.7.1）

《习近平，在党史学习教育动员大会上的讲话》（2021.3.31）

《中共中央关于党的百年奋斗重大成就和历史经验的决议》（2021.11.16）

《新时代公民道德建设实施纲要》（北京：人民出版社，2019）

（三）学情分析

本专题的设计，旨在社会主义市场经济条件下，在社会思潮多元化发展情况下，通过沉浸式体验教学，充分考虑学生的学习特点和学习需求、思想特点和误区，增加个性化的引导和教育，增强学生对于社会主义道德必要性与来源的理解。因此授课团队通过质性研究方法，全面调研学生认知现状，可知学生的思想特征如下。

（1）新时代大学生主要特点包括：物质条件较大进步、课业负担重、社交媒体使用频繁、易于接触不同社会思潮（包括错误思潮）等。

（2）学生对精神世界与美好生活有更多追求，对社会发展与全球发展有自己的想法和思考。

（3）有关道德主题，学生提出的困惑较多。其中共性问题如下。

①如何激活社会主义道德的源头活水？

②如何让红色基因代代相传？

③社会主义道德和马克思主义道德、中华传统美德、革命道德的关系？

综合上述学情分析，可以得出，对社会主义道德必要性与来源的理解既要有思想政治教育的内容，也要结合一定政治经济学理论基础进行讲解，也就是化抽象为具体，要用具体的政治经济学政策进行必要性和原则性解释，例如，在虚仿中心中展示脱贫攻坚社会实践就是非常好的沉浸式体验教学方式。在此基础上，学生能够对社会主义理论、制度、体系、自信进行深入学习，也更加能够理解社会主义道德的必要性与组成部分。

（四）教学重难点

（1）如何理解社会主义道德的来源？

（2）社会主义道德与中华传统美德，中国革命道德的关系？

（五）教学设计

1. 设计理念

一是从抽象到具体。通过虚拟仿真技术呈现教学案例，使学生在沉浸式体验中增强自己对于抽象理论与宏观政策的具体性、现实性理解，增强学生的科学认知与对人民至上的认知，从内心深处理解并认同社会主义道德。

二是构建师生教学共同体。教师并没有完全退场，而是起到主导作用，进行教学设计和课前理论与体验指引，具体的学习与理解则以学生为中心进行。通过问卷进行体验的前后测，及时掌握学情、学生思维发展动态，并进行教学效果评估。

三是利用新型教学方式给精神"补钙"。在当前社会环境下，学生在互联网上面临价值观冲击与不同类型社会思潮的冲击，精神虚无、渺茫、堕落等现象在一定程度上是存在的。通过对社会主义道德在中国共产党的政策制定与高度觉悟、自我牺牲中发挥的作用进行虚拟仿真教学案例设计，能够引领学生的价值观，让学生告别总书记论述的精神的"软骨病"。

2. 创新点

一是抽象与具体结合，构建师生共同体。对社会主义道德形成理性认识，结合技术形成感性认识，达到理念抽象与具体结合，构建师生共同体的教学效果。

二是多种新媒体技术融合创新。授课教师利用增强现实、数字人、数字长廊、知识图谱、智慧教室电子屏等综合实现教学效果。

3. 教学思路与环节

	教学内容	教学手段	教学效果
虚拟仿真沉浸体验教学中心（沉浸体验35分钟）	社会主义道德知识图谱	知识图谱沉浸体验与互动答题	了解社会主义道德全貌
	织机：勤劳创新；明代福船：智慧勇敢，威而不霸；伏生一家舍命护书：护书尚智；《论语》：中华民族精神与智慧；选贤举能，讲信修睦：天下为公；李健《君子行》：自强不息，厚德载物；京剧《同光十三绝》：敢于斗争；演奏混剪：精忠报国	数字长廊沉浸体验+与老师互动交流	对具有中华传统美德的人物和事件有更深入的认识
	虚拟现实沉浸体验脱贫攻坚精神的社会主义道德	虚拟仿真大凉山脱贫攻坚	切身感受脱贫攻坚的社会主义道德性
	数字人讲述革命道德	与数字人徐特立先生进行对话	深刻领悟延安精神，增强中国革命道德
互动交流室（理论研讨15分钟）	社会主义道德的来源	结合学生虚仿沉浸体验前后测提取关键词，阐释内涵，总结	深刻理解内涵，了解中华传统美德与中国革命道德的意义
	社会主义道德与中华传统美德、中国革命道德的关系	教师理论讲授+学生参与式互动	在沉浸体验基础搭建体系，深度认知，将社会主义道德内化到个人的人生规划上

(六) 教学进程 (50分钟)

1. 导入和学习任务说明 (3分钟)

【导入】欢迎来到"思想道德与法治"课堂,今天我们在虚仿中心,身临其境地了解这些脱贫攻坚等事件背后的故事,并从这些故事中领悟如何体现出社会主义道德。

【课前测】请同学们拿出手机,打开"知行健"APP完成课前测——"社会主义道德的来源是……"

【课程内容介绍】接下来我们的两节课将按照沉浸体验+理论教授的方式进行,在虚仿中心同学们充分地沉浸体验和感受社会主义道德的来源。在"情课堂",有知识图谱的体验。在"信课堂",数字长廊有中华传统美德的经典呈现以及按照"人物篇"和"事件篇"对谱系进行深入讲解。在"行课堂",我们有关于脱贫攻坚精神体现社会主义道德的虚拟仿真沉浸体验。在"知课堂",我们有关于中国革命道德的数字人对话。

现在将同学们分为4组,请大家打开"知行健"手机APP,根据任务在不同的功能区进行体验、思考并记录下感受,在体验过程中请大家围绕"社会主义道德的来源和必要性"进行深度思考,我将在不同的地方与每位同学进行讨论和互动。

2. "信课堂"——数字长廊沉浸学习 (12分钟)

【课程内容介绍】各位同学大家好,现在映入大家眼帘的就是社会主义道德的人物与事件视频集合。我们看到,左侧长廊共四组视频,分别是:织机——勤劳创新;明代福船——智慧勇敢,威而不霸;伏生一家舍命护书——护书尚智;《论语》——中华民族精神与智慧。右侧长廊共四组视频,分别是:演奏混剪——精忠报国;选贤举能,讲信修睦——天下为公;李健《君子行》——自强不息,厚德载物;京剧《同光十三绝》:敢于斗争。每个视频的观看时间大概是2—3分钟,大家可以从中华传统美德开始,对其中人物与事件的精神要义进行总结,并分析其中的关系为何,用手机"知行健"APP完成课堂记录。

3. "情课堂"——校史人物数字电影观影 (2分钟)

【课程内容介绍】各位同学大家好,我们面前展示的是数字人,这是北京理工大学前身,延安自然科学院徐特立校长在社会主义革命与建设时期,对青年学生教学重要性与办学思想的强调。请同学们认真聆听老校长的教学思想,思考其中的革命道德性,用手机"知行健"APP完成课堂记录。

4. "行课堂"——大凉山脱贫攻坚虚拟仿真体验 (10分钟)

【课程内容介绍】各位同学大家好,欢迎大家来到虚拟现实体验馆,在这里我们将在助教的帮助下,戴上虚拟现实体验设备,对发生在凉山彝族自治州的脱贫攻坚,以及社会的发展变化进行沉浸式体验。请大家在体验的过程中进行思考,脱贫攻坚如何体现社会主义道德,并对社会主义道德的特征进行概括,用手机知行健APP完成课堂记录。

5. 虚仿课程课后测 (3分钟)

【课后测】请同学们拿出手机,打开"知行健"APP完成课后测——"社会主义道德的来源是……"

6. 互动交流室讨论环节 (15分钟)

结合学生虚仿沉浸体验前后测提取关键词,理论阐释社会主义道德的内涵与组成部分,进行教学效果总结。抛出问题:道德的力量是无穷的,国无德不兴,人无德不立。结合实际,谈谈道德的作用;社会主义道德是人类道德发展史上一种崭新类型的道德,谈谈社会主义道德为什么要以为人民服务为核心、以集体主义为原则；中华传统美德是社会主义道德建设的源头活水，中国革命道德是社会主义道德的红色基因；结合实际，谈谈新时代大学生如何传承中华传统美德和弘扬中国革命道德。与同学们进行互动讨论，使学生立足历史与传统、立足现实与问题、立足理论与实践，理解社会主义道德，形成完整而正确的道德认识链，将社会主义道德内化于心，有效应对在生活与工作中遇到的问题与障碍。

7. 课程总结（5分钟）

【总结】感谢各位同学，我们的测试就到此结束。在体验中我们通过新媒体技术融合，了解到了社会主义道德的知识图谱，了解社会主义道德以马克思主义道德观为理论基础，传承重视整体利益、强调责任奉献；推崇仁爱原则、注重以和为贵；注重人伦关系、重视道德义务；追求精神境界、向往理想人格；强调道德修养、注重道德践履的中华传统美德，发扬中国共产党人、人民军队、一切先进分子和人民群众在中国革命、建设、改革中所形成的优良道德的中国革命道德。我们了解到社会主义道德来源于马克思主义道德观、立足于中华传统美德、培植于中国革命道德，由此我们对社会主义道德有了更加全面的理解。我们这节课就到这里，请同学们做好课后阅读与作业，我们下节课再见！

（七）课程评价

通过课程改革，同学们对"思想道德与法治"这门课程评价优秀率达98%，5分制评分达4.9，尤其是《社会主义道德》这一部分，同学们纷纷表示"思想受到震撼""原来还可以这么理解社会主义道德"。同学们的评价反馈如下。

序号	学生参与沉浸体验教学活动的部分反馈意见
1	理想信念，实践出真知，崇高道德，立足民族和时代，无私奉献，艰苦奋斗，这些都是一个先进的政党的立足之本，能够让中国共产党不断前进，蓬勃发展
2	中国共产党人政治觉悟、意志品格、思想道德和工作作风，是党的一系列优良传统和革命风范
3	马克思主义、共产主义信仰这个同根同源的基础上生长起来的庞大系统和完整体系，集中体现着中国共产党人的理想信念、根本宗旨、道德品质、工作作风和精神风貌
4	办学需要培养的是综合素质优秀的人才，首先要进行思想道德教育，使其具备爱国主义精神等一系列中国共产党人应具备的精神图谱，才能够将他培育成真正的人才
5	抗战精神是一种天下兴亡、匹夫有责的爱国情怀，是人们对自己祖国的深厚感情和责任担当，是将个人命运和祖国命运紧密地联系在一起，调整个人与国家、个人与民族关系的道德准则
6	敢于开拓创新，坚守伦理道德
7	各种道德相通相融，具有连贯的思想内核，拥有厚重的实践属性，崇高的道德品格和鲜明的民族和时代特征
8	革命道德高于天的理想信念、祖国高于一切的爱国主义、携手人民辟江山的为民情怀、敢闯新路谱新篇的开拓创新、奋发图强谋复兴的艰苦奋斗、崇德向善扬正气的道德品质

六、小组讨论

问题1：道德的力量是无穷的，国无德不兴，人无德不立。结合实际，谈谈道德的作用。

道德具有认识功能、规范功能、调节功能。道德的认识功能是指道德反映社会关系特别是反映社会经济关系的功效与能力。道德的规范功能是引导人们行为的重要力量。在正确善恶观的指引下，道德规范着社会成员在职业领域、社会公共领域、家庭领域的行为，并深入影响个人品德的养成。与其他社会规范一样，道德也是人类把握世界的特殊实践精神，通过规范人的行为来维护社会秩序和稳定。道德的调节功能是指道德通过评价等方式指导和纠正人们的行为和实践活动、协调社会关系和人际关系的功效和能力。道德的作用是指道德的认识、规范、调节、激励、导向、教育等功能的发挥和实现所产生的社会影响及实际效果。

问题2：社会主义道德是人类道德发展史上一种崭新类型的道德，谈谈社会主义道德为什么要以为人民服务为核心、以集体主义为原则。

为人民服务作为公民道德建设的核心，是社会主义道德区别和优越于其他社会形态道德的显著标志。它不仅是对共产党员和领导干部的要求，也是对广大群众的要求。每个公民不论社会分工如何、能力大小，都能够在本职岗位，通过不同形式做到为人民服务。在新的形势下，必须继续大张旗鼓地倡导为人民服务的道德观，把为人民服务的思想贯穿于各种具体道德规范之中。要引导人们正确处理个人与社会、竞争与协作、先富与共富、经济效益与社会效益等关系，提倡尊重人、理解人、关心人，发扬社会主义人道主义精神，为人民为社会多做好事，反对拜金主义、享乐主义和极端个人主义，形成体现社会主义制度优越性、促进社会主义市场经济健康有序发展的良好道德风尚。

集体主义作为公民道德建设的原则，是社会主义经济、政治和文化建设的必然要求。在社会主义社会，人民当家作主，国家利益、集体利益和个人利益根本上的一致，使集体主义成为调节三者利益关系的重要原则。要把集体主义精神渗入社会生产和生活的各个层面，引导人们正确认识和处理国家、集体、个人的利益关系，提倡个人利益服从集体利益、局部利益服从整体利益、当前利益服从长远利益，反对小团体主义、本位主义和损公肥私、损人利己，把个人的理想与奋斗融入广大人民的共同理想和奋斗之中。

问题3：中华传统美德是社会主义道德建设的源头活水，中国革命道德是社会主义道德的红色基因。结合实际，谈谈新时代大学生如何传承中华传统美德和弘扬中国革命道德。

大学生应当从中华传统美德中汲取丰富学习资源。在新时期的发展背景下，大学生要对中华传统美德提升传承力度，并从中获取养分。对于传承与发展中华优秀传统文化，应当意识到其中担当责任、爱国情怀和向善向美社会风气的重要性，让中华传统美德在理论上学习、实践中展现。首先，应当意识到自身的担当与责任。对此高校应当积极引导大学生建立"以天下为己任"的胸怀，自觉承担起自身所肩负的责任，在实现中华民族伟大复兴的道路上充分发挥自身的力量。其次，是爱国情怀。新时期中华优秀传统文化的传承与发展，应当从最深层次的爱国主义出发，通过爱国人物、爱国故事等鲜活素材的学习和实地考察等形式的实践，充分激发学生的民族自信心与自豪感，让学生对祖国发展道路有充分的认知，使其自觉将心中的报国志转化为实际的报国行。最后，是培育建设向善向美的社会风气。我国自古以来便有礼仪之邦的称号，因此中华优秀传统文化中也富含崇尚美德和与人为善等劝人向善的内容。而之所以会有相关文化的展现，其目的在于帮助构建和谐社会。高校在进行对大学生优秀传统文化培育的过程中，必须坚持积极的文化导向，让学生创造性传承其中的高尚德行，树立正确的三观。大学生也应当充分挖掘优秀传统文化中向善向美的文化资源，对传统文化当中的道德观和善恶观都有所理解，使自身思想觉悟和道德水平都获得进一步的提升。

高校为增加红色基因的教育比重，需要立足学生发展的实际情况，对红色基因进行传承教育。具体在实践中，高校可成立专门的红色基因传承机构，比如，红色基因研究会、研究中心，定期给师生开展红色基因的目标确立、内容剖析、评估反馈等工作，帮助师生明确赓续红色基因的基础路径。同时，高校可邀请社会专家和学者到校参与课程设置工作，从红色基因传承教育的内容、形式、学分、考核等角度协同制定一套可行教育方案，保障红色基因的有效输送。

高校可从思想政治课的主题课程出发，组织开展相关的革命传统教育以及红色文化专题教育，从思想上培养学生的认知素养。比如，可每周借助此类主题活动，对学生进行集中学习和培训，接受红色基因的基本内涵和价值元素，扎实学生的红色基因理论功底。同时，教师在具体思想政治教育中，也可多给学生讲述一些红色人物、事例等素材，或者要求学生自行查找红色人物故事的相关资料，引发学生关注，增强大学生的红色基因情感和爱国情怀。

高校可在校内创设红色基因教育体验基地，将图书馆、教室布置成革命先辈的工作场所或者是生活场地，并将思想政治教材内容融入其中，以此引导学生参观和感悟，强化情感体验。同时，高校还可利用周末或者节假日时间组织学生到地方红色基地开展情感体验活动，为学生准备形式多样的实践体验项目，比如，志愿导游、公益劳动等项目，激发学生的自主参与意识。高校还可组织学生到其他红色革命根据地、红色博物馆进行参观、考察与调研等，通过体验教学，推动红色基因的有效赓续。

高校可与地方红色文旅基地、博物馆、文化场馆等主体建立良性的合作关系，定期组织召开丰富的红色基地文化联谊实践活动，带动全体学生积极参与。比如"重走长征路""红色走读""红色主题宣传"等，引导学生对革命事迹产生全方位的认知和感悟，确保学生在当前阶段可以改造个人思想言行，提升实践水平。学校也可协同专业教师、社团成员，共同打造校内红色基因传承的主题活动，比如红色基因征文赛、科技作品"挑战杯"竞赛、红歌展演等活动，鼓励学生主动参与。如此能在潜移默化中渗透红色基因，影响学生的思想体系和行为习惯，帮助学生搭建更高层次的情感和道德体系。

红色基因本质上属于一种精神传承，但传承红色基因并非最终目的，借助红色基因做好教育工作，培育高素质人才是高校开展这一教育活动的根本目标。今后高校思想政治教育中，还需充分挖掘红色基因资源，创新红色基因教育方式，为学生赓续红色基因创设良好教育载体。

七、延伸课堂

中共中央 国务院印发《新时代公民道德建设实施纲要》
2019年10月28日

近日，中共中央、国务院印发了《新时代公民道德建设实施纲要》，并发出通知，要求各地区各部门结合实际认真贯彻落实。

《新时代公民道德建设实施纲要》全文如下：

中华文明源远流长，孕育了中华民族的宝贵精神品格，培育了中国人民的崇高价值追求。中国共产党领导人民在革命、建设和改革历史进程中，坚持马克思主义对人类美好社会的理想，继承发扬中华传统美德，创造形成了引领中国社会发展进步的社会主义道德体系。坚持和发展中国特色社会主义，需要物质文明和精神文明全面发展、人民物质生活和精神生活水平全面提升。中国特色社会主义进入新时代，加强公民道德建设、提高全社会道德水平，是全面建成小康社会、全面建设社会主义现代化强国的战略任务，是适应社会主要矛盾变化、满足人民对美好生活向往的迫切需要，是促进社会全面进步、人的全面发展的必然要求。

2001年，党中央颁布《公民道德建设实施纲要》，对在社会主义市场经济条件下加强公民道德建设提供了重要指导，有力促进了社会主义精神文明建设。党的十八大以来，以习近平同志为核心的党中央高度重视公民道德建设，立根塑魂、正本清源，作出一系列重要部署，推动思想道德建设取得显著成效。中国特色社会主义和中国梦深入人心，践行社会主义核心价值观、传承中华优秀传统文化的自觉性不断提升，爱国主义、集体主义、社会主义思想广为弘扬，崇尚英雄、尊重模范、学习先进成为风尚，民族自信心、自豪感大大增强，人民思想觉悟、道德水准、文明素养不断提高，道德领域呈现积极健康向上的良好态势。

同时也要看到，在国际国内形势深刻变化、我国经济社会深刻变革的大背景下，由于市场经济规则、政策法规、社会治理还不够健全，受不良思想文化侵蚀和网络有害信息影响，道德领域依然存在不少问题。一些地方、一些领域不同程度存在道德失范现象，拜金主义、享乐主义、极端个人主义仍然比较突出；一些社会成员道德观念模糊甚至缺失，是非、善恶、美丑不分，见利忘义，唯利是图，损人利己、损公肥私；造假欺诈、不讲信用的现象久治不绝，突破公序良俗底线、妨害人民幸福生活、伤害国家尊严和民族感情的事件时有发生。这些问题必须引起全党全社会高度重视，采取有力措施切实加以解决。

加强公民道德建设是一项长期而紧迫、艰巨而复杂的任务，要适应新时代新要求，坚持目标导向和问题导向相统一，进一步加大工作力度，把握规律、积极创新，持之以恒、久久为功，推动全民道德素质和社会文明程度达到一个新高度。

一、总体要求

要以习近平新时代中国特色社会主义思想为指导，紧紧围绕进行伟大斗争、建设伟大工程、推进伟大事业、实现伟大梦想，着眼构筑中国精神、中国价值、中国力量，促进全体人民在理想信念、价值理念、道德观念上紧密团结在一起，在全民族牢固树立中国特色社会主义共同理想，在全社会大力弘扬社会主义核心价值观，积极倡导富强民主文明和谐、自由平等公正法治、爱国敬业诚信友善，全面推进社会公德、职业道德、家庭美德、个人品德建设，持续强化教育引导、实践养成、制度保障，不断提升公民道德素质，促进人的全面发展，培养和造就担当民族复兴大任的时代新人。

——坚持马克思主义道德观、社会主义道德观，倡导共产主义道德，以为人民服务为核心，以集体主义为原则，以爱祖国、爱人民、爱劳动、爱科学、爱社会主义为基本要求，始终保持公民道德建设的社会主义方向。

——坚持以社会主义核心价值观为引领，将国家、社会、个人层面的价值要求贯穿到道德建设各方面，以主流价值建构道德规范、强化道德认同、指引道德实践，引导人们明大德、守公德、严私德。

——坚持在继承传统中创新发展,自觉传承中华传统美德,继承我们党领导人民在长期实践中形成的优良传统和革命道德,适应新时代改革开放和社会主义市场经济发展要求,积极推动创造性转化、创新性发展,不断增强道德建设的时代性实效性。

——坚持提升道德认知与推动道德实践相结合,尊重人民群众的主体地位,激发人们形成善良的道德意愿、道德情感,培育正确的道德判断和道德责任,提高道德实践能力尤其是自觉实践能力,引导人们向往和追求讲道德、尊道德、守道德的生活。

——坚持发挥社会主义法治的促进和保障作用,以法治承载道德理念、鲜明道德导向、弘扬美德义行,把社会主义道德要求体现到立法、执法、司法、守法之中,以法治的力量引导人们向上向善。

——坚持积极倡导与有效治理并举,遵循道德建设规律,把先进性要求与广泛性要求结合起来,坚持重在建设、立破并举,发挥榜样示范引领作用,加大突出问题整治力度,树立新风正气、祛除歪风邪气。

要把社会公德、职业道德、家庭美德、个人品德建设作为着力点。推动践行以文明礼貌、助人为乐、爱护公物、保护环境、遵纪守法为主要内容的社会公德,鼓励人们在社会上做一个好公民;推动践行以爱岗敬业、诚实守信、办事公道、热情服务、奉献社会为主要内容的职业道德,鼓励人们在工作中做一个好建设者;推动践行以尊老爱幼、男女平等、夫妻和睦、勤俭持家、邻里互助为主要内容的家庭美德,鼓励人们在家庭里做一个好成员;推动践行以爱国奉献、明礼遵规、勤劳善良、宽厚正直、自强自律为主要内容的个人品德,鼓励人们在日常生活中养成好品行。

二、重点任务

1. 筑牢理想信念之基。人民有信仰,国家有力量,民族有希望。信仰信念指引人生方向,引领道德追求。要坚持不懈用习近平新时代中国特色社会主义思想武装全党、教育人民,引导人们把握丰富内涵、精神实质、实践要求,打牢信仰信念的思想理论根基。在全社会广泛开展理想信念教育,深化社会主义和共产主义宣传教育,深化中国特色社会主义和中国梦宣传教育,引导人们不断增强道路自信、理论自信、制度自信、文化自信,把共产主义远大理想与中国特色社会主义共同理想统一起来,把实现个人理想融入实现国家富强、民族振兴、人民幸福的伟大梦想之中。

2. 培育和践行社会主义核心价值观。社会主义核心价值观是当代中国精神的集中体现,是凝聚中国力量的思想道德基础。要持续深化社会主义核心价值观宣传教育,增进认知认同、树立鲜明导向、强化示范带动,引导人们把社会主义核心价值观作为明德修身、立德树人的根本遵循。坚持贯穿结合融入、落细落小落实,把社会主义核心价值观要求融入日常生活,使之成为人们日用而不觉的道德规范和行为准则。坚持德法兼治,以道德滋养法治精神,以法治体现道德理念,全面贯彻实施宪法,推动社会主义核心价值观融入法治建设,将社会主义核心价值观要求全面体现到中国特色社会主义法律体系中,体现到法律法规立改废释、公共政策制定修订、社会治理改进完善中,为弘扬主流价值提供良好社会环境和制度保障。

3. 传承中华传统美德。中华传统美德是中华文化精髓,是道德建设的不竭源泉。要以礼敬自豪的态度对待中华优秀传统文化,充分发掘文化经典、历史遗存、文物古迹承载的丰厚道德资源，弘扬古圣先贤、民族英雄、志士仁人的嘉言懿行，让中华文化基因更好植根于人们的思想意识和道德观念。深入阐发中华优秀传统文化蕴含的讲仁爱、重民本、守诚信、崇正义、尚和合、求大同等思想理念，深入挖掘自强不息、敬业乐群、扶正扬善、扶危济困、见义勇为、孝老爱亲等传统美德，并结合新的时代条件和实践要求继承创新，充分彰显其时代价值和永恒魅力，使之与现代文化、现实生活相融相通，成为全体人民精神生活、道德实践的鲜明标识。

4. 弘扬民族精神和时代精神。以爱国主义为核心的民族精神和以改革创新为核心的时代精神，是中华民族生生不息、发展壮大的坚实精神支撑和强大道德力量。要深化改革开放史、新中国历史、中国共产党历史、中华民族近代史、中华文明史教育，弘扬中国人民伟大创造精神、伟大奋斗精神、伟大团结精神、伟大梦想精神，倡导一切有利于团结统一、爱好和平、勤劳勇敢、自强不息的思想和观念，构筑中华民族共有精神家园。要继承和发扬党领导人民创造的优良传统，传承红色基因，赓续精神谱系。要紧紧围绕全面深化改革开放、深入推进社会主义现代化建设，大力倡导解放思想、实事求是、与时俱进、求真务实的理念，倡导"幸福源自奋斗"、"成功在于奉献"、"平凡孕育伟大"的理念，弘扬改革开放精神、劳动精神、劳模精神、工匠精神、优秀企业家精神、科学家精神，使全体人民保持昂扬向上、奋发有为的精神状态。

三、深化道德教育引导

1. 把立德树人贯穿学校教育全过程。学校是公民道德建设的重要阵地。要全面贯彻党的教育方针，坚持社会主义办学方向，坚持育人为本、德育为先，把思想品德作为学生核心素养、纳入学业质量标准，构建德智体美劳全面培养的教育体系。加强思想品德教育，遵循不同年龄阶段的道德认知规律，结合基础教育、职业教育、高等教育的不同特点，把社会主义核心价值观和道德规范有效传授给学生。注重融入贯穿，把公民道德建设的内容和要求体现到各学科教育中，体现到学科体系、教学体系、教材体系、管理体系建设中，使传授知识过程成为道德教化过程。开展社会实践活动，强化劳动精神、劳动观念教育，引导学生热爱劳动、尊重劳动，懂得劳动最光荣、劳动最崇高、劳动最伟大、劳动最美丽的道理，更好认识社会、了解国情，增强社会责任感。加强师德师风建设，引导教师以德立身、以德立学、以德施教、以德育德，做有理想信念、有道德情操、有扎实学识、有仁爱之心的好老师。建设优良校风，用校训励志，丰富校园文化生活，营造有利于学生修德立身的良好氛围。

2. 用良好家教家风涵育道德品行。家庭是社会的基本细胞，是道德养成的起点。要弘扬中华民族传统家庭美德，倡导现代家庭文明观念，推动形成爱国爱家、相亲相爱、向上向善、共建共享的社会主义家庭文明新风尚，让美德在家庭中生根、在亲情中升华。通过多种方式，引导广大家庭重言传、重身教，教知识、育品德，以身作则、耳濡目染，用正确道德观念塑造孩子美好心灵；自觉传承中华孝道，感念父母养育之恩、感念长辈关爱之情，养成孝敬父母、尊敬长辈的良好品质；倡导忠诚、责任、亲情、学习、公益的理念，让家庭成员相互影响、共同提高，在为家庭谋幸福、为他人送温暖、为社会作贡献过程中提高精神境界、培育文明风尚。

3. 以先进模范引领道德风尚。伟大时代呼唤伟大精神，崇高事业需要榜样引领。要精心选树时代楷模、道德模范等先进典型，综合运用宣讲报告、事迹报道、专题节目、文艺作品、公益广告等形式，广泛宣传他们的先进事迹和突出贡献，树立鲜明时代价值取向，彰显社会道德高度。持续推出各行各业先进人物，广泛推荐宣传最美人物、身边好人，让不同行业、不同群体都能学有榜样、行有示范，形成见贤思齐、争当先进的生动局面。尊崇褒扬、关心关爱先进人物和英雄模范，建立健全关爱关怀机制，维护先进人物和英雄模范的荣誉和形象，形成德者有得、好人好报的价值导向。

4. 以正确舆论营造良好道德环境。舆论具有成风化人、敦风化俗的重要作用。要坚持以正确的舆论引导人，把正确价值导向和道德要求体现到经济、社会、文化等各领域的新闻报道中，体现到娱乐、体育、广告等各类节目栏目中。加强对道德领域热点问题的引导，以事说理、以案明德，着力增强人们的法治意识、公共意识、规则意识、责任意识。发挥舆论监督作用，对违反社会道德、背离公序良俗的言行和现象，及时进行批评、驳斥，激浊扬清、弘扬正气。传媒和相关业务从业人员要加强道德修养、强化道德自律，自觉履行社会责任。

5. 以优秀文艺作品陶冶道德情操。文以载道，文以传情，文以植德。要把培育和弘扬社会主义核心价值观作为根本任务，坚持以人民为中心的创作导向，推出更多讴歌党、讴歌祖国，讴歌人民、讴歌英雄，讴歌劳动、讴歌奉献的精品力作，润物无声传播真善美，弘扬崇高的道德理想和道德追求。坚持把社会效益放在首位，倡导讲品位、讲格调、讲责任，抵制低俗、庸俗、媚俗，用健康向上的文艺作品温润心灵、启迪心智、引领风尚。要把社会主义道德作为文艺评论、评介、评奖的重要标准，更好地引导文艺创作生产传播坚守正道、弘扬正气。文艺工作者要把崇德尚艺作为一生的功课，把为人、做事、从艺统一起来，加强思想积累、知识储备、艺术训练，提高学养、涵养、修养，努力追求真才学、好德行、高品位，做到德艺双馨。

6. 发挥各类阵地道德教育作用。各类阵地是面向广大群众开展道德教育的基本依托。要加强新时代文明实践中心建设，大力推进媒体融合发展，抓好县级融媒体中心建设，推动基层广泛开展中国特色社会主义文化、社会主义思想道德学习教育实践，引导人们提高思想觉悟、道德水准、文明素养。加强爱国主义教育基地和革命纪念设施建设保护利用，充实展陈内容，丰富思想内涵，提升教育功能。民族团结、科普、国防等教育基地，图书馆、文化馆、博物馆、纪念馆、科技馆、青少年活动中心等公共文化设施，都要结合各自功能特点有针对性地开展道德教育。用好宣传栏、显示屏、广告牌等户外媒介，营造明德守礼的浓厚氛围。

7. 抓好重点群体的教育引导。公民道德建设既要面向全体社会成员开展，也要聚焦重点、抓住关键。党员干部的道德操守直接影响着全社会道德风尚，要落实全面从严治党要求，加强理想信念教育，补足精神之钙；要加强政德修养，坚持法律红线不可逾越、道德底线不可触碰，在严肃规范的党内政治生活中锤炼党性、改进作风、砥砺品质，践行忠诚老实、公道正派、艰苦奋斗、清正廉洁等品格，正心修身、慎独慎微，严以律己、廉洁齐家，在道德建设中为全社会作出表率。青少年是国家的希望、民族的未来，要坚持从娃娃抓起，引导青少年把正确的道德认知、自觉的道德养成、积极的道德实践紧密结合起来，善于从中华民族传统美德中汲取道德滋养，从英雄人物和时代楷模身上感受道德风范，从自身内省中提升道德修为，不断修身立德，打牢道德根基。全社会都要关心帮助支持青少年成长发展，完善家庭、学校、政府、社会相结合的思想道德教育体系，引导青少年树立远大志向，热爱党、热爱祖国、热爱人民，形成好思想、好品行、好习惯，扣好人生第一粒扣子。社会公众人物知名度高、影响力大，要加强思想政治引领，引导他们承担社会责任，加强道德修养，注重道德自律，自觉接受社会和舆论监督，树立良好社会形象。

四、推动道德实践养成

1. 广泛开展弘扬时代新风行动。良好社会风尚是社会文明程度的重要标志，涵育着公民美德善行，推动着社会和谐有序运转。要紧密结合社会发展实际，广泛开展文明出行、文明交通、文明旅游、文明就餐、文明观赛等活动，引导人们自觉遵守社会交往、公共场所中的文明规范。着眼完善社会治理、规范社会秩序，推动街道社区、交通设施、医疗场所、景区景点、文体场馆等的精细管理、规范运营，优化公共空间、提升服务水平，为人们增强公共意识、规则意识创造良好环境。

2. 深化群众性创建活动。各类群众性创建活动是人民群众自我教育、自我提高的生动实践。群众性精神文明创建活动要突出道德要求，充实道德内容，将社会公德、职业道德、家庭美德、个人品德建设贯穿创建全过程。文明城市、文明村镇创建要坚持为民利民惠民，突出文明和谐、宜居宜业，不断提升基层社会治理水平和群众文明素质。文明单位创建要立足行业特色、职业特点，突出涵养职业操守、培育职业精神、树立行业新风，引导从业者精益求精、追求卓越，为社会提供优质产品和服务。文明家庭创建要聚焦涵育家庭美德，弘扬优良家风。文明校园创建要聚焦立德树人，培养德智体美劳全面发展的社会主义建设者和接班人。各级党政机关、各行业各系统开展的创建活动，要把公民道德建设摆在更加重要的位置，以扎实有效的创建工作推动全民道德素质提升。

3. 持续推进诚信建设。诚信是社会和谐的基石和重要特征。要继承发扬中华民族重信守诺的传统美德，弘扬与社会主义市场经济相适应的诚信理念、诚信文化、契约精神，推动各行业各领域制定诚信公约，加快个人诚信、政务诚信、商务诚信、社会诚信和司法公信建设，构建覆盖全社会的征信体系，健全守信联合激励和失信联合惩戒机制，开展诚信缺失突出问题专项治理，提高全社会诚信水平。重视学术、科研诚信建设，严肃查处违背学术科研诚信要求的行为。深入开展"诚信建设万里行"、"诚信兴商宣传月"等活动，评选发布"诚信之星"，宣传推介诚信先进集体，激励人们更好地讲诚实、守信用。

4. 深入推进学雷锋志愿服务。学雷锋和志愿服务是践行社会主义道德的重要途径。要弘扬雷锋精神和奉献、友爱、互助、进步的志愿精神，围绕重大活动、扶贫救灾、敬老救孤、恤病助残、法律援助、文化支教、环境保护、健康指导等，广泛开展学雷锋和志愿服务活动，引导人们把学雷锋和志愿服务作为生活方式、生活习惯。推动志愿服务组织发展，完善激励褒奖制度，推进学雷锋志愿服务制度化常态化，使"我为人人、人人为我"蔚然成风。

5. 广泛开展移风易俗行动。摒弃陈规陋习、倡导文明新风是道德建设的重要任务。要围绕实施乡村振兴战略，培育文明乡风、淳朴民风，倡导科学文明生活方式，挖掘创新乡土文化，不断焕发乡村文明新气象。充分发挥村规民约、道德评议会、红白理事会等作用，破除铺张浪费、薄养厚葬、人情攀比等不良习俗。要提倡科学精神，普及科学知识，抵制迷信和腐朽落后文化，防范极端宗教思想和非法宗教势力渗透。

6. 充分发挥礼仪礼节的教化作用。礼仪礼节是道德素养的体现，也是道德实践的载体。要制定国家礼仪规程，完善党和国家功勋荣誉表彰制度，规范开展升国旗、奏唱国歌、入党入团入队等仪式，强化仪式感、参与感、现代感，增强人们对党和国家、对组织集体的认同感和归属感。充分利用重要传统节日、重大节庆和纪念日,组织开展群众性主题实践活动,丰富道德体验、增进道德情感。研究制定继承中华优秀传统、适应现代文明要求的社会礼仪、服装服饰、文明用语规范,引导人们重礼节、讲礼貌。

7. 积极践行绿色生产生活方式。绿色发展、生态道德是现代文明的重要标志,是美好生活的基础、人民群众的期盼。要推动全社会共建美丽中国,围绕世界地球日、世界环境日、世界森林日、世界水日、世界海洋日和全国节能宣传周等,广泛开展多种形式的主题宣传实践活动,坚持人与自然和谐共生,引导人们树立尊重自然、顺应自然、保护自然的理念,树立绿水青山就是金山银山的理念,增强节约意识、环保意识和生态意识。开展创建节约型机关、绿色家庭、绿色学校、绿色社区、绿色出行和垃圾分类等行动,倡导简约适度、绿色低碳的生活方式,拒绝奢华和浪费,引导人们做生态环境的保护者、建设者。

8. 在对外交流交往中展示文明素养。公民道德风貌关系国家形象。实施中国公民旅游文明素质行动计划,推动出入境管理机构、海关、驻外机构、旅行社、网络旅游平台等,加强文明宣传教育,引导中国公民在境外旅游、求学、经商、探亲中,尊重当地法律法规和文化习俗,展现中华美德,维护国家荣誉和利益。培育健康理性的国民心态,引导人们在各种国际场合、涉外活动和交流交往中,树立自尊自信、开放包容、积极向上的良好形象。

五、抓好网络空间道德建设

1. 加强网络内容建设。网络信息内容广泛影响着人们的思想观念和道德行为。要深入实施网络内容建设工程,弘扬主旋律,激发正能量,让科学理论、正确舆论、优秀文化充盈网络空间。发展积极向上的网络文化,引导互联网企业和网民创作生产传播格调健康的网络文学、网络音乐、网络表演、网络电影、网络剧、网络音视频、网络动漫、网络游戏等。加强网上热点话题和突发事件的正确引导、有效引导,明辨是非、分清善恶,让正确道德取向成为网络空间的主流。

2. 培养文明自律网络行为。网上行为主体的文明自律是网络空间道德建设的基础。要建立和完善网络行为规范,明确网络是非观念,培育符合互联网发展规律、体现社会主义精神文明建设要求的网络伦理、网络道德。倡导文明办网,推动互联网企业自觉履行主体责任、主动承担社会责任,依法依规经营,加强网络从业人员教育培训,坚决打击网上有害信息传播行为,依法规范管理传播渠道。倡导文明上网,广泛开展争做中国好网民活动,推进网民网络素养教育,引导广大网民尊德守法、文明互动、理性表达,远离不良网站,防止网络沉迷,自觉维护良好网络秩序。

3. 丰富网上道德实践。互联网为道德实践提供了新的空间、新的载体。要积极培育和引导互联网公益力量,壮大网络公益队伍,形成线上线下踊跃参与公益事业的生动局面。加强网络公益宣传,引导人们随时、随地、随手做公益,推动形成关爱他人、奉献社会的良好风尚。拓展"互联网+公益"、"互联网+慈善"模式,广泛开展形式多样的网络公益、网络慈善活动,激发全社会热心公益、参与慈善的热情。加强网络公益规范化运行和管理,完善相关法规制度,促进网络公益健康有序发展。

4. 营造良好网络道德环境。加强互联网管理,正能量是总要求,管得住是硬道理,用得好是真本事。要严格依法管网治网,加强互联网领域立法执法,强化网络综合治理,加强网络社交平台、各类公众账号等管理,重视个人信息安全,建立完善新技术新应用道德评估制度,维护网络道德秩序。开展网络治理专项行动,加大对网上突出问题的整治力度,清理网络欺诈、造谣、诽谤、谩骂、歧视、色情、低俗等内容，反对网络暴力行为，依法惩治网络违法犯罪，促进网络空间日益清朗。

六、发挥制度保障作用

1. 强化法律法规保障。法律是成文的道德，道德是内心的法律。要发挥法治对道德建设的保障和促进作用，把道德导向贯穿法治建设全过程，立法、执法、司法、守法各环节都要体现社会主义道德要求。及时把实践中广泛认同、较为成熟、操作性强的道德要求转化为法律规范，推动社会诚信、见义勇为、志愿服务、勤劳节俭、孝老爱亲、保护生态等方面的立法工作。坚持严格执法，加大关系群众切身利益重点领域的执法力度，以法治的力量维护道德、凝聚人心。坚持公正司法，发挥司法裁判定分止争、惩恶扬善功能，定期发布道德领域典型指导性司法案例，让人们从中感受到公平正义。推进全民守法普法，加强社会主义法治文化建设，营造全社会讲法治、重道德的良好环境，引导人们增强法治意识、坚守道德底线。

2. 彰显公共政策价值导向。公共政策与人们生产生活和现实利益密切相关，直接影响着人们的价值取向和道德判断。各项公共政策制度从设计制定到实施执行，都要充分体现道德要求，符合人们道德期待，实现政策目标和道德导向有机统一。科学制定经济社会政策和改革举措，在涉及就业、就学、住房、医疗、收入分配、社会保障等重大民生问题上，妥善处理各方面利益关系，充分体现维护社会公平正义的要求。加强对公共政策的道德风险和道德效果评估，及时纠正与社会主义道德相背离的突出问题，促进公共政策与道德建设良性互动。

3. 发挥社会规范的引导约束作用。各类社会规范有效调节着人们在共同生产生活中的关系和行为。要按照社会主义核心价值观的基本要求，健全各行各业规章制度，修订完善市民公约、乡规民约、学生守则等行为准则，突出体现自身特点的道德规范，更好发挥规范、调节、评价人们言行举止的作用。要发挥各类群众性组织的自我教育、自我管理、自我服务功能，推动落实各项社会规范，共建共享与新时代相匹配的社会文明。

4. 深化道德领域突出问题治理。道德建设既要靠教育倡导，也要靠有效治理。要综合施策、标本兼治，运用经济、法律、技术、行政和社会管理、舆论监督等各种手段，有力惩治失德败德、突破道德底线的行为。要组织开展道德领域突出问题专项治理，不断净化社会文化环境。针对污蔑诋毁英雄、伤害民族感情的恶劣言行，特别是对于损害国家尊严、出卖国家利益的媚外分子，要依法依规严肃惩戒，发挥警示教育作用。针对食品药品安全、产品质量安全、生态环境、社会服务、公共秩序等领域群众反映强烈的突出问题，要逐一进行整治，让败德违法者受到惩治、付出代价。建立惩戒失德行为常态化机制，形成扶正祛邪、惩恶扬善的社会风气。

七、加强组织领导

加强新时代公民道德建设，是推进中国特色社会主义事业的一项基础性、战略性工程。要坚持和加强党的领导，增强"四个意识"，坚定"四个自信"，做到"两个维护"，确保公民道德建设的正确方向。各级党委和政府要担负起公民道德建设的领导责任，将其摆上重要议事日程，纳入全局工作谋划推进，有机融入经济社会发展各方面。纪检监察机关和组织、统战、政法、网信、经济、外交、教育、科技、卫生健康、交通运输、民政、文化和旅游、民族宗教、农业农村、自然资源、生态环境等党政部门，要紧密结合工作职能，积极履行公民道德建设责任。发挥基层党组织和党员在新时代公民道德建设中的战斗堡垒作用和先锋模范作用。工会、共青团、妇联等群团组织，各民主党派和工商联，要积极发挥自身优势，共同推动公民道德建设。

各级文明委和党委宣传部要切实履行指导、协调、组织职能，统筹力量、精心实施、加强督查，抓好工作任务落实。注重分析评估公民道德建设的进展和成效，及时总结推广成功经验和创新做法，加强道德领域重大理论和实践问题研究，推动形成公民道德建设蓬勃开展、深入发展的良好局面。

《人民日报》（2019年10月28日01版）

第十三章
学生虚拟仿真实验设计

虚拟仿真思政课的创新形式一种是教师设计虚拟仿真内容，依托技术团队完成教学内容的设计后，在虚仿中心进行教学实践。通过我们的成功尝试，另一种方式是通过课程项目，组织学生完成特定对象的虚拟仿真数字建模。2023 年秋季学期，大学生思政课"红色文物故事"数字作品大赛依托北京理工大学本科生思政课"思想道德与法治"课程，利用虚拟仿真技术革新教学方式，推动以学生为主体，参与式、互动式教学为方法，致力于推动思政课教学内容进一步活化，培养学生创新思维、团队协作和数字化技能，在实践中提升学生的综合素质、创新能力及数字化素养，打造理工科优势院校思政课教学改革新方式，让学生带着问题去学习从教师"被动教"到学生"主动学"。

北理工大一年级的学生们通过这项特殊的思政课大作业：选择一件红色文物、校史文物或科技文物，在计算机上以数字手段呈现，并在结课展示环节分享其背后的价值内涵。1 500 名学生分成小组，自由组队、自主选题，从选定红色文物、搜集文献资料，到走进校史馆、博物馆，再到从零开始学习数字建模等技术工具。经过三个多月的努力和实践，他们提交的 130 余份作品涵盖中国古代、近现代等各个历史阶段的历史典籍、科技重器等内容，借助数字建模、网站制作、知识图谱、游戏场景等技术手段，一件件红色文物"活起来"转化为数字资产，文物背后的历史故事和红色精神呈现于屏幕之上。本章将对学生虚拟仿真实验设计的部分优秀作品进行集中呈现。

作品一：探测雷达，使命必达

一、数字建模文物

1953 年，第一部自行设计的国产雷达在中国电科十四所正式诞生，命名为 314 甲中程警戒雷达。该雷达最大探测距离 125 km，这也是我国第一批装备部队的国产雷达。1954 年 10 月，中央军委通信部在中南海瀛台举办雷达新技术展览，我国第一部自行研制的 314 甲雷达就是其中的主角，毛主席在 314 甲雷达前驻足观看，详细了解雷达装备在朝鲜战场上发挥的关键作用。同年，国防科委根据毛主席的指示，组织 7010 雷达立项。1977 年 11 月 22 日，7010 雷达检飞成功，标志着我国第一部远程预警相控阵雷达研制成功。

在了解过中国自主研发军用探测雷达的历史后，我们深深地被我校三代雷达人无私奉献，默默耕耘的雷达精神所感动，决定利用现代数字化技术，将雷达发展史上极为重要的两个雷达：314 甲中程防空米波警戒雷达、相控阵雷达复原出来。

本次建模将我国雷达史上具有里程碑意义的雷达数字化，并借助本次活动向更多的人宣传三代北理雷达人的感人故事，让更多的人了解中国探测雷达的发展历史，从而更好地传承中国雷达精神。北京理工大学三代雷达人不辞辛劳，赓续奋进，为我国雷达行业发展作出了卓越的贡献。中国自主研发雷达过程中的雷达精神，在三代雷达人的传承中愈发耀眼。

二、虚拟仿真设计

在吴倩老师的指导下，我们很快梳理清楚了北理工三代雷达人的科研历史：从创建我国地方院校第一个雷达专业，提出我国第一个低空测高雷达方案；到提出我国第一个相控阵体制雷达方案，首次研制成功 10 cm 波段动显系统；再到研制出我国第一部星载空间目标测量雷达。以李强、毛二可、龙腾院士为代表的三代雷达人砥砺强国之志，将人生年华奉献给国家科技建设，为国铸剑，实干兴邦。在视频制作的过程中，我们频频被前辈们的赤子心与爱国情所打动。

但是，由于军事保密需要，信息组在尽力挖掘材料过后，我们也仅得到了低空测高雷达的单视角模糊影像与相控阵雷达的低分辨率图像，这对建模组的同学们来说，无疑是巨大的挑战。经过组内反复磋商、与老师交流讨论过后，我们决定搭建中国第一部雷达——314 甲中程警戒雷达的 3D 模型，并构建雷达的基础部件，尝试搭建属于我们自己的"思政 1 号"雷达。

通过资料查阅，我们了解到了警戒雷达的建造历史：研究人员根据已有苏式雷达的两排八木天线的形式，自行设计了四排八木电线。一点点拆解仿制现有雷达，调整数据，历经上百次的测试后，我国的首部雷达终于问世。

于是，我们便仿照前辈们的方式，搭建了警戒雷达的模型。在建模的过程中，我们学习到了八木天线使探测距离更远、方位分辨率更加准确的奥秘。我们在本次数字文物构建过程中，重点学习了 SolidWorks，Blender 等建模软件。从哔哩哔哩等视频平台搜集了很多相关教程，实现了从零基础到熟练应用的成长。最终极好地完成了两个建模任务。

警戒雷达模型搭建完成后，我们自发学习了电磁波特性与应用方面的知识。依据雷达发射、反射、接收电磁波的基本原理，我们构建了主（辅）反射面、辐射梁、环形梁、反射面加强筋、中心体等结构模型，并将其一一组装，搭建了属于我们小组的"思政 1 号"雷达模型。

三、团队成员及项目开展过程

团队成员信息如表 13.1 所示。

表 13.1　团队成员信息

姓名	书院	专业	任务及分工
赵圣泽	精工书院	宇航与机电类	编导、后期
王梓俨	精工书院	宇航与机电类	编导、后期
陈国号	精工书院	宇航与机电类	建模
刘子瑜	精工书院	宇航与机电类	建模

续表

姓名	书院	专业	任务及分工
赵启泽	精工书院	宇航与机电类	建模
于泽龙	精工书院	宇航与机电类	建模
李树洁	精工书院	宇航与机电类	资料
李慕泥	精工书院	宇航与机电类	资料
肖淞元	精工书院	宇航与机电类	资料
李耀松	精工书院	宇航与机电类	资料
漆佳依	精工书院	宇航与机电类	资料
唐弋戈	精工书院	宇航与机电类	资料

  我们感受到了与科技文物间奇妙的联系，尽管大部分同学并没有数字化技术方面的基础知识，但对科研历史的探索激情与"不懂就问"的学习热情成了我们完成作业的极大动力。很快，我便与几名志同道合的同学组成了学习小组，约好时间前往校史馆，为我们的红色"数字"文物取材。参观校史馆时，我们都被北理工深厚的红色底蕴深深打动，更加坚定了要将红色故事"讲好"的决心。经过一番讨论，我们最终决定选取北理工三代雷达人的传承历史作为我们的讲述对象。

  作业的制作并非一帆风顺，对于文物故事的讲述，我们早早定下方向，学习共青团"青年大学习"的视频风格，以主讲人的解说串联起整条故事脉络。而对于数字化技术的运用，组内却迟迟没有定论。有的同学认为，我们应该运用网络爬虫技术，制作一个关于雷达的自动检索网站，涵盖技术原理、发展历史、影像资料等信息。然而，网页搜索引擎固然能使观众快速便捷地了解科技文物各方面的信息，但缺少了输出"讲述"的主动性，更难以链接至视频中，保证视频作品的连贯性与宣传效果。有的同学则认为，我们应该运用增强现实技术，自主搭建虚拟环境，将上述雷达的历史，以图像、音乐、文字、3D模型等丰富的元素组成，使科技文物及其背后的故事活起来，让观众能身临其境地"走进"那段红色岁月；或是搭建一个"元宇宙"，在其中创立一个雷达博物馆乃至一个兵工厂，让观众能够"亲手"制造雷达。这个点子固然颇具创意，也有很大的现实及推广意义，但在技术实现层面上，却是极大的挑战。立足于思政作业的定位，有限的时间精力与匮乏的专业技术使我们望而却步，但我们并没有放弃这个点子，而是将其保留，及时与吴倩老师取得联系，交流想法。商讨过后，在吴倩老师的指导下，我们决定将其作为来年的开放实验项目，结合虚拟仿真教学中心的力量，共同将其变为现实。

  最终，组内有3D建模基础的同学提出建议，无论是在对数字化技术，还是在对雷达领域相关知识都相对欠缺的情况下，我们都不妨从最基本的雷达结构开始，学习3D建模技术，将雷达的外形构建出来，学习各部件发挥的作用，由浅入深，了解雷达制造、组装过程中所面临的困难，感受前辈们科研道路上的艰辛。这个想法得到了组内成员的集体支持，虽然只是普通的3D建模，但却是我们复原文物、重温历史最合适的尝试。方案确定后，我们便进行了小组分工，根据任务需求，划分了信息组、编导组与建模组。

我们在本次活动中进行了诸多资料的搜集，建模过程中的大部分资料来源于知网、万方等官方学术论文查询平台，也在图书馆中找到雷达相关的历史书籍，了解雷达发展史。我们还参观了我校的校史馆，了解到了北理工三代雷达人的辉煌历史。我们也利用百度百科等网络搜索平台了解到部分关于三代雷达人的人物介绍，寻找相关人物照片等。寻找资料的同时，我们也仔细甄别，及时整合，在视频制作过程中力求深入浅出，将资料以更完整易懂的形式呈现给大家。

回顾整个过程，我们从一无所知到勇于挑战、实现突破，灵活运用数字技术，以独特的视角和创意，赋予科技文物生命与活力，让文物"讲述"红色故事。我们不仅收获了相关的技术知识，了解了文物背后的红色故事，更培养了自主学习，不懂就问，不懂就学的能力。于我们而言，这不单单是一次思政作业，更是我们步入大学生活的顺利过渡，寓教于乐，教学相长。

四、成员感悟

经过本次红色数字文物的学习，我们掌握了很多必备的建模能力，学习到了很多的技能，拓展了作为一名北理工学子的视野。学习 SolidWorks 时，我们从零起步，不断练习改进，精益求精。参观校史馆时，所有成员都被北理工深厚的军工红色底蕴所打动。查找资料时，每个人都尽心尽力，找遍各大论文搜索平台。在深入了解北理工三代雷达人的故事后，我们更是被这种传承与奉献精神所打动。我们的生活看似岁月静好，其实这背后有无数的像这三代雷达人一样的无声英雄在替我们负重前行。我们作为新一代北理工人，更要好好传承这一份份奉献精神，将青春投入报国洪流当中去。

作品二：马兰千重浪，草纸永留香

一、数字建模文物

延安革命纪念馆陈列着一种名叫"马兰纸"的纸张，当时延安印刷报纸、文件，出版书籍用的都是这种纸。马兰纸诞生于我国抗日战争时期，是科学家在中国共产党领导下为革命事业作出的重要贡献，不仅在当时为延安等地的宣传工作提供有力支撑，也成为后世北理工人永不磨灭的红色基因。它的发明者是当时延安的青年化学家华寿俊。

《新中华报》报道说："马兰草纸适宜印刷之用，因为它不易拉破，不易起毛，质料均匀，不起疙瘩，硬度又很大，又适宜写钢笔墨水。若改用碳酸钠蒸煮，可以制造吸水纸、绘图纸、滤纸、包装纸等。"罗夫在通讯《马兰草——一位青年化学家发明的故事》（《新中华报》，1940 年 12 月 8 日）中详细介绍了造纸过程：一选料，去掉杂草与尘土；二切断，将草切成寸许长；三煮浆，用土碱与石灰作用，产生苛性钠；四压碾，打成纸浆；五洗浆，即过滤；六捞纸，放上竹帘；七晒纸，整理压光。

马兰草造纸，不仅缩短了生产流程，降低了生产成本，还提高了纸张产量和质量。到 1942 年，边区共建成造纸厂 12 个，基本上满足了边区出版书报和办公、学习用纸的需要。这种淡黄色的、粗糙的马兰纸，在战争环境下经济技术极端落后的陕甘宁边区，为宣传马克思主义、宣传党在抗日战争中的方针政策，为边区的经济、文化建设，为培养干部作出了巨大贡献。

二、虚拟仿真设计

虚拟软件：SolidWorks；学习渠道：哔哩哔哩上的教程 https://www.bilibili.com/video/BV1iw411Z7HZ；建模素材：取自北京理工大学校史馆。经小组成员构思布局后对校史馆其中一个展台进行了 3D 建模。

三、团队成员及项目开展过程

团队成员信息如表 13.2 所示。

表 13.2　团队成员信息

姓名	书院	专业	任务及分工
谭宇	精工书院	宇航与机电类	建模、配音
陈证阳	精工书院	宇航与机电类	视频制作、配音
杨佳顺	精工书院	宇航与机电类	资料收集
赵森勇	精工书院	宇航与机电类	资料收集
何原	精工书院	宇航与机电类	资料收集、配音
冉睿治	精工书院	宇航与机电类	资料收集
秦乾硕	精工书院	宇航与机电类	资料收集
鄢子涵	精工书院	宇航与机电类	资料收集、配音
徐世文	精工书院	宇航与机电类	资料收集
王泊皓	精工书院	宇航与机电类	资料收集
孙章轩	精工书院	宇航与机电类	资料收集

首先，在互联网上查找资料（包括一系列公众号文章和解放日报、新中华报等历史报刊），了解马兰纸的制作过程，初步建立对马兰纸的认识。然后，小组来到北京理工大学中关村校区的校史馆，在里面参观有关马兰纸的各种资料。最后，根据手上拥有的素材建立了模型，完成了视频的制作。

四、成员感悟

通过本次活动，小组成员们不仅培养了团队协作精神和数字化技能，而且在搜集资料和打磨作品的过程中深化了对延安精神的理解，更加坚定了成员们科学报国、科学强国的志向。

作品三：78 式三米焦距远程照相机

一、数字建模文物

20 世纪 50 年代末，学校仪器系师生开始进行远程照相机的技术性探索，研制了一种三米焦距地面远程照相机。1965 年，生产出完整的样机。此后，师生对设备不断改进调试，1978 年，三米焦距地面远程照相机通过鉴定，定名为"78 式三米焦距远程照相机"。

二、虚拟仿真设计

通过自学《SolidWorks2020 完全实战一本通》，对照从校史馆拍摄的模型照片，对 78 式三米焦距远程照相机进行了初步建模，随后对模型进行了精细化处理，尽力展现出每一个零件，并制作了拆分动画。

三、团队成员及项目开展过程

团队成员信息如表 13.3 所示。

表 13.3　团队成员信息

姓名	书院	专业	任务及分工
罗懿	精工书院	宇航与机电类	动画制作
李天娇	精工书院	宇航与机电类	动画制作、视频剪辑
李鹏瑞	精工书院	宇航与机电类	视频剪辑、配音
徐浩川	精工书院	宇航与机电类	建模
戴明灼	精工书院	宇航与机电类	建模
徐埝函	精工书院	宇航与机电类	过程记录
尤上	精工书院	宇航与机电类	配音、数据收集
韩昕哲	精工书院	宇航与机电类	过程记录
贺璇	精工书院	宇航与机电类	配音
涂雨萌	精工书院	宇航与机电类	文案
麦晓琳	精工书院	宇航与机电类	数据收集

详细日程记录。
第四周：对任务目标完成规划，合理分配各组成员，完成分工。
第五周：初步探索任务目标的实现形式，选定 3D 建模软件 SolidWorks。
第六周：SolidWorks 基本操作学习。
第七周：SolidWorks 基本操作学习及基础项目探索。
第八周：SolidWorks 学习经验讨论与基础项目入门。

第九周：会议细化在投影部分、天球部分、控制系统部分分工，共分为三大组。

第十周：天象仪三部分负责资料收集的组员进行资料收集并转交 PPT 制作组整合。

第十一周：各组初步建模，组长与收集资料的组员共同监督与优化建模要求。

第十二周：收集资料组员与建模组员上交第一版初步材料，线上会议完善细节。

第十三周：建模组与收集资料组完善建模与资料，PPT 制作组与视频组搭建框架。

第十四周：整合三建模组的成品，会议中相互讨论完善视频中 PPT 与数字文物的展示方案，视频组提出多次视频草案后确定最终制成文物视频。

第十五周：统计并收集各分工成员的制作过程与成长足迹。

第十六周：统计各会议内容与摘要确定成长视频主要框架。

第十七周：成长视频多版草案的制成与互相讨论交换意见。

第十八周：成长视频的花絮以及细节补充。

第十九周：成长视频最终版的制成。

为了更深入了解我校的光辉历史，挖掘其背后的伟大精神，我们小组成员选择以中国第一台远程照相机为题，结合思政课本中的知识和生活实践，利用建模、动画制作和视频剪辑等技术，讲述这一红色文物的故事。远程照相机作为一种高性能的监控设备，是战场上的"眼睛"，更是我军强大军事和科研实力的体现，而其中蕴含的红色精神，不仅成为我校"延安根，军工魂"丰富内涵中的一部分，更在中国国防精神中留下浓墨重彩的一笔。

（1）前往校史馆参观，拍摄了 78 式三米焦距远程照相机的模型照片。

（2）在互联网上搜寻有关 78 式三米焦距远程照相机的研发背景，进而了解到了当时的对越自卫反击战背景。

（3）在哔哩哔哩等 APP 中查找对越自卫反击战的相关视频，为参赛视频提供充足的素材。

四、成员感悟

在此次参赛视频的准备中，我们小组成员不仅学习了建模、动画制作、视频剪辑等技术，还了解了 78 式三米焦距远程照相机背后动荡的历史背景和感人的研发精神，并立志于将这种不畏艰险的科研精神传承下去。同时，小组成员在合作中增进了情感，变得更加团结。

作品四：中国复眼

一、数字建模文物

"中国复眼"是北京理工大学重庆创新中心在重庆谋划建设的深空探测雷达，它可实现上亿公里外小行星和类地行星的观察，拓展人类深空观察的边界，满足我国近地小行星撞击防御、地月态势感知等科研需求。"中国复眼"是分布式雷达，由 25 部至 36 部小天线组成，每一部天线口径在 25 m，合成一部大天线。

"中国复眼"作为国之重器，是深空探测长远规划的重要一环。现代观测天文学一直高度依赖仪器设备，而除了主攻小行星防御外，"复眼"还能观测航天器、月球等深空域目标,并应用于行星形成过程等前沿科学问题研究,有着"打基础、利长远"的重要意义。对于我们来说,选择这个课题,有以下意义:(1)"中国复眼"是一项高精度、高复杂度的科技项目,需要科学家们具备高度的科学素养和探索精神。通过学习了解"中国复眼"的相关知识,可以培养自己的科学思维和探索精神,提高自身的科学素养,为未来的学习和工作打下坚实的基础。(2)"中国复眼"涉及的科技领域非常广泛,包括天文学、物理学、计算机科学等。通过学习了解中国复眼的相关知识,我们拓宽了自己的视野,增加了知识储备,提高了综合素质。

二、虚拟仿真设计

(1)向本项目指导教师吴倩老师咨询本项目在思政上的可行性。

(2)建模阶段,通过学习并运用 MATLAB 的绘图功能,模拟建模核心部件——抛物反射面的各项参数并绘制草图,最终确定建设方案。

(3)通过 Minecraft 进行建模(包括学习 Minecraft 中各种基础操作以及指令的运用)。

三、团队成员及项目开展过程

团队成员信息如表 13.4 所示。

表 13.4 团队成员信息

姓名	书院	专业	任务及分工
王宇昊	精工书院	宇航与机电类	组长,文物建模、视频制作、信息搜集
施志缘	精工书院	宇航与机电类	文物建模、视频制作与剪辑、信息搜集
邓骄阳	精工书院	宇航与机电类	文物建模、视频录制与剪辑、信息搜集
刘凯歌	精工书院	宇航与机电类	视频剪辑、信息搜集
孙君豪	精工书院	宇航与机电类	模型总体设计、建模设施组、信息搜集
刘宇鹤	精工书院	宇航与机电类	文物建模及美化
张淏	精工书院	宇航与机电类	建模设施组
谷雨博	精工书院	宇航与机电类	建模设施组
孙毅	精工书院	宇航与机电类	建模环境组,信息搜集
李璐	精工书院	宇航与机电类	建模环境组,信息搜集
王磊	精工书院	宇航与机电类	建模环境组

为了了解更多关于"中国复眼"的信息,我们进行了广泛的资料查询。

首先,我们在互联网上进行了搜索,使用了不同的搜索引擎和关键词,以获取尽可能多的相关信息(由于"中国复眼"目前的研究信息公开较少,因此本过程较为困难)。

通过多方面的搜索,我们初步了解了什么是超大分布孔径雷达,进而有针对性地展开了对"中国复眼"相关信息的搜寻。

通过搜索,我们找到了一些关于"中国复眼"的信息,了解了它的起源、发展历程、技术特点和应用领域。最重要的信息来自一些关于"中国复眼"的新闻报道和研究报告，这些资料让我们更深入地了解了它的最新研究成果和未来发展趋势，从而对"中国复眼"有了更加全面翔实的认识。

其次，为了完成对"中国复眼"的建模，我们从多个信息平台搜索了"中国复眼"的图片信息，并通过对比多角度的图片确定了最终的设计方案。

最后，为了确保我们所构筑的模型与"中国复眼"本体契合度高，我们在有限的资料中不断筛选，并进行图片的辨识工作，得到了相对合理的建造模型。

在确定我们的模型与已知资料的契合度达到理想值时，我们开始了建造并在建造过程中不断修正，确保模型的准确度，最终在确定资料的可靠性以及模型的契合性的情况下完成了建造。

四、成员感悟

虚拟"中国复眼"的 Minecraft 建造过程，不仅是我们作为宇航与机电类的学生实现内心愿望的过程，也是我们全组对"中国复眼"全体科研人员致敬的过程，在这个过程中，我们体会到去完成一个项目的难度，真正认识了科研工作者在实际中去完成这样一个项目所要付出的心血。同时，这也是我们对古人以及科研工作者的一次探寻，我们感受到民族千年来的星空梦想，也为今天我们国家能够实现这样一个梦想而自豪。未来，希望我们都能更进一步，去在现实中为中国的星空之梦作出贡献。

通过学习了解"中国复眼"，我们明白了任何一个国之重器的成功研发都离不开中国科研人员的创新意识和不断探索的精神。我们认识到了创新意识的重要性，只有不断地尝试、不断地突破，才能够实现自己的梦想和目标。"中国复眼"的成功研发让我们感到非常自豪，这是中国在科技领域的一次重大突破。这让我更加热爱自己的祖国，也让我更加坚定了为祖国的发展贡献自己的力量的决心。

作品五：奔驰在时代东风中

一、数字建模文物

中国第一辆国产汽车 CA10：解放 CA10 指的是第一批驶下生产线的解放牌汽车，较 1955 年以前生产的吉斯 150 做了部分改进，改进后的车型更适合我国燃料情况及公路、桥梁负荷等条件。新中国成立初期，祖国百废待兴，财政问题严重。中国工程师面对这样艰难的现状，迎难而上，在不够成熟的产业基础上，一步步摸索，为国家的汽车事业做出先驱性的贡献。工程师们自主设计并制造出了解放牌汽车的许多关键部件，结合本国的具体国情和生产力等因素，勇于创新、不断进步。同时，在汽车的研发制造过程中，各部门紧密合作，上下游产业贯通一线。产品不断优化升级，收获了市场良好的口碑和反响，经久不衰。第一辆汽车的制造不仅标志着中国汽车工业的发展进入了新阶段，更展示了中国自主制造和研发的能力，对于中国的工业发展和社会进步都有深远的影响。

中国第一辆国产汽车的研发制造过程中蕴含着很多宝贵的精神力量。了解和深入学习这一历程，使我们作为当代中国青年可以汲取到很多的经验和养分。这种精神力量不仅是中国第一辆国产汽车制造过程中所蕴含的精神，也是中国工业发展历程中一直坚持的精神。鼓舞和激励着一代又一代的中国汽车人,推动了中国汽车工业的发展和壮大。利用数字化技术呈现手段,我们向大家分享我国第一辆汽车研发制造的思政故事,共同领悟其中蕴含的宝贵时代精神,并且期望以此为精神动力,投身到社会主义事业建设中。

二、虚拟仿真设计

1. 建模软件

SolidWorks。

2. 线上学习资源

(1) 以哔哩哔哩"SolidWorks 四缸发动机建模"(时长约 1 h)为抓手,通过实践掌握软件使用技巧。

(2) 中国大学慕课(SolidWorks 三维产品设计与建模——西北工业大学)。

(3) 通过 SolidWorks 官网上的教程和用户手册,对基础知识和操作方法进行了初步的学习。

(4) 在遇到困难时,通过 SolidWorks 官网论坛、CAD 论坛等找到大量的学习资源和教程,同时还可以与他人交流学习心得和经验。

3. 线下学习

参加了北京理工大学智能无人系统队的建模培训,学习更加深入具体。

4. 建模过程描述

经过反复地讨论、比较以及对文物的研究,小组一致决定使用 SolidWorks 进行新中国第一辆汽车的建模,并抽出课余时间全力学习。小组成员之间互相帮助与指导,在一段时间的学习后,小组开会讨论决定任务的具体分工,将每一个零部件制作落实到每个人的工作中。在任务的推进过程中,我们从未闭门造车,而是持续地交流,统一零件的尺寸,以便后续装配。聚到一起共同建模,解决问题。完成后,小组再次开会,仔细分析模型的不足,并进一步打磨细节,使其更美观真实。

三、团队成员及项目开展过程

团队成员信息如表 13.5 所示。

表 13.5　团队成员信息

姓名	书院	专业	任务及分工
陈瑞希	特立书院	国际组织和全球治理	组长、呈现组,文案编写、摄影及剪辑
马庄	特立书院	智能装备	技术组,会议记录、车辆后半部分(不包括底盘与后轮)车斗建模及最后装配
李庆麟	特立书院	智能装备	技术组,技术组会议组织及驾驶舱建模
赵珈莹	特立书院	智能装备	技术组,底盘建模
胡语欣	特立书院	智能装备	技术组,配色、尺寸标定及发动机外壳建模
林昕恬	特立书院	国际组织和全球治理	呈现组,文案编写、摄影及剪辑

续表

姓名	书院	专业	任务及分工
潘怿舒	特立书院	国际组织和全球治理	呈现组，文案编写、摄影及剪辑
吴钎莹	特立书院	智能装备	技术组，底盘建模
刘李铭	特立书院	智能装备	技术组，前后轮建模
张艳宇	特立书院	智能装备	技术组，前后轮建模

（1）无论是技术组还是呈现组的同学，大家都积极运用互联网来查找资料，以增进对文物的了解。在这一过程中，丰富了知识储备，提升了动手操作能力。

（2）通过社交平台了解到第一辆国产汽车在北京汽车博物馆展出的消息。

（3）呈现组的同学前往北京汽车博物馆参观，近距离观赏 CA10 汽车，并通过相片、视频等方式记录珍贵资料。

四、成员感悟

（一）感悟 1

"深入挖掘 CA10 背后的历史意义和民族精神。我们深切感受到了我国汽车工业发展的艰辛与辉煌。

一方面，本次活动让我们对国产第一辆汽车的研发历程有了更加深刻的了解。从无到有，我国汽车工业能在短时间内取得举世瞩目的成就，离不开一代又一代工程师们的辛勤付出和不懈探索。他们矢志不渝地追求技术突破，为我国的汽车产业奠定了坚实基础。

另一方面，此次活动使我们更加珍视国产汽车在我国经济社会发展中的重要地位。汽车产业作为国家战略性新兴产业，不仅带动了相关产业链的发展，还为我国经济增长注入了强大动力。国产汽车的发展壮大，有力地支撑了我国国民经济的高质量发展。

经过本次学习，我们更加坚定了信仰和信念，深刻理解了红色精神的时代内涵。在今后的工作和学习中，我们将继续发扬红色精神，为实现中华民族伟大复兴的中国梦贡献自己的力量。

（二）感悟 2

红色文物故事让我对新中国第一辆汽车有了更深刻的理解和认识。这不仅是一辆汽车，更是一个国家民族自信心和科技实力的象征。

通过建模第一辆汽车，我深刻体会到中国人民的团结和奋斗精神。在当时的国际环境下，中国正处于混乱和落后的状态，但中国人民却始终保持着对未来的信心和希望。他们不断努力，经过多次试验和探索，终于研制出了符合国情的汽车，这次成功不仅体现了中国人民的毅力和智慧，更是对中国科技力量的肯定。

这还让我认识到，新中国制造第一辆汽车的成功离不开国家的科技力量。当时，中国汽车工业还处于萌芽状态，技术水平相对较低，但中国人民却不曾放弃。为了实现制造汽车的梦想，不断努力，最终取得成功。这充分说明了只有有信心、有决心、有战略眼光，才能够实现目标。

此外，这次活动还让我了解到，新中国制造第一辆汽车的意义不仅在于它的历史地位，更在于它所带来的经济效益和社会效益。随着中国汽车工业的不断发展，汽车产业链的不断完善，汽车制造业逐渐成为国民经济的支柱产业之一，给国家经济带来了巨大贡献。同时，汽车也成为人们生活中不可缺少的交通工具，为人们的出行和生活带来了便利。

总之，思政课让我认识到新中国第一辆汽车的意义不仅在于它是中国汽车工业的开端，更在于它所代表的民族自信心和科技实力。它是一个国家民族团结和奋斗精神的象征，也是国家科技力量的体现。我相信，随着中国汽车工业的不断发展，我们一定会在世界汽车领域取得更加重要的地位。

（三）感悟3

由于自身经历，我很难去相信自己的合作者，往往倾向于独自解决问题。本次建模工作量较大，必须与他人协作，令我一直无法放心。但最终其他人的工作成果远超我的预期，使任务完美完成，让我体会到了团队合作的优势，敢于与他人配合。

思政方面，通过对CA10等军事产物的深入研究有助于深入了解军事科技的发展历程以及国防建设的成就和挑战。同时，这些军事产物也是进行爱国主义教育和国防教育的重要素材，激发了我们的爱国主义情感和国防意识。这些军事产物是中华民族自立自强的重要标志，也是中国人民团结奋斗、开拓进取的重要精神支撑。通过对这些军事产物的了解和研究，可以让人们更加深刻地认识到自己的责任和使命，增强爱国主义情感和国防意识。

实践方面，只有通过不断地练习和实践，才能真正掌握SolidWorks的操作方法和设计技巧。我在学习过程中，通过参与各种实例练习和项目实践，逐渐提高了自己的技能水平，并积累了宝贵的经验。只有不断地探索和创新，才能跟上技术和时代的步伐，才能在竞争中保持优势。在学习和实践过程中，与他人进行交流和合作，可以相互学习和借鉴，共同提高和进步。通过这次对SolidWorks的学习和实践，我深刻认识到它的重要性和价值，不仅提高了我的技能水平，还拓宽了我的视野和思维方式。

作品六：从凤凰山到杨家岭

一、数字建模文物

杨家岭革命旧址位于陕西省延安市西北约3 km的杨家岭村。1938年至1940年、1942年至1943年，中国共产党中央委员会曾在此领导中国革命。毛泽东1938年11月至1943年5月在此居住；1940年秋，因修建中央大礼堂等工程，环境嘈杂，毛泽东等领导人和中央一些机关搬到枣园居住；1942年又搬回杨家岭；1943年，毛泽东等领导人又从这里陆续搬往枣园，毛泽东在这里写有《中国革命和中国共产党》《新民主主义论》《在延安文艺座谈会上的讲话》等许多重要文章；1945年在此召开了中共六届七中全会，通过了《关于若干历史问题的决议》；1945年4月23日，中国共产党第七次全国代表大会也在此召开。现作为革命圣地，对外开放。

中共中央机关进入延安的第一个驻地是凤凰山，凤凰山地处黄土高原的中南地区，环境较为恶劣，中共中央在此处实现了土地革命战争向抗日民族战争的战略转变，度过了抗日战争的战略防御阶段。随后日军对延安进行惨无人道的大轰炸，中共中央从凤凰山转移至杨家岭，继续领导中国革命。

以延安特色的窑洞为线索去讲述中共中央在大轰炸下的战略转移，毅然领导中国革命的故事，通过 Unreal Engine 5.2.1（UE5）建模展现凤凰山不同于传统延安窑洞完全镶嵌入山体的窑洞建筑特色，还原杨家岭毛泽东故居，借此使观者感受延安革命圣地的红色精神与历史伟人的一腔热血。

二、虚拟仿真设计

在凤凰山的搭建中使用 Unreal Engine 5.2.1，最基础的大背景采用了官方默认的沙漠地形，然后使用材质球，将地形材质由沙漠变为黄土，随后对环境主背景凤凰山的部分岩壁进行搭建，随后对依岩壁而建的院落式窑洞建模，并细化材质，更换材质贴图，最后细化场景，添加上黄土高原上特有的杂草，细化窑洞的生活气息。

对延安杨家岭毛泽东故居的搭建，仔细参考了官方媒体上的实景照，最大程度进行还原，同时为了展现毛主席在此处创作了许多重要文章，采取了昏暗环境下眼部自适应的动态光效，借此烘托出毛主席夜间创作的意境。

毛泽东会见记者安娜的石桌的搭建，也仔细参考了官方媒体上的实景照，并最大程度进行了还原，在背景植物的搭建中尽可能模拟了植物摇曳的动态情景。

由于在整体文物选取、故事讲述策略选取中遇到了诸多困难，我们向李洁老师寻求帮助，李洁老师一针见血地指出红色文物故事大赛的核心是文物故事背后的深刻内涵，而非单纯的建模技术比较，这也是我们更加注重文物故事背后红色精神表达的原因。

三、团队成员及项目开展过程

团队成员信息如表 13.6 所示。

表 13.6　团队成员信息

姓名	书院	专业	任务及分工
权熙程	睿信书院	电子信息	视频剪辑
王博	睿信书院	信息科学	UE5 建模、场景搭建
苏铭宇	睿信书院	电子信息	配音
秦昊天	睿信书院	电子信息	文稿撰写

在网上查阅了关于中共中央进入延安，以凤凰山为根据地，领导土地革命战争，到延安大轰炸开始，中共中央迁移至杨家岭的历史。在"学习强国""知行健"上查阅关于延安杨家岭红色革命精神的表现以及中共中央在当地的领导作用和如何领导中国的抗战。在中国组织人事报仔细研读了新时代对延安革命精神如何传承，并尽最大可能将其中的精神内涵赋予作品。

四、成员感悟

首先是收获了新的知识，了解了建模、视频剪辑、录频软件并进行了实践，在参赛过程中收获了团队合作的能力。最重要的是，本次比赛也是一个深入了解延安革命精神的绝佳途径，在收集资料，了解那段峥嵘岁月并对其进行建模还原的过程中，我们都被过往革命先辈的胆识与爱国的赤诚之心深深打动，同时在自己心里也种下了一颗延安红色革命精神的种子。

作品七：北理工天象仪

一、数字建模文物

北理工天象仪是北京工业学院（现北京理工大学）牵头设计制造的中国第一台大型天象仪。这台饱含着京工人心血，集全国之力制造的大型天象仪，不仅填补了我国在这一领域的空白，其在光学、机械、控制和天文等领域体现的综合技术水平，也成为我国光学仪器科研领域的标志性成就，同时成为北京理工大学历史上耀眼的"新中国第一"系列科技成果之一。

大型天象仪是用于演示人造星空的天文仪器，通过纷繁复杂的光学系统、精巧的机械运动机构和电气控制系统，实现对宇宙星空的科学直观再现，是世界上最复杂的大型光学仪器之一，在21世纪的今天也只有德国、中国、美国和日本等少数国家具有按照需要定制生产的技术与能力。在科学技术总体还欠发达的20世纪50年代，全世界只有德国蔡司光学仪器厂具备设计制造能力，而同样的年代，北京工业学院仪器系的师生们却用100天时间，独立研制出了新中国第一台大型天象仪，创造了一个中国科技史上的奇迹。

北理工天象仪代表了现代科技的进步和创新。它是一项高精度的天文观测仪器，能够帮助人们更好地理解宇宙的奥秘，体现了科技在推动人类认识宇宙、探索未知中的重要作用。

二、虚拟仿真设计

团队使用了 Blender 软件进行建模，这是一款功能强大的开源三维计算机图形软件。通过在线教程和视频课程，特别是哔哩哔哩上 KurTips 制作的教学视频，我逐渐掌握了 Blender 的基本界面和操作方法。在建模方面，我学习了网格建模、镜像和实体化修改器等技术，并成功创建了一个精确的三维模型。此外，我还学习了添加材质和光照效果的技巧，使模型更加精美。在动画制作方面，我为天文仪的模型添加了旋转和缩放动画，并导出了一段环绕视频，以全面展示模型。通过这次实践，我不仅掌握了强大的三维建模和动画软件，还提升了创造力和审美能力，深刻体会到了数字艺术的魅力和无限潜力。

三、团队成员及项目开展过程

团队成员信息如表 13.7 所示。

表 13.7　团队成员信息

姓名	书院	专业	任务及分工
董邵晗	睿信书院	信息科学技术	组长
钱泰文	睿信书院	信息科学技术	文案
符喆元	睿信书院	信息科学技术	文案

续表

姓名	书院	专业	任务及分工
高曼	睿信书院	信息科学技术	文案
胡默林	睿信书院	信息科学技术	文案
时佳	睿信书院	信息科学技术	建模
王桂玉	睿信书院	信息科学技术	配音
任炳坤	睿信书院	信息科学技术	配音
王佳俊	睿信书院	信息科学技术	剪辑
朱品旭	睿信书院	信息科学技术	剪辑
张鍪	睿信书院	信息科学技术	美工
周尚雪	睿信书院	信息科学技术	美工

在寻找文物的过程中,我们翻阅了学校的推送信息,了解到我校曾研制出全国第一台大型天象仪,便在网络上进一步查找资料,进一步了解到了大型天象仪背后的故事。我们对北理工前辈们肃然起敬,当即便决定将其作为小组的主题。此后,我们到图书馆查阅过当时的期刊,并去中关村校区观看大型天象仪的雕像。在对这座天象仪了解过程中,我们认识到前辈们的科研精神以及爱国情怀,希望通过这个视频,表达对前辈的瞻仰,展示我们对于科研报国的热忱。

四、成员感悟

建模是一件需要耐心的事,初学建模时,会因为不熟悉建模软件而无从下手,也会因为某个零部件出错,导致从头再来,更会因为零部件无法契合自己的想法,内心感到挫败与气馁。但是当我们真正静下心来认真钻研、戒骄戒躁、持之以恒,从建模过程中也能发现很多乐趣。看到最终的建模成果时,心中的喜悦也油然而生。我想这就是建模带给我们的意义。

经过一段时间的共同工作,小组成员们体验到了团队合作的重要性,锻炼了表达能力和写作技巧。我们深刻理解了科技创新的艰辛历程,增强了自信心,提升了专业素养。这次共同努力的收获与感悟也将激励我们在未来努力学习,为国家科技进步做出更大贡献。

作品八:王家坪军委大礼堂

一、数字建模文物

军委大礼堂位于王家坪旧址的入口处,是七间高大宽敞、四角翘起的大瓦房,可容纳近千人。礼堂建成于1943年,由三五九旅木工伍积禅设计,军委和总部的工作人员自己动手修建的,当年军委和总部的一些大型会议、晚会等集体活动都在这里举行。1943年12月,为了交流大生产运动的经验,八路军总部在这里举行了欢迎劳动模范大会,朱德代表总部向劳动英雄致欢迎词。朱德说，"世界上真正的英雄是广大的劳动群众，在我们解放区，依靠广大群众的自力更生，才有今天的丰衣足食"。1945年8月15日，八路军总部在这里举行大会，庆祝抗日战争胜利。1945年8月30日，日本工农学校全体学员、日本共产主义者同盟本部等在此联合举行出发纪念大会，叶剑英参谋长致辞欢送。大礼堂曾是中国延安华侨联合会经常举办活动的场所，2002年5月，中国侨联将之列为中国侨联爱国主义教育基地暨延安侨联旧址。

窑洞是中国北方特有的居住形式，具有浓厚的地方特色和历史价值。通过对窑洞的数字建模，可以深入挖掘其历史价值和文化内涵，为研究中国北方地区的历史文化提供重要的参考依据。同时，数字建模技术还可以将窑洞的形状、结构、装饰等细节进行数字化保存，为以后的保护和修复工作提供重要的技术支持。此外，数字建模技术还可以将窑洞进行虚拟展示和传播，让更多的人了解和欣赏中国北方的传统文化和建筑风格。

二、虚拟仿真设计

建模软件：Blender。

建模过程：先将军委大礼堂拆分成不同的部分，再把任务分派给各个组员，每个人根据自身任务自行去网上查找相类似的资源学习。

主要学习内容：Blender的基础操作，各类修改器的使用，贴图，着色，UI编辑器等知识。

三、团队成员及项目开展过程

团队成员信息如表13.8所示。

表13.8 团队成员信息

姓名	书院	专业	任务及分工
吕心如	睿信书院	电子信息	制作房屋模型、做视频
栾玉雨	睿信书院	电子信息	制作屋顶模型
罗瑞曦	睿信书院	电子信息	制作长椅模型、横幅着色
于涵斐	睿信书院	电子信息	搜集资料
杜子豪	睿信书院	电子信息	制作旗帜模型、画像贴图
王晗霄	睿信书院	电子信息	制作横幅模型、幕布着色
郭济榕	睿信书院	电子信息	制作讲台、柱子模型
宋思涵	睿信书院	电子信息	搜集资料

网络资料查询：读秀学术搜索：duxiu.com；
　　　　　　　北京理工大学图书馆：lib.bit.edu.cn；
　　　　　　　百度百科、知网。
线下资料查询：校史馆参观。

四、成员感悟

在这次关于红色文物故事数字作品窑洞建模的小组活动中，我们小组成员收获颇丰。

首先，通过这次活动，我们深入了解了红色文物的历史价值和文化内涵，认识到这些文物对于中国革命历史的重要性。同时，我们也学习了数字建模技术的基本原理和方法，掌握了如何利用数字技术对文物进行建模和保护。

其次，我们还锻炼了团队合作能力。在建模过程中，需要分工合作，有人负责拍摄照片，有人负责处理数据，有人负责建模和渲染。通过这种合作方式，我们不仅提高了工作效率，还增强了团队凝聚力和默契度。

再次，我们还收获了珍贵的友谊。在建模过程中，我们互相帮助、互相鼓励，共同克服困难和挑战。这种友谊不仅让我们更加亲近，还让我们更加珍惜彼此之间的情谊。

最后，通过这次活动，我们还提高了自己的综合素质。在建模过程中，我们需要不断思考、不断尝试、不断改进，这种思考方式和尝试精神不仅让我们更加成熟和自信，还让我们更具备创新意识和实践能力。

总之，这次关于红色文物故事数字作品窑洞建模的小组活动让我们收获颇丰。我们不仅学到了知识和技能，还锻炼了团队合作能力和综合素质。相信这些收获会对我们未来的学习和工作产生积极的影响。

作品九：东方-1号

一、数字建模文物

20世纪50年代，我国在经历了封建政府的摧残和14年战火的洗礼后，终于完成了艰苦卓绝的革命，建立了一个崭新的中国。但由于重工业链缺损严重，我国的国防工业百废待兴。在动荡的世界局势和建立工业强国目标的双重大背景下，我国第一枚探空火箭应运而生。

中国第一枚自行研制并成功发射的探空火箭是1958年9月8日由北京工业学院研制发射的二级固体探空火箭"东方-1号"。1958年9月8日，北京工业学院师生在河北宣化共发射两枚火箭，均为固体二级火箭。这次发射成功，不仅宣告了中国"第一箭"的诞生，也拉开了中国走向空间时代的序幕。

二、虚拟仿真设计

由于建模组需使用计算机的建模软件，难度较高，为此该组同学在学习任务完成后，利用空余时间来完成相关工作，并进一步学习了相关知识，对先前的知识基础进行了补充。由于火箭是一个复杂的机械整体，因此必须将整个模型拆分成三个零件：弹体、弹头和发动机。在建模过程中，董丞致同学发现了一个棘手的问题：火箭圆柱体内部掏空之后很难确定圆心位置，故确定圆心位置时，必须重新绘制整个圆柱体。因此，在绘制弹体结构时，火箭的每一级都需要分段完成，无法将整体分割成部分。这就直接导致了工作复杂度增加，工作量也随之增大。不过，两位同学通力合作，抓住一切可以利用的机会来工作。最终他们提前完成了整个环节中最复杂、技术含量最高的任务，为整个团队进度的推进作出了巨大的努力。

三、团队成员及项目开展过程

团队成员信息如表13.9所示。

表13.9 团队成员信息

姓名	书院	专业	任务及分工
范鹏程	特立书院	工程力学	资料查询
冯恩熙	特立书院	工程力学	资料查询
杨沔宇	特立书院	工程力学	资料查询
向梅鹏威	特立书院	工程力学	模型建造
董丞致	特立书院	工程力学	模型建造
焦士桓	特立书院	工程力学	视频剪辑
刘毅恒	特立书院	工程力学	照片拍摄
张明择	特立书院	工程力学	文案编辑
高永志	特立书院	工程力学	PPT制作、汇报
陈家豪	特立书院	工程力学	PPT制作

资料组同学分成两个小组，一小组负责线下实体资料的收集，他们走访了校史馆、图书馆等留有"东方–1号"相关资料的档案室，但由于几个档案馆地点分散、通勤复杂、耗时长成为了主要问题。组员们曾连续几个周末往返于中关村校区和良乡校区，校车上的时间成为他们途中少数能休息的时间。调查过程中，两位组员还曾遇到档案馆管理人员的询问，在确认成员身份无风险后才准许他们进入。另一小组的成员负责线上资源收集，但由于年代较为久远，部分细节已难以在互联网上查找到；且该火箭作为军工成果，部分数据被视为国家机密，具有保密性质的资料无法查证。线上线下的双重阻碍，给资料组成员获取数据、计算参数的工作带来了不小的困难。为此，成员们通过组内讨论和已有数据参考，自行推算了部分未记载的数据，让整个系统的数据得以自洽，保证了建模工作的正常进行。

四、成员感悟

在党与人民的奋斗历程中，还有很多像"东方–1号"这样的红色文物。它们见证着历史的沧桑巨变，是专属于我们中华民族的宝贵精神财富。学习它、感悟它的过程，让我们受益良多。

首先，红色文物记录了革命先烈们的奋斗历程和英勇事迹，也反映了当时社会的变革和发展。每一件文物背后都有一个故事，每一个故事都蕴含着深刻的道理。通过学习和了解这些文物，去回望他们诞生的历程，我们看到的是革命先辈们夜以继日、埋首卷宗的铸剑精神；是"功成不必在我，功成必定有我"的精神；是不畏苦难、誓死拼杀出一个崭新中国的大无畏精神。当我们去触碰这些文物时，无生命的它们便找回了游弋于过往的灵魂，时间便被赋予了形状与生命，历史便有了温度。我们以此为纽带，便与先辈们建立起了联系，亦能更好地理解历史、珍惜当下、展望未来。

其次，在探寻与研究这些文物时，这一过程本身就带给了我们诸多精神财富。不同小组总会遇到不同的问题，让我明白万事不可祈求一帆风顺，好事总多磨。然而在我们交换思路、商议解决问题的对策时，先辈们锲而不舍的攻关精神便在我们身上完成了接续。同样都面对着未知和难以解决的问题，先辈们没有选择退缩，我们亦然。我们用行动证明了，艰苦奋斗、攻坚克难的血液仍流淌在我们的体内，依旧滚烫，依旧奔涌不息。学习和感受这些文物的精神内涵，都会让我更加坚定自己的信仰和追求。

作品十：红色思政课中的军工绿

一、数字建模文物

建模文物：校训印章（由国务院前副总理李岚清篆刻赠予北京理工大学）、ZTQ-15轻坦、99A坦克、ZBD-03空降战车模型（含设计师亲笔签名）。

毛明（99A总设计师）：这个故事关于传承，传递导师张相麟的军工情怀，隐姓埋名为国铸剑，研发陆战之王99A坦克；李春明（ZTQ-15设计师）：这个故事关于创新，不断利用先进研究平台，在研发新一代战车中攻坚克难，做着军工人的突破；杜志歧（ZBD-03空降战车设计师）：这个故事关于未来，为科普，自媒体讲述大国重器，为未来，做讲座培育新生。

作为新生代北理工人，我们透过思政课的红色底色，在北理工校史中溯源北理精神，身体力行切实感悟"延安根"的红、"军工魂"的绿，并在此过程中深刻体会"领军人"的价值内核，指引个人发展。

二、虚拟仿真设计

软件学习方面，前期我们通过手持设备进行激光扫描，在学习使用了 Pixel 3D 和 Hyper capture 等软件后在校史馆进行原物环绕扫描；中后期我们结合哔哩哔哩学习使用了 Blender 软件，对模型进行进一步节点微调和灯光、质感、光泽渲染，提高了模型的精度和观赏性。

咨询老师方面，在实现网页 AR 调用的过程中，我们向计算机学院的李建武老师咨询了相关问题并得到了大力帮助。

三、团队成员及项目开展过程

团队成员信息如表 13.10 所示。

表 13.10　团队成员信息

姓名	书院	专业	任务及分工
张皓哲	睿信书院	信科	文物建模，剪辑视频，搜集文物及设计师信息，制作设计师介绍版面，指导沟通文案组和技术组工作，项目展示陈述人
蒋浩天	睿信书院	信科	模型精修，设计程序，搭建网页，校园网端口设计
高文宇	睿信书院	信科	设计网站版面，文物及设计师资料搜集，带头负责文案组工作
高天翊	睿信书院	信科	坦克模型调整
赵玺超	睿信书院	信科	视频素材搜集，坦克介绍视频剪辑
居雯惠	睿信书院	信科	拍摄建模所需素材，撰写 ZTQ-15 轻坦介绍文案并在课堂上做相应部分展示
张越	睿信书院	信科	搜集整理 99A 主战坦克及其设计师资料并在课堂上做该部分的汇报展示
孙汶萱	睿信书院	信科	搜集整理 ZBD-03 型空降兵战车及设计师资料并在课堂上做该部分的汇报展示

校史馆：在通过校网与校史馆工作人员取得联系后，我们小组作为第一批新生参观者访问了位于中关村的校史馆，在向驻馆学长说明来意后我们小组得到了大力支持，不仅聆听了学长对各展品的详细介绍，更是有机会将文物从展柜中取出以进一步精确扫描。

资料获取：由于保密原因，在刚刚获取文物后我们不能有效对文物背后的北理故事溯源，在查询设计师时更是遇到了重重阻力。通过偶然间在车身侧面发现的设计师签名，再结合从军事装备网到知网上的《军事解密》杂志等一系列线索，文案组逐渐确定了空降战车和 99A 的设计师并探寻出了他们的北理血脉，但 ZTQ-15 坦克的溯源过程因为签名字迹和极少的资料迟迟无法突破。

机缘巧合：在 11 月 22 日我们迎来了突破，一则北理工车辆学院校友当选院士的喜报为我们解决了难题。当我们将李春明院士的姓名与签名对照时，所有的疑惑全部烟消云散，最后一名设计师的身份也终于水落石出。

这种宿命感的巧合无疑大大激发了每一位小组成员，李院士无疑是国家对北理工军工魂认可的鲜明写照，更激励我们每一位新生代北理工人努力学习文化知识，为强国目标贡献我们这一代人的力量。在这个颇显曲折的北理精神探寻过程中，我们真正收获了书本之外、书本之上的精神感触。

四、成员感悟

（一）感悟 1

在思政课题项目的推进过程中，我感受到了团队合作的魅力所在：有着相同目标的人团结一致、携手共进。同时，我们在创作时，真正了解到坦克背后所凝结着的积极创新、埋头苦干的北理精神。

（二）感悟2

在这次的思政小组作业中，我切实体会到了团队合作的力量。从最初的迷茫无措到后来的默契团结，我们每一个人都为团队贡献了自己的一份力量。

后记

《"思想道德与法治"虚拟仿真课程设计与实践教程》是在北京理工大学马克思主义学院前辈们长期探索信息技术融入思政课教学的成果凝结之一。教育部社会科学司、教育部高等教育司、中共北京市委教育工作委员会、北京市教育委员会、北京理工大学学校党委大力支持全国高校思政课虚拟仿真体验教学中心（北京理工大学）建设，高度关注思政课发展。

十五年积淀，北京理工大学马克思主义学院接续奋进推动虚仿中心建设，"思想道德与法治"教研室全体教师在虚仿中心参与实体授课，参与课程资源建设与教案编写。思想政治教育方向博士、硕士积极参与虚仿中心建设与课程助教，协助完成大量材料编写与教学组织工作。

本书各章撰写人员如下：第一编"思想道德与法治"虚拟仿真课程设计理论基础，石谷岩、吴倩；第二编"思想道德与法治"虚拟仿真思政课教学的应用、分析与展望，季雨；第三编"思想道德与法治"虚拟仿真课程教学的教学设计，吴倩；第四编"思想道德与法治"虚拟仿真课程设计与学生虚拟仿真实验，吴倩、季雨、石谷岩、李洁、王慧敏。

北京理工大学马克思主义学院领导和专家教授刘新刚、李林英、王立群、张毅翔、刘宇给予大量指导，支持工作；刘左元、刘婧、宋磊老师积极参与教学工作。博士生冉金昊、张晓萌、王梅、杨鸽、丁姣、史絮；硕士生常美丽、裴柯柯、王巧玲、田朔、赖克坚、魏紫怡、丁宁等助教参与大量中心管理、维护和接待等工作。

最后，还要感谢项目合作研发单位北京智慧谷文化传媒有限公司，北京市参与课程研发、测试的相关高校。本书的出版得到了北京理工大学教务处、北京理工大学出版社的大力支持和帮助。在撰写过程中，参阅和借鉴了学界一些专家、学者的相关著作、论文，汲取了许多有益的成果，在此表示诚挚的谢意！限于作者水平，书中难免有不妥之处，学者、教师和广大读者批评指正。

吴倩

2024 年 5 月于北京理工大学